W0070219

Das Einsteigerseminar

Adobe InDesign CS6

Winfried Seimert

Das Einsteigerseminar
Adobe InDesign CS6

Bibliografische Information Der Deutschen Nationalbibliothek

Die Deutsche Nationalbibliothek verzeichnet diese Publikation in der
Deutschen Nationalbibliografie; detaillierte bibliografische
Daten sind im Internet über <http://dnb.d-nb.de> abrufbar.

Bei der Herstellung des Werkes haben wir uns zukunftsbewusst
für umweltverträgliche und wiederverwertbare Materialien entschieden.

Der Inhalt ist auf elementar chlorfreies Papier gedruckt.

ISBN 978-3-8266-7621-5
1. Auflage 2012

E-Mail: kundenbetreuung@hjr-verlag.de

Telefon: +49 89/2183-7928
Telefax: +49 89/2183-7620

© 2012 bhv, eine Marke der Verlagsgruppe Hüthig Jehle Rehm GmbH
Heidelberg, München, Landsberg, Frechen, Hamburg

Printed in Germany

Lektorat: Steffen Dralle
Korrektorat: Susanne Creutz
Satz: Petra Kleinwegen

Inhaltsverzeichnis

▮L5▮ Formatierungen... 131

▮L6▮ Textobjekte 171

Einleitung

Ich höre und ich vergesse.
Ich sehe und ich erinnere mich.
Ich tue und ich verstehe.

Treffender als mit diesem Sprichwort lässt sich das Konzept der Buchreihe „Das Einsteigerseminar" nicht beschreiben: Lernen durch Anwenden! Das klingt im ersten Moment sehr nach Arbeit und tatsächlich werden Sie wohl nicht umhinkommen, selbst aktiv zu werden, um einen schnellen und dauerhaften Lernerfolg zu erzielen – und das kann Ihnen auch diese Buchreihe leider nicht völlig abnehmen. Das Einsteigerseminar schafft allerdings die Rahmenbedingungen, um Ihnen diesen Weg so weit wie möglich zu erleichtern und ihn interessant zu gestalten. Eignen Sie sich mit der bewährten Einsteigerseminar-Methodik alle notwendigen theoretischen Grundlagen an, überprüfen und festigen Sie den erlangten Wissensstand durch wiederholende Fragen und Übungen und wenden Sie die erlernte Theorie schließlich anhand eines komplexen praktischen Beispiels an. *Lernen – Üben – Anwenden:* der sichere Weg zum Lernerfolg!

Lernen – Üben – Anwenden

Dieser Teil soll Sie mit den notwendigen theoretischen Grundlagen versorgen. Schritt für Schritt werden Sie mit den wesentlichen Programmfunktionen und Features vertraut gemacht. Nach der Durcharbeitung dieses Teils sollten Sie in der Lage sein, Problemstellungen selbstständig zu erfassen und mit den vorhandenen Programmfunktionen zu lösen. Die einzelnen Kapitel bilden abgeschlossene Lerneinheiten und können bei Bedarf auch unabhängig voneinander bearbeitet werden.

Lernen

Um Sie auf direktem Weg zum Ziel zu führen, liegt der Theorievermittlung ein problemlösungsorientierter Ansatz zugrunde. So finden Sie in der Randspalte die Problemstellung; die folgende Schritt-für-Schritt-Anleitung führt Sie zielgerichtet zur Lösung.

Üben

In diesem Teil geht es darum, Ihren theoretischen Wissensstand zu vertiefen und zu festigen. Dazu finden Sie diverse kapitelbezogene Fragen und Übungsaufgaben. Ausführliche, kommentierte Lösungen folgen direkt im Anschluss an die jeweilige Frage, damit der Lernfortschritt jederzeit sofort überprüft werden kann.

Anwenden

In diesem Teil schlagen wir eine Brücke zwischen Theorie und Praxis. Anhand eines komplexen, durchgängigen Praxisbeispiels wird die in Teil I erlernte Theorie angewendet und umgesetzt.

Über das Buch

Wenn es um DTP am PC oder Mac geht, dann ist Adobe InDesign eine sehr überlegenswerte Alternative. Der vergleichsweise günstige Preis macht InDesign zu einer empfehlenswerten Lösung auch für kleine und mittlere Unternehmen, die ihre Publikationen professionell entwerfen möchten. Anwender, die bisher nur mit Office-Applikationen (etwa Word oder dergleichen) gearbeitet haben, müssen sich ein klein wenig umgewöhnen, da Adobe eine etwas andere Philosophie bei der Programmgestaltung vertritt. Zudem gilt zu bedenken, dass InDesign in erster Linie ein Satzprogramm und keine Textverarbeitung ist. Wer jedoch bereits mit Adobe-Produkten (etwa Photoshop) gearbeitet hat oder arbeitet, kommt mit der Oberfläche von InDesign sofort zurecht. Es lohnt sich aber in jedem Fall, sich mit der Software auseinanderzusetzen: InDesign ist ein leistungsfähiges Design- und Produktionswerkzeug und es lassen sich damit hochwertige Publikationen in hervorragender Qualität erstellen.

Was das Arbeiten mit InDesign so effektiv macht, ist das nahtlose Zusammenarbeiten mit den anderen Programmen der Suite, insbesondere natürlich Photoshop und Illustrator. Wie Sie schnell merken werden, haben Sie ein Profiwerkzeug für High-End-DTP an der Hand, das konsequent für PCs entwickelt wurde. Und InDesign öffnet sogar QuarkXPress- und PageMaker-Dateien, sodass Ihnen der Verbund mit oder der Umstieg zu anderen DTP-Dokumenten möglich ist.

Das Einsteigerseminar soll Ihnen beim Einstieg in dieses ziemlich mächtige Programm helfen und Ihnen von Grund auf das elementare Handwerkszeug zum effizienten Arbeiten mit dem Programm vermitteln. Dementsprechend ist auch der dritte Teil dieses Buches zu verstehen, der das Gelernte repetierend umsetzen soll. Was das Buch leider nicht kann, ist alle Facetten oder Neuheiten des Programms zu behandeln und Sie zu einem begnadeten Layouter auszubilden. Letzteres braucht viel Übung, Zeit und Geduld.

In diesem Sinne wünsche ich Ihnen jetzt viel Spaß beim Lesen und Erfolg beim Ausprobieren!

Teil I: Lernen

L1 InDesign erkunden

Mit InDesign CS6 steht Ihnen ein DTP-Programm zur Seite, das mit seiner leistungsstarken Kombination aus umfangreicher Funktionalität und kreativer Freiheit ungeahnte gestalterische Möglichkeiten für Layout und Design eröffnet.

DTP (*Desktop Publishing*) ermöglicht es, alle Tätigkeiten, die vor dem eigentlichen Druck einer Publikation erfolgen müssen, am PC auf dem Schreibtisch zu erledigen. Mit InDesign können die Arbeiten eines Layouters, eines Setzers und eines Grafikers an einem Computer durchgeführt werden.

Damit Sie mit dem Programm arbeiten können, muss Ihr Computer bestimmte Systemvoraussetzungen erfüllen.

Systemvoraussetzungen

Um mit InDesign arbeiten zu können, genügt erfreulicherweise ein Rechner mit normaler Arbeitsleistung. Damit Sie jedoch das Programm auch sinnvoll einsetzen können, sollten Sie schon über einen schnellen Rechner, eine gute Grafikkarte, eine große und schnelle Festplatte und vor allem über genügend Arbeitsspeicher verfügen, damit Sie nicht die meiste Zeit mit Warten auf das Programm verbringen.

Systemvoraussetzungen

Adobe selbst schlägt für die Premium-Edition-Installation für ein Microsoft-Windows-System folgende Konfiguration vor:

Windows

- Intel Pentium 4 oder AMD Athlon 64

- Microsoft Windows XP mit Service Pack 3 oder Windows 7 mit Service Pack 1

- 1 GB RAM (allerdings werden 3 GB empfohlen) für 32-Bit-Systeme, 2 GB RAM (und hier werden 8 GB empfohlen) für 64-Bit-Systeme

- 2 GB freier Festplattenspeicher; zusätzlicher Speicher während der Installation erforderlich (keine Installation auf portablen Flash-Speichermedien möglich)

- 1024 x 768 Punkt Monitorauflösung (1280 x 800 Punkt empfohlen) mit 16-Bit-Grafikkarte

- DVD-ROM-Laufwerk mit Unterstützung für Dual-Layer-DVDs

- Einige Funktionen in Adobe Bridge erfordern eine Grafikkarte mit Microsoft DirectX-9-Unterstützung und mindestens 64 MB VRAM

Macintosh Verwenden Sie einen Macintosh, dann gelten folgende Abweichungen:

- Intel Mehrkern-Prozessor mit 64-Bit-Unterstützung

- Mac OS X Version 10.6.8 oder 10.7

- 2 GB freier Festplattenspeicher (8 GB empfohlen)

Bedenken Sie ferner, dass die Software nicht ohne Aktivierung funktioniert. Die Aktivierung des Programms, die Validierung von Abonnements und der Zugriff auf Online-Dienste setzen deshalb eine Breitband-Internetverbindung sowie eine Registrierung voraus. Eine Aktivierung per Telefon ist nicht möglich.

In diesem Buch finden Sie durchgängig Abbildungen von einem Windows-PC-System. Sollten Sie mit einem Macintosh arbeiten, so unterscheidet sich der Bildschirm von den gezeigten Abbildungen im Wesentlichen nur durch das Apple-typische ASussehen. So sind in der Mac-Version die Menüs im Wesentlichen genauso aufgebaut und unterscheiden sich nur durch die Mac-typische Darstellung. Bei der Bedienung müssen Sie als Apple-Anwender lediglich darauf achten, statt der nicht existierenden [Strg]-Taste die [⌘]-Taste und für die [Alt]- die [⌥]-Taste zu verwenden und im Falle, dass Sie die rechte Maustaste betätigen müssen, die [Ctrl]-Taste zu drücken.

Wenn diese Voraussetzungen gegeben sind, kann es mit der Installation losgehen. Diese ist rasch erledigt und gleicht im Wesentlichen der Installation anderer Programme.

InDesign starten

Je nachdem, welche Betriebssystem-Plattform Sie verwenden, kann sich der Startvorgang zunächst etwas unterschiedlich gestalten. **Programmstart**

Verfügen Sie über das neue Windows 8, dann wurde bei der Installation eine entsprechende Kachel im Startbildschirm angelegt.

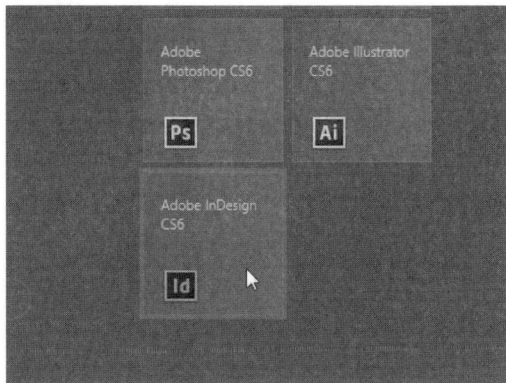

Abb. L1.1:   Einfach auf die Kachel klicken

Hier genügt ein Klick auf diese Kachel und schon kann es losgehen.

Verwenden Sie Windows 7, Windows Vista oder Windows XP, dann haben Sie es mit einem Startmenü zu tun, das Ihnen den Start auf zweierlei Arten ermöglicht.

1 Haben Sie das Programm noch nie oder sehr lange nicht mehr gestartet, dann klicken Sie auf die Schaltfläche *Start* und anschließend auf den Eintrag *Alle Programme*. **Windows 7 / Windows Vista**

Dadurch erhalten Sie Zugang zu den Programmgruppen aller auf Ihrem PC installierten Anwendungen. Schauen Sie hier nach der neuen Programmgruppe mit einer Bezeichnung wie *Adobe Design Premium CS6*.

2 Klicken Sie dort auf den Eintrag *Adobe InDesign CS6*.

Windows XP   Bei Windows XP klappt dagegen das Windows-Menü auf.

3 Suchen Sie den Eintrag *Adobe InDesign CS6* und führen Sie einen Klick darauf aus.

Verwenden Sie das Programm öfter, so finden Sie nach Anklicken des Startmenüs gleich ein anklickbares Symbol (*Adobe InDesign CS6*) vor, da Windows neben den zuletzt geöffneten Dokumenten auch die zuletzt benutzten Programme anzeigt. In diesem Fall müssen Sie nur einen Klick auf das Symbol setzen.

Macintosh   Arbeiten Sie mit einem Mac, müssen Sie lediglich einen Doppelklick auf das Programmsymbol *Adobe InDesign CS5* im ausgewählten Installationsordner (z. B. Ordner *Programme* im Ordner *Festplatte*) ausführen.

Startvorgang

Der Startvorgang beginnt. Es wird ein Informationsfenster eingeblendet, das Sie darüber informiert, dass jetzt verschiedene Dienste, Bedienfelder und Zusatzmodule geladen werden. Dieser Vorgang dauert beim ersten Mal etwas länger, da hierbei die entsprechenden Einstellungen des Programms vorgenommen werden.

Bei den folgenden Starts kann es ebenfalls je nach Konstellation Ihres Computers mehr oder weniger lange dauern, bis der Ladevorgang abgeschlossen ist.

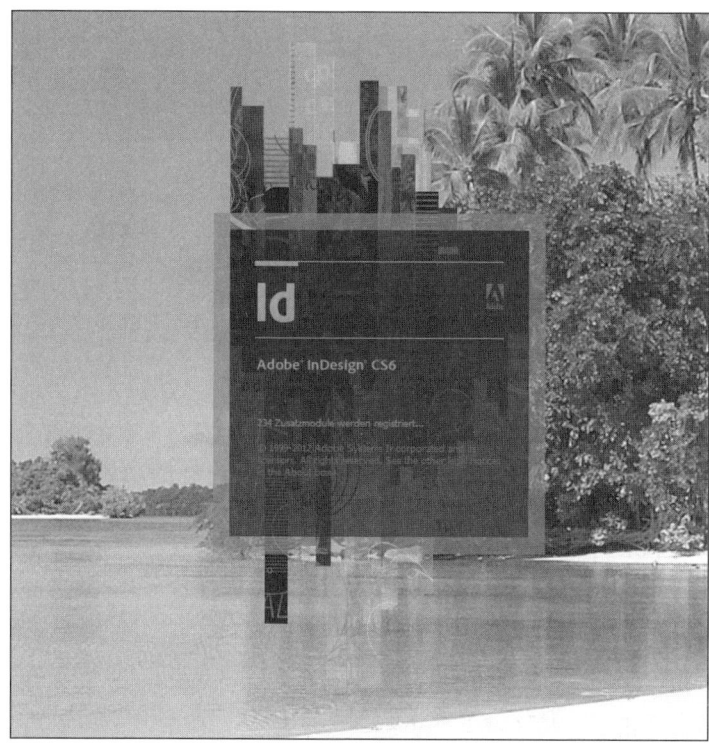

Abb. L1.2: InDesign startet durch

Startbildschirm

Danach erscheint der *Startbildschirm*, in dem Sie die gewünschten Aktionen auswählen können.

Startbild-
schirm

Im oberen Bereich finden Sie die Schritte, die Sie häufig im Alltag vornehmen werden, wie das Öffnen eines zuletzt verwendeten Elements oder das Neuerstellen eines Dokuments.

Im unteren Teil erhalten Sie auf der rechten Seite Informationen für Ihre *Ersten Schritte* mit dem Programm oder über die Neuerungen (*Neue Funktionen*) dieser Version. Zudem können Sie weitere *Ressourcen* aufrufen. Diese Informationen werden Ihnen in dem *Adobe Help Viewer* angezeigt.

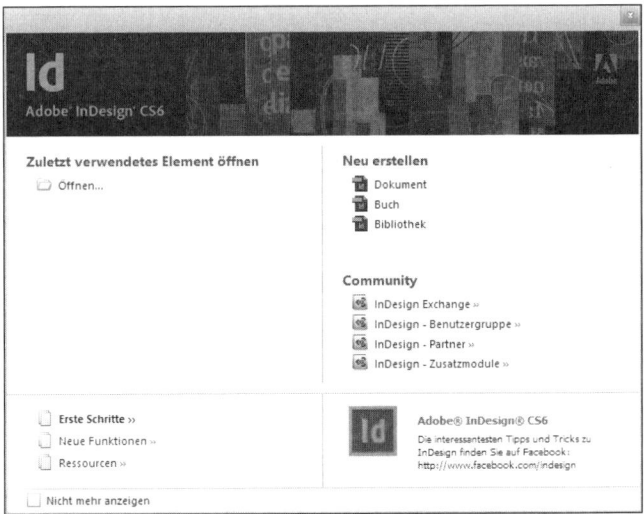

Abb. L1.3: Die Qual der Wahl

Der Hyperlink *Adobe TV* führt Sie dagegen auf eine entsprechende Internetseite mit weiteren Informationen.

 Möchten Sie in Zukunft auf dieses Dialogfenster verzichten, dann aktivieren Sie am unteren Rand das Kontrollkästchen *Nicht mehr anzeigen*.

Nach einem Klick auf die Schaltfläche *Schließen* werden Sie an dieser Stelle erst einmal die Benutzeroberfläche erkunden.

Die Benutzeroberfläche

Es erscheint die InDesign-typische Benutzeroberfläche, der sogenannte *Arbeitsbildschirm*. Auf diesem befinden sich alle wichtigen Elemente, die Ihnen in Zukunft immer wieder begegnen werden.

Betrachten Sie deshalb den Bildschirm zunächst einmal genauer und lernen Sie die einzelnen Elemente kennen.

Abb. L1.4: Der Arbeitsbildschirm von InDesign CS6

Neben den üblichen Bestandteilen eines Programmfensters fallen Ihnen sicherlich sofort ein paar nicht alltägliche Elemente auf, die Ihnen im Laufe Ihrer Arbeit mit InDesign noch öfter begegnen werden. Deshalb sollten Sie sich zunächst mit Ihrer Arbeitsumgebung vertraut machen.

Werkzeugleiste

Auf der rechten Seite finden Sie die sogenannte *Werkzeugleiste*, die alle Werkzeuge enthält.

Je nachdem, welche Aktion Sie durchführen möchten, muss in InDesign vorher das benötigte Werkzeug aus der Werkzeugleiste oder neudeutsch Toolleiste ausgewählt werden. Einige Werkzeuge dienen zum Auswählen, Bearbeiten und Anzeigen von Bildern, während andere zum Malen und Zeichnen oder zur Texteingabe vorgesehen sind. Dabei ist den verschiedenen Werkzeugen jeweils ein Symbol zugeordnet.

Über den kleinen Doppelpfeil in der Titelzeile können Sie die Ansicht der Leiste verändern. So führt ein Klick darauf auf die von der Vorgängerversion bekannte zweispaltige Darstellungsweise. Ein weiterer Klick setzt diese wieder zurück.

Arbeits-
bildschirm

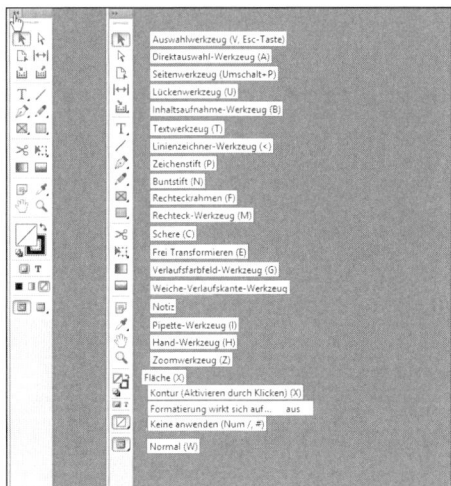

Abb. L1.5: Die Werkzeuge auf einen Blick

Im Verlauf dieses Buches werden Sie eine Reihe von Schaltflächen und deren Bedeutung kennenlernen. Damit Sie den Überblick behalten, hat Ihnen InDesign eine kleine Hilfe zur Seite gestellt.

Werkzeug-Tipp Schieben Sie Ihren Mauszeiger über eine der Schaltflächen und warten Sie zwei Sekunden. An dieser Stelle erscheint dann ein kleiner gelber Hinweis, der sogenannte *Werkzeug-Tipp*, der Ihnen anzeigt, was sich hinter der Schaltfläche verbirgt.

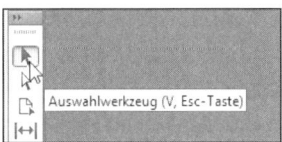

Abb. L1.6: Nutzen Sie die hilfreichen Werkzeug-Tipps

Der Werkzeug-Tipp hilft Ihnen sicherlich oft weiter. Zusätzlich können Sie ihm entnehmen, mithilfe welcher Taste sich das Werkzeug aktivieren lässt. Im Beispiel der vorherigen Abbildung können Sie folglich das Werkzeug auch über einen Druck auf die Taste Ⅴ aktivieren.

Wie Sie noch sehen werden, ist das wichtigste Werkzeug das Werkzeug *Auswahl*. Es muss immer aktiviert werden, wenn Sie Text- oder Grafikobjekte markieren, also auswählen möchten.

InDesign stellt Ihnen dazu zwei Werkzeuge zur Verfügung, deren Unterschiede Sie sich an dieser Stelle schon einmal klarmachen sollten:

Das *Auswahlwerkzeug* ⮕ dient zur Durchführung allgemeiner Gestaltungsaufgaben wie dem Bewegen oder der Größenänderung von Objekten. **Auswahl**

Das *Direktauswahl-Werkzeug* ⮕ benutzen Sie bei Aufgaben, die das Zeichnen und Bearbeiten von Pfaden, Rahmen oder Rahmeninhalten umfassen, oder wenn ein Ankerpunkt in einem Pfad bewegt werden soll. **Direktauswahl-Werkzeug**

Werkzeuge auswählen

Die Werkzeuge selbst aktivieren Sie durch einfachen Mausklick darauf. Ein ausgewähltes Werkzeug erkennen Sie daran, dass es eingedrückt dargestellt wird.

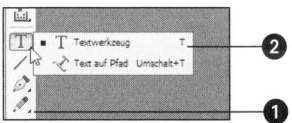 **Weitere Werkzeuge auswählen**

Abb. L1.7:   Ein geöffnetes Flyout-Menü

Sicherlich sind Ihnen auch schon die kleinen Dreiecke ❶ am rechten unteren Rand einiger Hilfsmittelsymbole aufgefallen. Wenn Sie ein solches Symbol anklicken, öffnet sich ein sogenanntes Flyout-Menü ❷, das weitere Hilfsmittel enthält, die aus Platzmangel nicht angezeigt werden können.

Steuerelementleiste

Das Aussehen der sogenannten *Steuerelementleiste* hängt unmittelbar mit der Auswahl eines Werkzeugs zusammen. Wenn Sie ein Werkzeug auswählen, ändern sich dementsprechend die dort angezeigten Optionen, da sich die Leiste an das ausgewählte Werkzeug anpasst und jeweils einen anderen Inhalt anzeigt, wenn Sie ein anderes Werkzeug auswählen.

Steuerele-
mentleiste

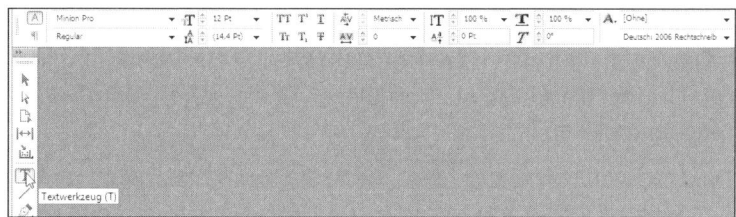

Abb. L1.8: Auswirkungen der Werkzeugwahl auf die Steuerelementleiste

Diese Arbeitsweise wird als *kontextsensitiv* bezeichnet und erlaubt das sehr schnelle und vor allem sehr exakte Bearbeiten der verschiedenen Objekte.

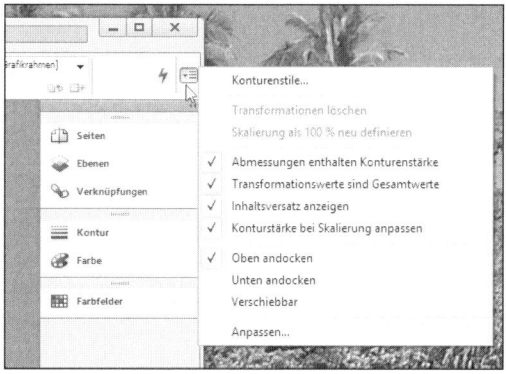

Abb. L1.9: Das Bedienfeldmenü der Steuerelementleiste

Der Umfang dieser Leiste hängt dabei von dem gewählten Werkzeug ab. So können Sie bei einigen Werkzeugen nur bestimmte Optionen wählen, während Sie bei anderen werkzeugspezifische Einstellungen vornehmen können.

Ganz am rechten Rand der Steuerelementleiste finden Sie das *Bedienfeldmenü*. Ein Klick darauf ermöglicht Ihnen Zugriff auf weitere Elemente und diverse Einstellungsmöglichkeiten.

Bedienfelder

Wie die meisten anderen Adobe-Programme präsentiert Ihnen InDesign auf der rechten Seite eine Reihe von *Bedienfeldern*. In diesen kleinen Fenstern, die eine mehr oder minder große Anzahl von Symbolen und Einstellungsmöglichkeiten aufweisen, sind Funktionen zu der jeweiligen Thematik zusammengefasst, deren Befehle per Mausklick ausgeführt werden können. Einige Anwendungen lassen sich sogar nur über diese Symbolleisten verwirklichen.

Bedienfelder

Darstellungsweise

Die Bedienfelder werden zunächst lediglich als Symbole angezeigt.

Möchten Sie bei den Bedienfeldern die Einstellungsoptionen sichtbar machen, dann genügt ein kleiner Klick auf den Doppelpfeil *Bedienfelder erweitern*.

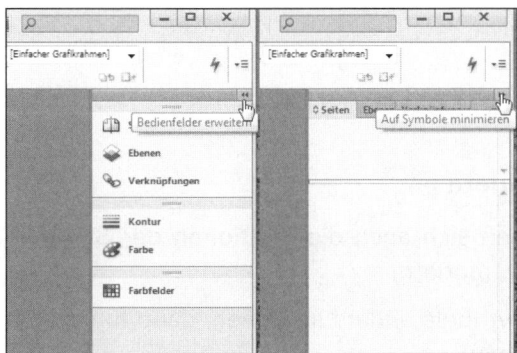

Abb. L1.10: Links vorher, rechts nachher

Ein weiterer Klick auf den Doppelpfeil führt auf die Darstellungsform *Auf Symbole minimieren* zurück.

Bedienfelder ein- und ausblenden

Die neue Darstellungsform führt zu mehr Übersicht, da man sich nur das jeweils benötigte Bedienfeld einblenden kann.

Die Bedienfelder können Sie auf einfache Art und Weise ein- und wieder ausblenden:

Bedienfelder einblenden   Mit einem Klick auf das entsprechende Symbol ❶ wird das jeweilige Bedienfeld eingeblendet.

Bedienfelder ausblenden   Ein Klick auf den Doppelpfeil ❷ der Bedienfelder blendet sie wieder aus.

 **TIPP** Ganz rasch können Sie alle Bedienfelder (nebst den Werkzeugleiste und der Steuerelementleiste) ausblenden, wenn Sie die ⇄ -Taste drücken. Ein erneuter Druck blendet sie wieder ein.

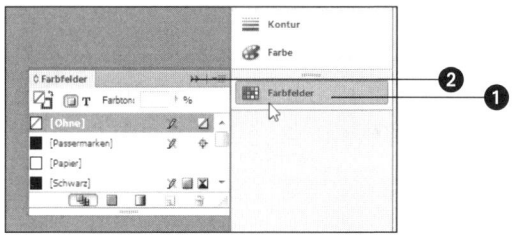

Abb. L1.11: Einfach per Klick ein- und ausblenden

Positionen verändern

Recht einfach lassen sich auch die Positionen der Symbole und Bedienfelder verändern.

Symbolposition verändern   Möchten Sie die Symbole anders anordnen, dann führen Sie folgende Schritte aus:

1 Klicken Sie auf das Symbol, das Sie verschieben möchten.

2 Ziehen Sie es mit gedrückter Maustaste an die neue Position, die Sie an dem waagerechten Strich erkennen können.

Abb. L1.12: Ein Symbol umordnen

Ein ausgeblendetes Bedienfeld enthält mehr oder weniger viele Registerkarten, die Sie ebenfalls wie folgt umordnen können:

Bedienfeldposition verändern

3 Klicken Sie auf die Registerkarte ❶.

4 Ziehen Sie diese bei gedrückter Maustaste nach rechts oder links.

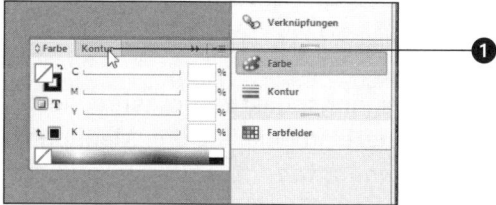

Abb. L1.13: Einfach die Position verschieben

Bedienfelder frei verschieben

Standardmäßig sind die Bedienfelder, wie auch die beiden Leisten, fest verankert.

Sie können diese Verankerung jedoch lösen und die Bedienfelder und Leisten frei verschieben.

1 Dazu müssen Sie lediglich in der Steuerelementleiste auf die letzte Schaltfläche klicken.

Bedienfeld verschiebbar machen

2 Im erscheinenden Leistenmenü wählen Sie den Eintrag *Verschiebbar*.

Nun können Sie die Bedienfelder wie auch die Leisten über deren Titelleiste frei mit gedrückter Maustaste verschieben.

3 Klicken Sie beispielsweise auf die Titelleiste eines Bedienfeldes oder der Steuerelementleiste und bewegen Sie es an einen anderen Ort.

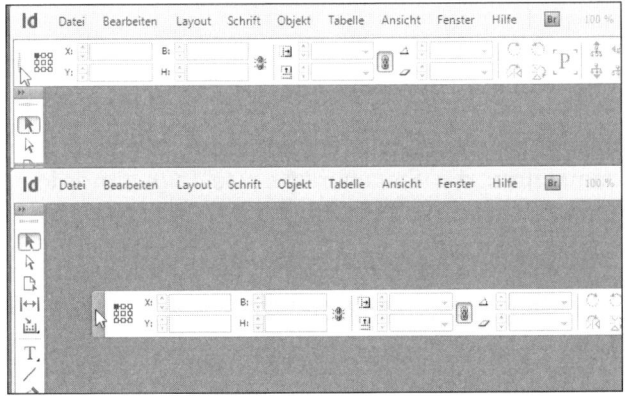

Abb. L1.14: Die Steuerelementleiste frei bewegen

Möchten Sie wieder zum Ausgangspunkt zurückkehren, dann wählen Sie im Menü der Steuerelementleiste den Menüpunkt *Oben andocken* oder *Unten andocken*.

Nachdem Sie diese Option *Verschiebbar* eingeschaltet haben, können Sie sich die Bedienfelder selbst zusammenzustellen, indem Sie sie trennen bzw. neu zuordnen. Auf diese Art und Weise lässt sich beispielsweise ein Bedienfeld mit den bevorzugten Registerkarten zusammenstellen.

Bedienfelder zusammenstellen

1 Klicken Sie dazu auf die entsprechende Registerkarte ❶.

2 Ziehen Sie sie bei gedrückter linker Maustaste aus dem Bedienfeld in den Arbeitsbereich ❷ hinein.

3 Möchten Sie ein eigenes Bedienfeld zusammenstellen, dann lassen Sie die Maustaste über der Arbeitsfläche los. Augenblicklich wird die Registerkarte in einem eigenen, neuen Bedienfeld eingefügt.

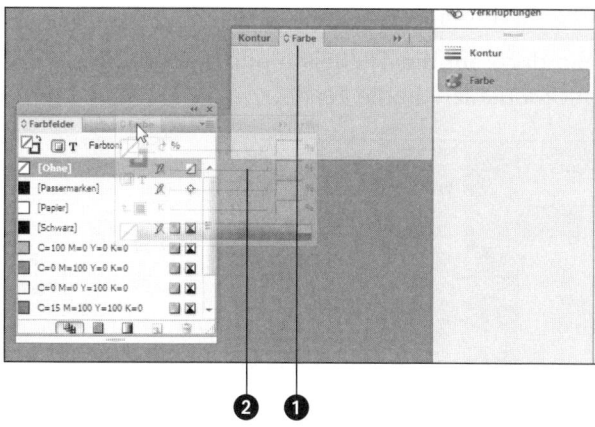

Abb. L1.15: Bedienfelder neu anordnen

Möchten Sie eine bestimmte Registerkarte eines Bedienfeldes einem anderen zuordnen, gehen Sie so vor:

1 Klicken Sie auf die Registerkarte.

2 Ziehen Sie sie auf das andere Bedienfeld. Wenn Sie die Maus dort loslassen, wird die Registerkarte augenblicklich in das andere Bedienfeld aufgenommen.

Bedienfeld-Registerkarte zuordnen

Ein frei angeordnetes Bedienfeld können Sie zudem rasch verkleinern.

1 Klicken Sie auf den Doppelpfeil in der Titelleiste, um es zu minimieren.

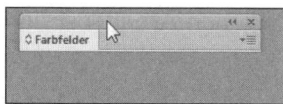

Abb. L1.16: Bedienfelder minimieren

---

2 Den Urzustand stellen Sie durch einen weiteren Klick auf das nun veränderte Symbol wieder her.

Und schließlich können Sie ein Bedienfeld, das Sie beispielsweise über das Menü *Fenster* geöffnet haben, in die Leiste am rechten Rand aufnehmen.

3 Klicken Sie dazu auf die Titelleiste und ziehen Sie sie mit gedrückter Maustaste in die Leiste.

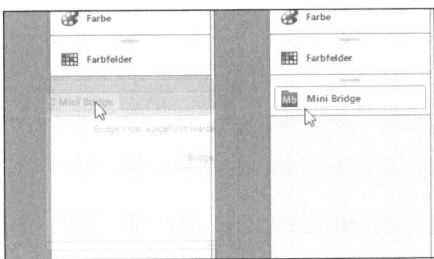

Abb. L1.17: Ein Bedienfeld in die Bedienfeldleiste aufnehmen

Arbeitsbereich aufräumen

Sollten Sie einmal des Guten zu viel getan haben und hätten gerne die ursprüngliche Lage wiederhergestellt, so ist das kein Problem.

Standard-Arbeitsbereich

1 Rufen Sie die Menüreihenfolge *Fenster / Arbeitsbereich* auf.

2 Wählen Sie den Eintrag *Grundlagen zurücksetzen*.

Schon befinden sich – nach einer kurzen Bestätigung Ihrerseits – alle Bedienfelder an der Position und in der Reihenfolge, in der sie sich nach der Installation befanden.

Natürlich können Sie auch Ihren persönlichen Arbeitsbereich zusammenstellen.

3 Wenn Sie alles angeordnet haben, rufen Sie die Menüreihenfolge *Fenster / Arbeitsbereich / Arbeitsbereich speichern* auf.

4 Nachdem Sie einen Namen vergeben haben, können Sie
in Zukunft immer zu der gewohnten Einstellung zurückkehren.

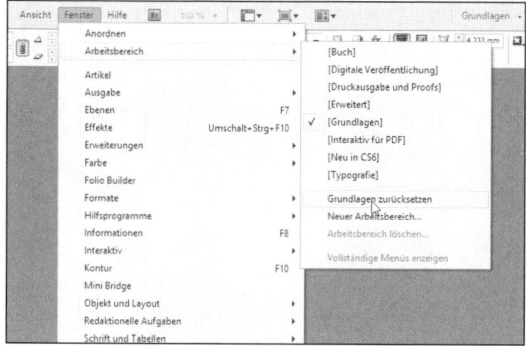

Abb. L1.18: Die ursprüngliche Lage aller Bedienfelder zurücksetzen

Hilfe in Notlagen

Aufgrund der beschränkten Seitenzahl kann dieses Buch nicht
alle Ihre Fragen beantworten. Und so taucht hier und da vielleicht doch ein Problem oder eine zusätzliche Frage auf, auf
die Sie eine Antwort möchten. Für solche Fälle ist jedoch vor-
gesorgt, denn InDesign stellt Ihnen eine recht gute Hilfe zur
Verfügung. Wenn Sie wirklich mal nicht weiterwissen, dann
können Sie über das Menü *Hilfe / InDesign Hilfe* (oder schneller über F1) diese Hilfefunktion aufrufen.

Wie Sie sehen, funktioniert die InDesign-Hilfe mit Hyperlinks,   **Hilfe**
die Sie einfach anklicken und dann den entsprechenden Text
erhalten. Oder Sie verwenden gleich die Suchfunktion *Adobe Community Help*. Tragen Sie einfach das entsprechende
Schlagwort in das Listenfeld *Suchen* ein und starten Sie die
Anfrage mit ⏎.

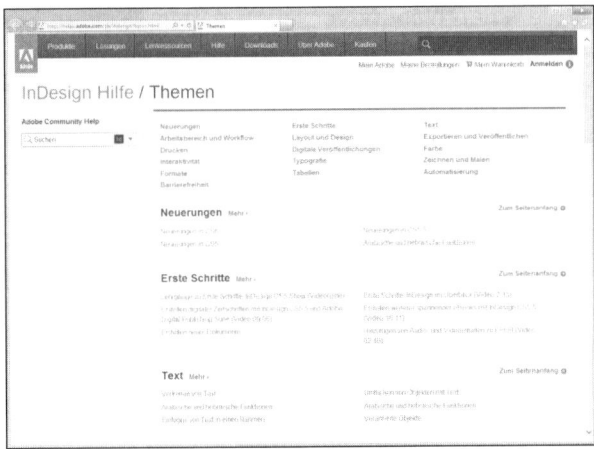

Abb. L1.19: Nicht nur für den Notfall: die Hilfe von InDesign

InDesign beenden

Ihre Arbeit mit InDesign beenden Sie

- über das Menü *Datei / Beenden*,
- mit einem Klick auf die *Schließen*-Schaltfläche oder
- durch Betätigen von Strg + Q.

In diesem Buch werden einige Schritte über Menüfolgen und meist auch über die Tastenkombinationen erläutert. Die meisten Tastenkombinationen finden Sie übrigens direkt hinter den entsprechenden Menüs aufgelistet. Muss man öfter das ein oder andere Menü aufrufen, ist es oft einfacher, sich die Tastenkombination zu merken. Doch finden Sie selbst heraus, welche Arbeitsweise Ihnen am besten gefällt und wie Sie am schnellsten mit Ihrer Arbeit vorankommen.

L2 Arbeiten mit Satzdateien

Kernstück Ihrer Arbeit mit InDesign ist die sogenannte *Satz-* **Satzdatei**
datei. Eine solche Datei ist vergleichbar mit dem Reißbrett eines Grafikers.

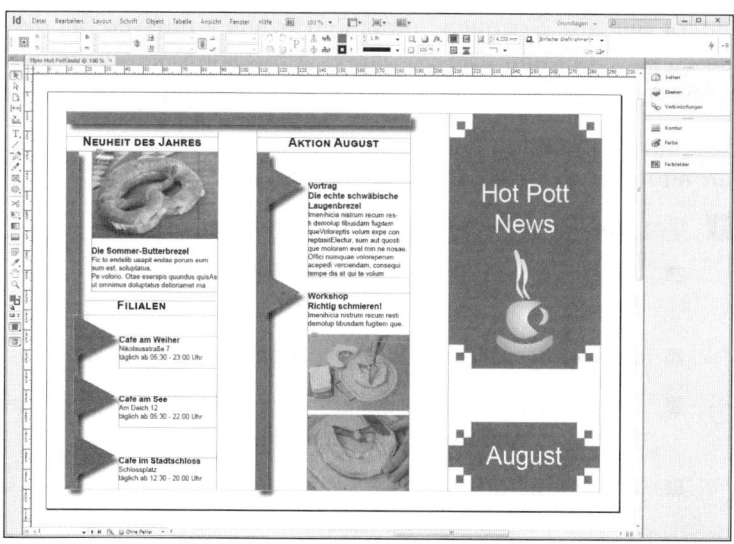

Abb. L2.1: Der Arbeitsbildschirm mit einer geöffneten Satzdatei

Das Aussehen des Arbeitsbereichs kann je nach Monitor-
größe, Bildschirmauflösung und gewählter Ansicht variieren.

Dieses Fenster stellt den eigentlichen Arbeitsbereich dar, auf
dem das Erstellen Ihrer Publikationen bzw. Seiten erfolgt. Sie
können es sich am besten wie Ihren Schreibtisch vorstellen.
Es werden die Seiten Ihrer Publikation angezeigt und Sie können mithilfe der Werkzeuge die Texte, Bilder und Grafiken
platzieren. Auf dem freien Platz neben der eigentlichen Seite
(Ablage- oder Montagefläche) können Sie ohne Probleme die

Objekte ablegen, die Sie (im Moment) nicht benötigen. Objekte, die sich nicht auf der Seite befinden, werden nämlich nicht ausgedruckt.

Satzdateien öffnen

Bevor Sie eine Satzdatei betrachten können, müssen Sie diese zunächst öffnen. Die Vorgänge zum Laden unterscheiden sich nicht wesentlich von anderen Programmen.

Um eine vorhandene InDesign-Publikation zur (weiteren) Bearbeitung zu öffnen, gehen Sie folgendermaßen vor:

Satzdatei öffnen

1 Um eine Datei zu öffnen, gibt es mehrere Wege:

- ■ Aktivieren Sie den Eintrag *Öffnen* aus dem *Datei-Menü*,

- ■ verwenden Sie die Tastenkombination $\boxed{\text{Strg}}$ + $\boxed{0}$,

- ■ klicken Sie im Startbildschirm auf den Eintrag des zuletzt verwendeten Elements oder

- ■ klicken Sie dort auf die Schaltfläche *Öffnen*.

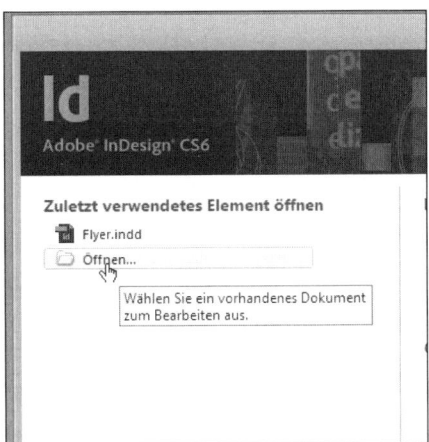

Abb. L2.2:   Eine Datei öffnen

Es öffnet sich das Dialogfenster *Datei öffnen*.

2 Um eine Datei zu öffnen, werden Sie im Regelfall zunächst den Speicherort aufsuchen müssen. Stellen Sie im Listenfeld hinter der Bezeichnung *Suchen in* zunächst das gewünschte Laufwerk und dann das Verzeichnis ein, in dem sich die Datei befindet.

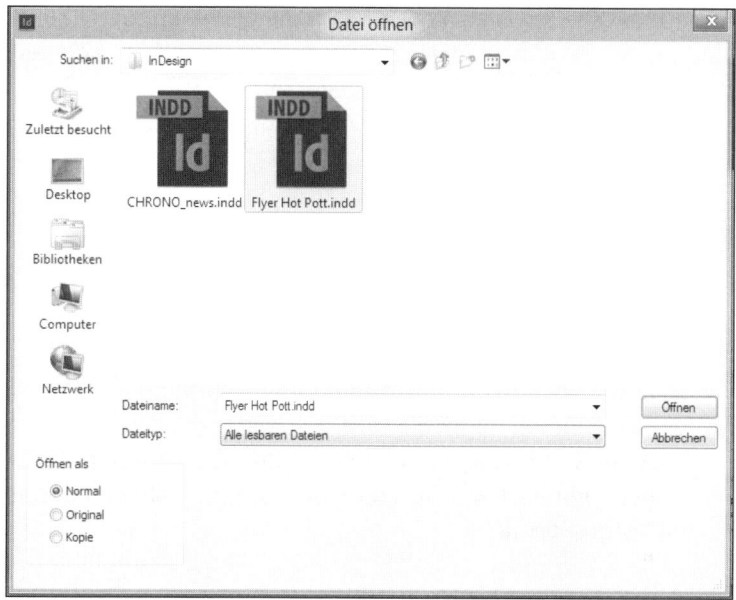

Abb. L2.3:   Das Dialogfenster zum Öffnen der Dateien

In dem Bereich unterhalb der Liste werden daraufhin alle Dateien aufgeführt, die am gewählten Ablageort enthalten sind.

3 Wählen Sie den *Dateityp* aus, den das zu öffnende Dokument hat. Standardmäßig ist der Dateityp *InDesign* aktiviert (Dateikennung *InDesign Dokument; *.indd)*. Dadurch ist die Dateiliste eingeschränkt, da nur InDesign-Dokumente angezeigt werden.

Alternativ können Sie unter anderem auch PageMaker-6.0-7.0-Dateien sowie die mit dem Programm QuarkX-Press (3.3-4.1x) erstellten Dateien öffnen.

Sollten Sie unter Windows 7 oder 8 bzw. Vista arbeiten, dann rufen Sie im *Arbeitsplatz* die Schaltfläche *Organisieren* auf und wählen den Menüpunkt *Ordner- und Suchoptionen* an, um an das Dialogfenster zu gelangen. Unter Windows XP deaktivieren Sie im *Arbeitsplatz* (Menü *Datei / Ordneroptionen*) auf der Registerkarte *Ansicht* den Eintrag *Dateinamenerweiterung bei bekannten Dateinamen ausblenden*.

4 Klicken Sie dazu auf den kleinen Pfeil des *Dateityp*-Listenfeldes ❶ und wählen Sie aus der Liste den gewünschten Eintrag aus.

Es werden dann nur die Dateien des eingestellten Programms angezeigt, was gerade beim Vorhandensein von vielen Dateien sinnvoll und zeitsparend ist. Wenn Sie anschließend eine PageMaker- oder QuarkXPress-Datei öffnen, konvertiert InDesign die Originaldateien in das InDesign-Format.

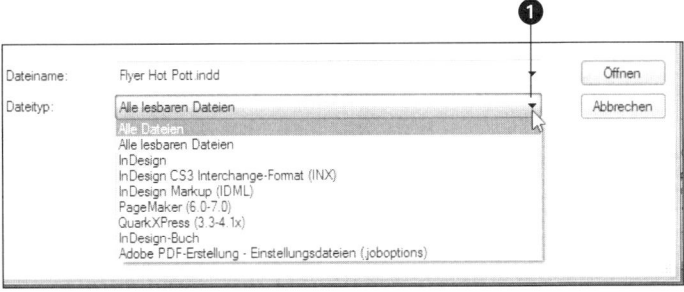

Abb. L2.4: Die möglichen Dateitypen anzeigen

Datei öffnen   **5** Aus diesem Grund müssen Sie sich unter Umständen im Bereich *Öffnen als* entscheiden, ob Sie die Datei *Normal*, als *Original* oder als *Kopie* öffnen wollen.

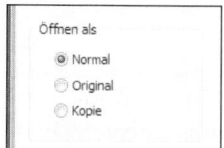

Abb. L2.5: Wie möchten Sie die Datei öffnen?

Wählen Sie

- *Normal*, wenn Sie die Datei ganz gewöhnlich bearbeiten wollen.

- *Original*, wenn Sie beispielsweise eine PageMaker- oder QuarkXPress-Datei als solche öffnen und nicht konvertieren wollen.

- *Kopie*, wenn Sie die Originaldatei (gleich welchen Dateityps) nicht mit Ihren Änderungen überschreiben wollen.

6 Wenn Sie so die gesuchte Datei ausgemacht haben, markieren Sie sie mit einem weiteren Klick auf den Dateinamen und klicken abschließend noch auf die Schaltfläche *Öffnen*.

7 Bereits verwendete Dateien können Sie sehr rasch über das Menü *Datei / Zuletzt verwendete Datei öffnen* erreichen. In dem sich öffnenden Untermenü finden Sie die neun zuletzt geöffneten Dateien aufgelistet.

8 Zeigen Sie einfach mit der Maus auf die gewünschte Datei und klicken Sie dann einmal ❶.

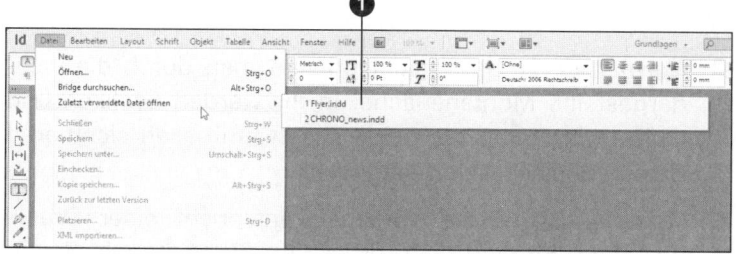

Abb. L2.6: Rasches Öffnen schon einmal geöffneter Dateien

Satzdateien betrachten

Standardmäßig wird Ihnen – je nach getroffener Wahl – immer eine Doppelseite oder eine einzelne Seite auf dem Bildschirm angezeigt. Der Vorteil dieser Ansicht ist, dass Sie so eine sehr gute Übersicht über Ihre Publikation haben. Sie erkennen beispielsweise sofort, ob eine Grafik am richtigen Platz ist oder ob ein Text an einer nicht gewünschten Stelle umbrochen wurde.

Ansichtssache?

Ansichtsmodi   Stören Sie beim Betrachten die Ränder oder Hilfslinien, können Sie die Ansicht wechseln. InDesign verfügt nämlich über fünf Ansichten, die Sie über das Flyout-Menü der untersten Schaltfläche der Werkzeugleiste einstellen können.

1 Klicken Sie auf das kleine Dreieck dieser Schaltfläche.

Es klappt ein Menü mit fünf Auswahlmöglichkeiten heraus.

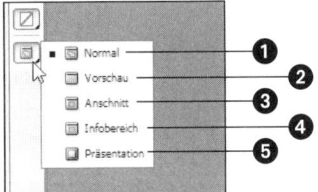

Abb. L2.7:   Die fünf Ansichten von InDesign

Wie Sie sehen, können Sie wählen zwischen

- *Normal* **1**: Diese Ansicht erkennt man durch die weiß dargestellte Montagefläche. In ihr werden Grafiken und Objekte in einem normalen Fenster mit allen sichtbaren Raster- und Hilfslinien dargestellt.

- *Vorschau* **2**: Diese Vorschau entspricht einer Druckvorschau. So sind nicht druckbare Elemente wie Raster oder Hilfslinien nicht sichtbar und die Montagefläche wird standardmäßig grau dargestellt.

- *Anschnitt* ❸: Diese Ansicht entspricht der vorherigen. Allerdings sind zusätzlich druckbare Elemente innerhalb des Anschnittbereichs des Dokuments sichtbar.

- *Infobereich* ❹: Im Gegensatz zu den beiden vorherigen Ansichten werden hier druckbare Elemente innerhalb des Infobereichs des Dokuments ebenfalls sichtbar dargestellt.

- *Präsentation* ❺: Dieser neue Modus blendet das Anwendungsmenü aller Bedienfelder aus und zeigt das Dokument bildschirmfüllend. Sie können mit der Maustaste vorwärts und mit der rechten Maustaste rückwärts durch das Dokument navigieren.

2 Klicken Sie auf die Ansicht Ihrer Wahl, um sie einzustellen.

3 Den Präsentationsmodus beenden Sie durch Drücken von Esc .

Anzeigeleistung

Haben Sie eine Satzdatei mit einem Foto geöffnet, fällt Ihnen bestimmt die etwas „krisselige" Darstellung des Bildes auf. Das liegt nicht daran, dass Sie jetzt auch eine Brille benötigen, sondern daran, dass InDesign aus Performance-Gründen Bilder geringer aufgelöst darstellt.

Das vermeintliche Problem lösen Sie wie folgt:

1 Klicken Sie mit der rechten Maustaste auf das Foto.

2 Wählen Sie im Kontextmenü den Eintrag *Anzeigeleistung* an und dort die gewünschte Qualität (siehe Abbildung L2.8).

Wie Sie sehen, stehen Ihnen die folgenden Anzeigeleistungen zur Auswahl:

- *Schnelle Anzeige* ❶: Wenn Sie größere Druckbögen mit vielen Bildern schnell durchblättern möchten, dann sollten Sie sich für diesen Modus entscheiden, da dann die

Bilder oder eine Vektorgrafik lediglich als graues Feld angezeigt werden.

- *Normale Anzeige* ❷: Bei dieser Standardeinstellung werden die Bilder oder Vektorgrafiken mit niedriger Auflösung, die zur Identifizierung und Positionierung ausreichend ist, dargestellt.

- *Anzeige mit hoher Qualität* ❸: Dieser Ansichtsmodus eignet sich zur Feinabstimmung, da hier die Bilder oder Grafiken mit hoher Auflösung dargestellt werden. Allerdings verlangsamt sich die Anzeigegeschwindigkeit, sodass der Arbeitsfluss gehemmt werden kann.

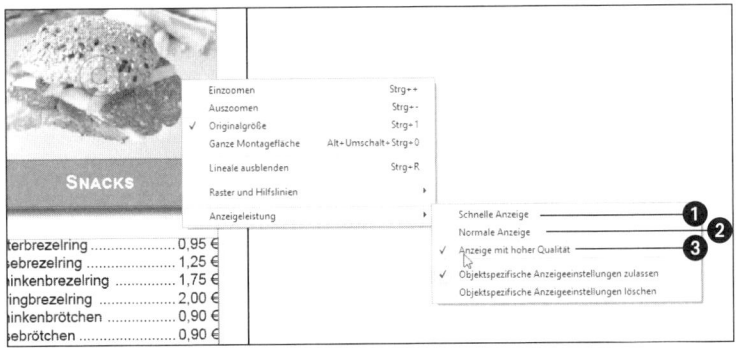

Abb. L2.8:   Die Anzeigeleistung erhöhen

Schrittweises Zoomen

Wenn Sie detaillierte Änderungen vornehmen wollen, ist die zunächst angezeigte Darstellungsgröße oft nicht sehr vorteilhaft.

Zum Vergrößern bzw. Verkleinern der Ansicht stehen Ihnen mehrere Möglichkeiten zur Verfügung.

Verfügen Sie über eine Maus mit einem Rädchen, so können Sie mit gedrückter [Alt]-Taste die Ansicht zoomen. Drehen Sie dabei das Rädchen von sich weg, vergrößert sich die Ansicht. Drehen Sie es zu sich hin, verkleinert sie sich.

Diese Befehle können Sie auch über das Menü *Ansicht* auf- rufen. Mit dem Befehl *Einzoomen* ([Strg] + [+]) können Sie zu- **Zoombefehle**
nächst die Seite in der nächsthöheren Zoomstufe anzeigen.
Mit dem Befehl *Auszoomen* ([Strg] + [-]) erreichen Sie das Gegenteil.

Praktisch sind die Befehle *Seite in Fenster anpassen* ([Strg] +
[0]) bzw. *Druckbogen in Fenster anpassen* ([Alt] + [Strg] + [0]),
die Ihnen einen Überblick über die Satzdatei verschaffen.

Sehr oft werden Sie das *Zoomwerkzeug* verwenden, da es **Zoom-**
bestimmte Ausschnitte recht einfach zu vergrößern oder zu **werkzeug**
verkleinern hilft.

1 Aktivieren Sie das *Zoomwerkzeug* ❶ und klicken Sie einmal auf den gewünschten Bereich, um diese Stelle zu vergrößern.

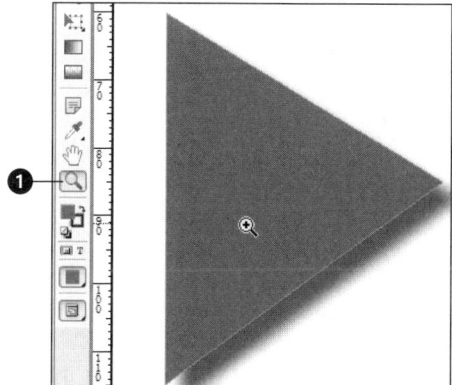

Abb. L2.9:   Vergrößern mit der Lupenfunktion

2 Wenn Sie dagegen die Ansicht verkleinern wollen, dann
müssen Sie zusätzlich zum Klicken auf den gewünschten
Bereich die [Alt]-Taste gedrückt halten, damit die Seite verkleinert wird.

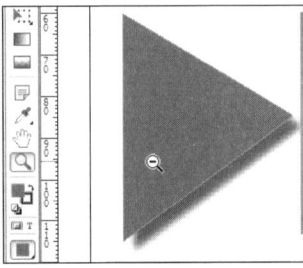

Abb. L2.10: Schneller verkleinern mit Alt und dem Werkzeug *Zoom*

Bereich vergrößern

3 Darüber hinaus bietet Ihnen das *Zoomwerkzeug* auch die Möglichkeit, einen ausgewählten Bereich zu vergrößern. Wählen Sie es aus und klicken Sie auf den Bereich, den Sie vergrößern möchten. Halten Sie dabei die linke Maustaste gedrückt und ziehen Sie einen Rahmen um den gewünschten Bereich.

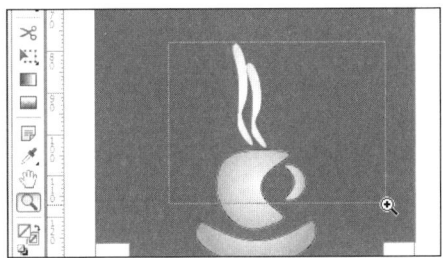

Abb. L2.11: Vergrößern eines Bereichs

Sobald Sie die Maustaste loslassen, wird der Bereich innerhalb des Rahmens auf Fenstergröße aufgezogen.

 Verwenden Sie gerade ein bestimmtes Werkzeug, so ist es nicht immer praktisch, zum *Zoomwerkzeug* zu wechseln. Verwenden Sie in diesem Fall die Tastenkombination zum Vergrößern bzw. Verkleinern. So können Sie mithilfe von Strg + Leer die Ansicht vergrößern, die Kombination Strg + Alt + Leer verkleinert sie dagegen.

46

Verschieben eines Ausschnitts

Nicht immer ist es sinnvoll, mit dem *Zoomwerkzeug* zu arbeiten. Gerade wenn Sie mit einer starken Vergrößerung arbeiten, ist es oft sinnvoller, den Bildausschnitt zu verschieben.

Für diese Arbeiten können Sie die *Bildlaufleisten* benutzen, die am rechten und unteren Bildschirmrand erscheinen, sobald Sie ein Format aufrufen, dessen Inhalt nicht komplett, sondern nur ausschnittweise im Bildfenster angezeigt werden kann.

Diese Aktion kann sehr oft problemlos und effektiver mit dem *Hand-Werkzeug* erledigt werden. **Bildausschnitt verschieben**

1 Wählen Sie es durch Anklicken des Symbols 🖑 **❶** oder Betätigen der Taste ⒣ aus.

2 Klicken Sie auf den entsprechenden Bildausschnitt.

3 Ziehen Sie die Hand **❷** bei gedrückter linker Maustaste in die gewünschte Richtung.

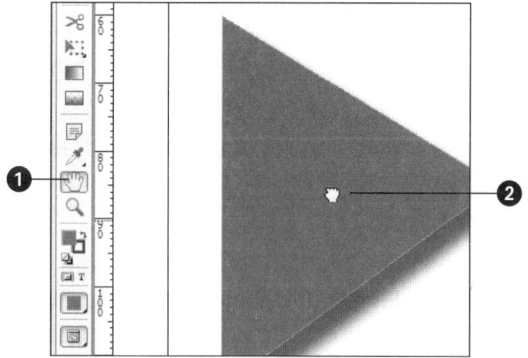

Abb. L2.12: Ausschnitte schnell verschieben

Wie Sie sehen, hat dieses Werkzeug die gleiche Wirkung wie das Scrollen der Bildlaufleisten, erlaubt aber wesentlich sanftere Bewegungen.

Mit dieser Funktion können Sie einen Ausschnitt wesentlich genauer verschieben, als dies mit den Bildlaufleisten möglich ist. Zudem können Sie von diesem Werkzeug (wie bei jedem anderen auch) schnell zur Zoomfunktion wechseln: Drücken Sie zusätzlich die Tasten [Strg] + [Leer], um zu vergrößern, und zusätzlich die [Alt]-Taste, um zu verkleinern. Verfügen Sie über eine Maus mit Laufrad, dann können Sie bei jedem anderen Werkzeug bei gedrückter [Strg]-Taste und Drehen des Rädchens die Seite nach links oder rechts bewegen.

Navigieren

Eine Kombination der soeben vorgestellten Werkzeuge stellt der *Navigator* dar. Allerdings befindet sich in InDesign kein entsprechendes Bedienfeld mehr (wie in Illustrator oder Photoshop), sondern Sie können mit dem *Hand-Werkzeug* schnell einen Bildbereich anzeigen und die Zoomstufe ändern.

Navigator

1 Wählen Sie das *Hand-Werkzeug* aus.

2 Zeigen Sie auf eine Stelle der Satzdatei und halten Sie die Maustaste gedrückt.

Wie Sie sehen, verkleinert sich die Seitenansicht und es erscheint der vom Navigator bekannte rote Rahmen ❶, der die Grenzen des Bildfensters symbolisiert.

3 Mit gedrückter Maustaste können Sie ihn an die gewünschte Stelle verschieben und beim Loslassen wird der gewählte Bereich in der entsprechenden Zoomstufe angezeigt.

Den roten Rahmen können Sie über die Pfeiltasten in der Größe ändern und somit die Zoomstufe in der Ansicht für den gewählten Bereich anpassen. Halten Sie dabei aber die Maustaste gedrückt.

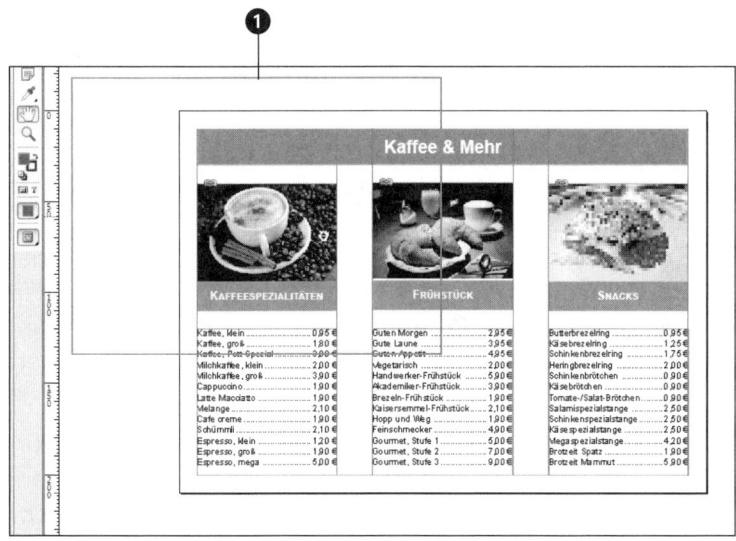

Abb. L2.13: Der Navigator im Einsatz

Satzdateien speichern

Nachdem Sie Ihre Arbeiten an einer Publikation abgeschlossen haben, sollten Sie diese speichern. Klicken Sie auf das Menü *Datei*.

Satzdatei speichern

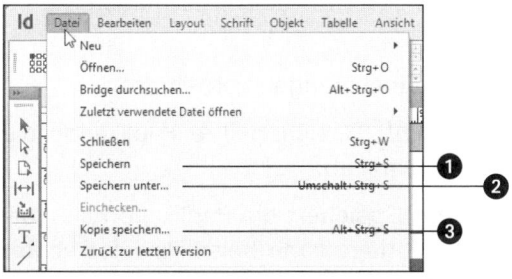

Abb. L2.14: Die Speicheroptionen

Zum Speichern einer Datei stehen Ihnen im Menü *Datei* folgende Varianten zur Verfügung:

Speichervarianten

■ *Speichern* ❶

■ *Speichern unter* ❷

■ *Kopie speichern* ❸

Speichern/Speichern unter

■ Eine noch nicht gespeicherte Datei erkennen Sie an der Bezeichnung *Unbenannt*, die sich in eckigen Klammern in der Titelleiste des Programmfensters befindet. So haben Sie rasch die Kontrolle, ob Ihre Satzdatei schon gesichert ist.

1 Wenn Sie bei einer Datei, die noch nicht gespeichert wurde, den Befehl *Speichern* oder *Speichern unter* wählen, öffnet sich in beiden Fällen das Dialogfenster *Speichern unter* ❶.

2 Im Listenfeld *Speichern in* ❷ wählen Sie als Erstes den gewünschten Speicherort aus.

3 Anschließend geben Sie in dem Feld *Dateiname* ❸ den Namen der Publikation ein. Die Angabe einer Dateiendung ist nicht nötig, da das Programm diese automatisch anhängt.

Welche Dateiendung verwendet wird bzw. als welcher Dateityp die Datei abgespeichert werden soll, entscheiden Sie im Listenfeld *Dateityp* ❹.

Hier können Sie folgende Einstellungen vornehmen:

■ *InDesign CS6-Dokument*: Speichert Ihre Publikation als normale InDesign-CS-Datei ab.

■ *InDesign CS6-Vorlage*: Speichert die Publikation als Vorlage ab. Eine solche Vorlage kann beispielsweise schon Einstellungen, Texte oder Grafiken enthalten, die als Ausgangspunkt für weitere Publikationen dienen.

Lernen 2: Arbeiten mit Satzdateien

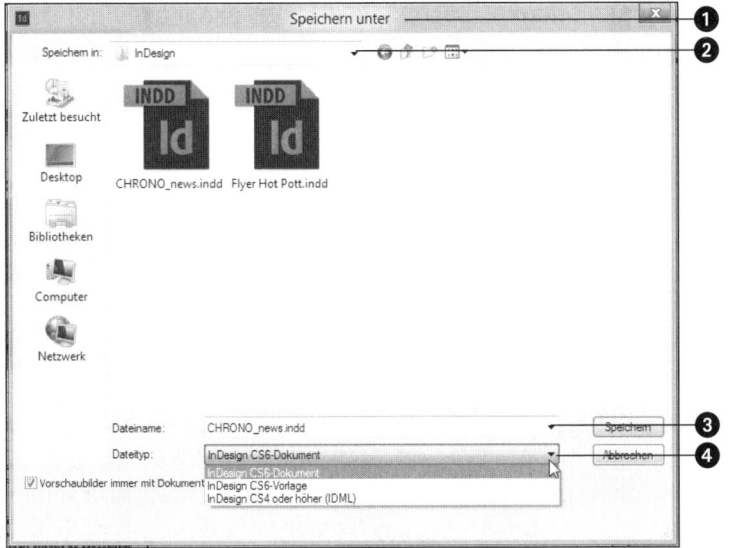

Abb. L2.15: Achten Sie auf das Format

■ *InDesign CS4 oder höher (IDML)*: Speichert Ihre Publikation in einer Version ab, die die Vorgängerversionen ab Version CS4 lesen können.

Wenn Sie eine Publikation einmal abgespeichert haben, das Programm also den Speicherort „kennt", dann genügt es, weitere Bearbeitungsschritte einfach mit dem Befehl *Datei / Speichern* zu sichern. Sie erhalten dann kein Dialogfenster mehr, sondern die Veränderungen werden sofort übernommen.

In der Praxis können Sie das sehr rasch über die Tastenkombination ⌗Strg⌗ + ⌗S⌗ erledigen.

Kopie speichern

Mit der nächsten Möglichkeit des Speicherns – Menü *Datei / Kopie speichern* – können Sie eine (Sicherungs-) Kopie Ihres

Dokuments anlegen. Das Original bleibt dabei aktiv auf dem Bildschirm. Dem Dateinamen des Duplikats wird vom Programm der Zusatz *Kopie* angehängt.

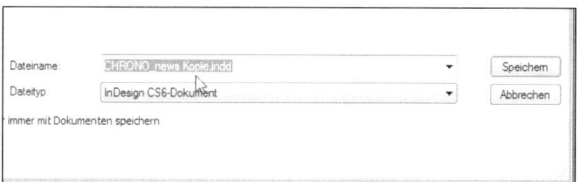

Abb. L2.16: Eine Sicherungskopie anlegen

 Die Speicherungsart *Kopie speichern* erlaubt es Ihnen, auf recht einfache Art Ihre Arbeitsschritte zu dokumentieren. Legen Sie einfach bei jedem größeren Arbeitsschritt eine Kopie an. So können Sie im Notfall auf die Kopie zurückgreifen und müssen nicht unter Umständen von vorne anfangen. Hilfreich ist auch die Tastenkombination zum Aufruf des Befehls: Alt + Strg + S.

Rettungsaktionen

Der Verlust von Daten ist oft mehr als ärgerlich. InDesign stellt Ihnen aber zwei Hilfsmittel zur Seite, die Ihnen in Notlagen weiterhelfen können.

Automatische Wiederherstellung

Zwar ist es dringend anzuraten, nach jedem größeren Arbeitsschritt eine Speicherung vorzunehmen, jedoch kann es im Alltag durchaus einmal passieren, dass man das vergisst. Wenn Sie in einem solchen Fall mit einem unvorhersehbaren Strom- oder Systemausfall konfrontiert werden, versucht das Programm, die Folgen dieses Missgeschicks durch eine automatische Wiederherstellung zu beseitigen.

1 Sie müssen dazu lediglich Ihren Computer neu starten und dann InDesign aufrufen.

Automatische Wiederherstellung

2 Die automatisch gesicherten Dateien befinden sich in einer temporären Datei, die auf dem Datenträger gespeichert ist. InDesign versucht, diese Dateien zu laden, und zeigt Ihnen dies durch den Zusatz *[Wiederhergestellt]* in der Titelleiste an.

3 Speichern Sie diese Datei mithilfe des Befehls *Speichern unter* erneut ab.

Die automatische *Wiederherstellen*-Funktion erhöht den Speicherbedarf einer InDesign-Datei. Nach Fertigstellung Ihrer Publikation sollten Sie die Datei abschließend in jedem Fall noch einmal mit dem Menüpunkt *Datei / Speichern unter* speichern, um den Umfang optimal zu verringern, da in diesem Fall nur die aktuellen Daten gesichert werden.

Trotz dieser Sicherung ist es aber sinnvoll und sehr empfehlenswert, regelmäßig selbst eine Speicherung vorzunehmen.

Zurück zur letzten Version

Über den Menüpunkt *Datei / Zurück zur letzten Version* können Sie zu der letzten gespeicherten Version zurückkehren und so alle Änderungen bzw. fehlgeschlagenen Aktionen wieder rückgängig machen.

Letzte Version

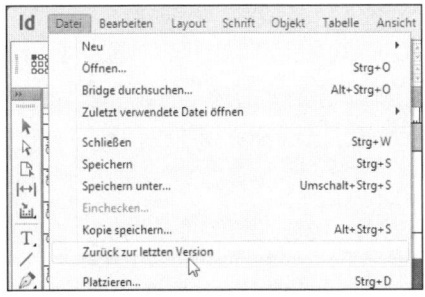

Abb. L2.17:
Falls Sie sich einmal vertan haben

Satzdateien schließen

Um eine geöffnete Publikation zu schließen, gehen Sie folgendermaßen vor:

1 Wählen Sie über das Menü *Datei* den Eintrag *Schließen* aus oder verwenden Sie die Tastenkombination [Strg] + [W].

Im Regelfall wird das Dokument geschlossen. Sollten Sie in der Zwischenzeit Veränderungen vorgenommen haben oder soll eine neue Satzdatei gespeichert werden, so macht Sie das Programm darauf aufmerksam.

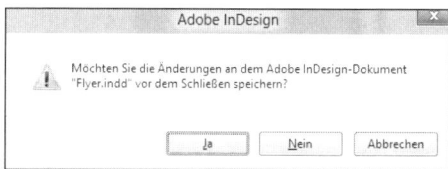

Abb. L2.18: Änderungen beim Schließen annehmen

2 Entscheiden Sie dann durch Anklicken der entsprechenden Schaltflächen, ob Sie die Veränderungen annehmen oder verwerfen möchten.

L3 Arbeiten mit neuen Satzdateien

Um eine neue Publikation mit InDesign zu erstellen, müssen Sie zunächst eine entsprechende neue Datei anlegen.

Nachdem Sie das Programm gestartet haben, ist die Seite zunächst völlig leer und muss nach und nach mit Texten oder Grafiken gestaltet werden.

Wie Sie gleich sehen werden, ist eine neue Seite recht einfach erstellt. Jedoch sollten Sie sich, bevor es losgeht, Gedanken über den Verwendungszweck Ihrer Publikation machen. Wenn Sie nämlich gleich zu Beginn die grundlegenden Einstellungen vornehmen, wirkt sich das auf eine erfolgreiche Seitengestaltung positiv aus.

Vorüberlegungen

1 Eine neue Publikation können Sie entweder über den Startdialog **Neue Satzdatei**

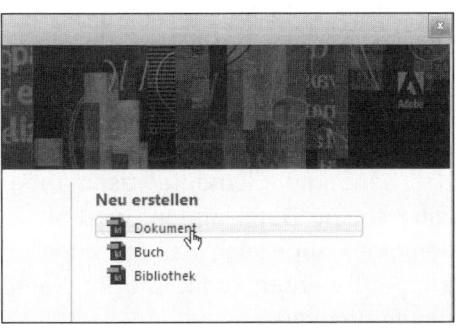

Abb. L3.1:   Eine neue Satzdatei über den Startdialog anlegen

2 oder über die Menüreihenfolge *Datei / Neu* anlegen.

Abb. L3.2: Eine neue Publikation erstellen

3 Wie Sie sehen, haben Sie die Wahl zwischen drei Optionen:

- *Dokument*: Dies ist die Standardwahl und Sie erstellen damit eine sogenannte Satzdatei. Der Name kommt von den Begriffen *Satz* bzw. *Satzspiegel* und bezeichnet die Fläche, die durch das Seitenformat, die Ränder und die Seitenspalten definiert wird.

- *Buch*: Eine Buchdatei ist eine spezielle Form der Satzdatei. Es handelt sich um eine Sammlung von Dokumenten, die auf dieselben Formate und Farbfelder zugreifen können. Vorteilhaft ist, dass Sie Seiten fortlaufend nummerieren und ausgewählte Dokumente drucken oder als PDF-Dateien exportieren können.

- *Bibliothek*: Als Bibliothek wird eine speziell benannte Datei auf einem Datenträger bezeichnet. In dieser können Sie Objekte, ausgewählte Seitenelemente oder eine ganze Seite von Elementen schnell hinzufügen bzw. daraus entfernen. Dadurch ist der Zugriff auf immer wieder benötigte Elemente rasch möglich. Wenn Sie eine solche Datei öffnen, wird sie in Form eines Bedienfeldes angezeigt, das mit anderen Bedienfeldern gruppiert werden kann, und ihr Name erscheint im Bedienfeldregister.

Bevor Sie hier eine Wahl treffen, ist es hilfreich, sich zunächst einmal Gedanken über den elementaren Aufbau einer Satzdatei mit Satzspiegel, Stegen, Anschnitt und Infobereich zu machen.

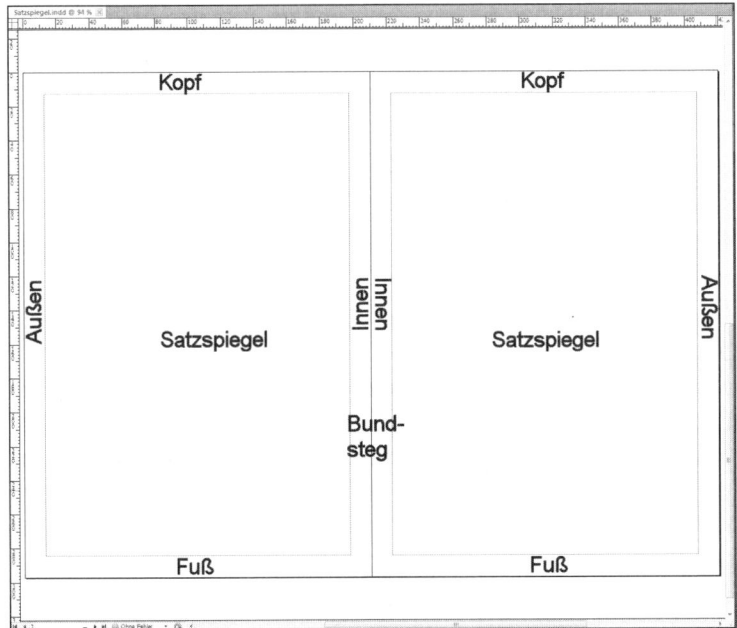

Abb. L3.3: Elementarer Aufbau einer Satzdatei

Satzspiegel

Ein Blatt Papier wird im Regelfall nicht komplett bedruckt: Links, rechts, oben und unten bleibt ein Rand frei. Es handelt sich um die sogenannten *Stege*. Die Fläche, die sich innerhalb dieser Stege befindet, wird als *Satzspiegel* bezeichnet. Diese Fläche nimmt Ihre Publikation auf und Sie können sie nach Ihren Vorstellungen gestalten.

Satzspiegel

In InDesign werden die Stege bzw. Spalten links und rechts durch violette sowie oben und unten durch magentafarbene Hilfslinien begrenzt, die jedoch nicht mit ausgedruckt werden. Sie bilden lediglich eine optische Barriere für Ihre Gestaltung, hindern Sie auf der anderen Seite aber nicht, Objekte außerhalb des Satzspiegels zu positionieren.

Stege

Das Aussehen des Satzspiegels hängt von der Art des Ausdrucks ab.

Wenn Sie das Papier einseitig bedrucken, haben Sie lediglich die Stege *Links*, *Rechts*, *Oben* und *Unten* zu beachten. Falls Sie die Publikation heften bzw. lochen wollen, dann sollten Sie hier den linken Rand etwas größer fassen. Handelt es sich um eine zweiseitige Publikation, dann sind die Stege *Außen* und *Innen* zu unterscheiden.

Goldener Schnitt Damit man einen ansprechenden Satzspiegel erhält, sollten die Seitenränder nach einem bestimmten Verhältnis verteilt werden. Darunter versteht man den Goldenen Schnitt. Dabei handelt es sich um ein mathematisch festgelegtes Gestaltungsprinzip für Proportionen und die Flächenaufteilung: Das Verhältnis der langen Seite zu der kurzen Seite ist gleich dem Verhältnis der langen Seite zur Gesamtlänge der beiden Seiten.

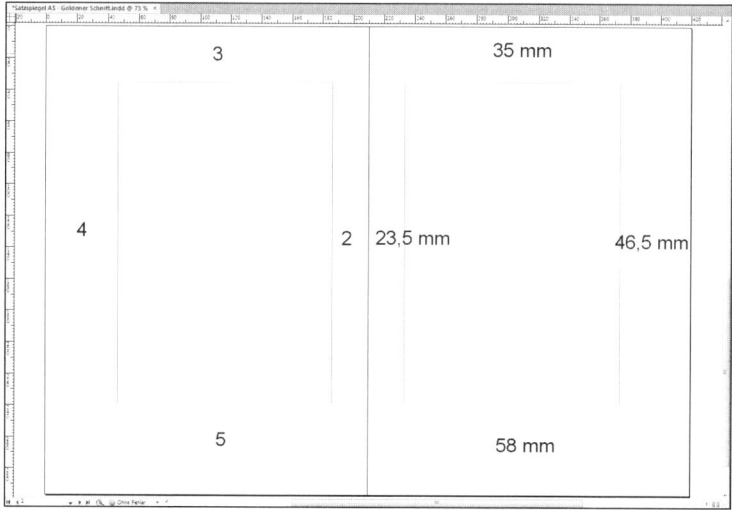

Abb. L3.4: Ein DIN-A4-Satzspiegel nach dem Goldenen Schnitt

Nun müssen Sie sich nicht großartig mit den mathematischen Feinheiten dieses Prinzips herumquälen. Im Allgemeinen genügt es, wenn Sie die Seitenränder nach folgendem Verhältnis aufteilen: oben = 3, unten = 5, innen = 2 und außen = 4. Umgerechnet auf eine DIN-A4-Seite ergibt das folgende Werte: oben = 35 mm, unten = 58 mm, innen = 23,5 mm und außen = 46,5 mm.

Bundsteg/Spaltenabstand

Wenn Sie eine doppelseitige Publikation anlegen möchten, dann müssen Sie die Stege *Innen* und *Außen* berücksichtigen. Hier ist insbesondere auf ausreichend Platz für eine eventuelle Bindung zu achten. Bei ungeraden Seitenzahlen ist das *Innen* und bei geraden *Außen* der Fall. Dieser Bereich zwischen der linken und der rechten Seite wird als *Bundsteg* oder *Spaltenabstand* bezeichnet.

Bundsteg/ Spaltenabstand

Anschnitt

Unter den *Anschnitt* versteht man den über den Seitenrand hinausragenden Bereich eines Layouts, der zwar gedruckt, später aber von der Druckerei abgeschnitten wird.

Anschnitt

In InDesign wird dieser Bereich durch feuerrote Linien dargestellt.

Infobereich

Ein *Infobereich* enthält zusätzlichen Platz für auftragsbezogene Kommentare, zum Beispiel bei platzierter Werbung. Ferner finden sich hier Hinweise auf verwendete Raster sowie Vollton- und Prozessfarben und allgemeine Informationen.

Infobereich

Der Infobereich wird durch eine rasterblaue Linie dargestellt.

Neue Satzdatei erstellen

Um eine neue Satzdatei anzulegen, rufen Sie die schon bekannte Menüfolge auf.

1 Wählen Sie *Datei / Neu* und klicken Sie dann auf *Dokument*. Alternativ können Sie auch die Tastenkombination [Strg] + [N] oder den Hyperlink im Startfenster verwenden.

Es erscheint ein zentrales Dialogfenster, welches das grundlegende Aussehen Ihrer Publikation festlegt. Diese Einstellungen können Sie – wie Sie weiter unten lesen werden – aber jederzeit nachträglich ändern.

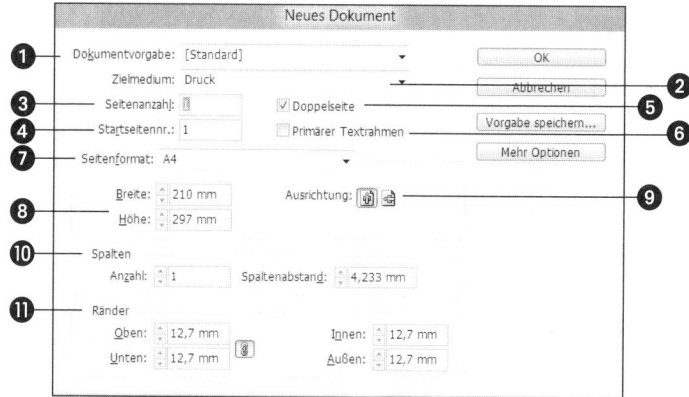

Abb. L3.5: Das zentrale Dialogfenster zum Erstellen eines neuen Dokuments

2 Über das Listenfeld *Dokumentvorgabe* ❶ können Sie – sofern vorhanden – eine ebensolche auswählen.

3 In der Liste *Zielmedium* ❷ wählen Sie aus, ob die Publikation für den *Druck* oder für das *Web* erstellt werden soll.

4 Im Feld *Seitenanzahl* ❸ können Sie an dieser Stelle – sofern Sie sich schon im Klaren darüber sind – die Anzahl der geplanten Seiten eintragen.

InDesign erlaubt hier einen Wert zwischen 1 und 9.999 Seiten.

5 Im Feld *Startseitennr.* ❹ legen Sie die Ziffer der Startseite der Publikation fest.

6 Sollen sich die linke und die rechte Seite Ihres Dokuments gegenüberliegen, dann aktivieren Sie das Kontrollkästchen *Doppelseite* ❺.

7 Um einen Textrahmen von der Größe des Bereichs innerhalb der Randhilfslinien zu erstellen, aktivieren Sie das Kontrollkästchen *Primärer Textrahmen* ❻.

8 Im Listenfeld *Seitenformat* ❼ können Sie aus einer Reihe von vordefinierten Seitenformaten auswählen. Standardmäßig schlägt Ihnen InDesign die Einrichtung einer neuen Datei im DIN-A4-Format vor. Möchten Sie ein anderes Format einstellen, klicken Sie auf den Listenpfeil und wählen das entsprechende Format aus.

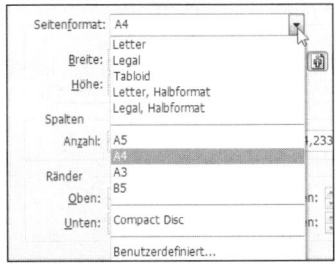

Abb. L3.6: Welches Seitenformat darf es sein?

Welche weiteren Möglichkeiten Ihnen an dieser Stelle zur Verfügung stehen, wird weiter unten im nächsten Abschnitt erläutert.

9 Innerhalb des Bereichs für das Seitenformat befinden sich weitere Einstellungsmöglichkeiten. Tragen Sie dort in die entsprechenden Zahleneingabefelder die *Breite* und die *Höhe* **8** ein, wobei diese Werte von Ihrer im Seitenformat getroffenen Wahl abhängen.

10 Die *Ausrichtung* **9** der Publikation bestimmen Sie über die Symbole für *Hoch-* bzw. *Querformat*. Die Symbole sind dabei mit den Zahleneingabefeldern für die Größe verbunden und ändern sich entsprechend Ihrer Wahl.

11 Im Bereich *Spalten* **10** können Sie die *Anzahl* der gewünschten Spalten angeben. Mit dem Zahleneingabefeld *Spaltenabstand* bestimmen Sie schließlich den Wert für die Breite des Bereichs zwischen den Spalten.

12 Im letzten Bereich *Ränder* **11** können Sie die Randeinstellungen vornehmen. Hier legen Sie die Größe des Satzspiegels fest.

TIPP Wenn Sie auf das Kettenglied hinter diesen Feldern klicken, müssen Sie die Eingabe nur einmal vornehmen, da sie auf alle zugehörigen Felder übertragen wird.

Einzelseite Haben Sie das Kontrollkästchen *Doppelseite* deaktiviert, dann erscheint anstelle der Angabe *Innen* bzw. *Außen* die Anzeige *Links* **1** und *Rechts* **2**.

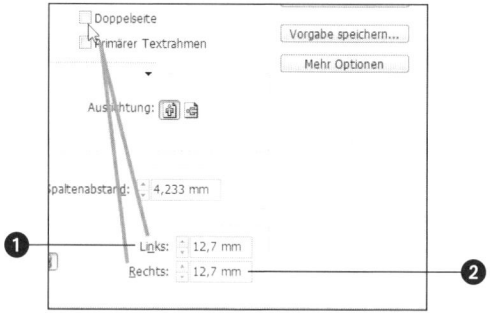

Abb. L3.7: Einstellungen für eine einzelne Seite

Des Weiteren verfügt dieses Dialogfenster über Einstellungen, die erst erscheinen, wenn Sie die Schaltfläche *Mehr Optionen* betätigen. **Weitere Optionen**

1 Klicken Sie auf diese Schaltfläche.

Wenn Sie nämlich Dokumente für den Druck vorbereiten, werden einige Marken benötigt, damit der Drucker das Papier richtig zuschneiden kann oder die Filme auf korrekte Kalibrierung und Punktdichte eingemessen werden können. Diese Informationen kommen in die Felder *Anschnitt* bzw. *Infobereich* ❶. Die erste Angabe dient zum Ausrichten von Objekten, die sich bis zur Zuschneidelinie des gedruckten Dokuments erstrecken sollen, während die zweite Anweisungen an die Druckerei, Bestätigungen oder andere Informationen zum Dokument enthält.

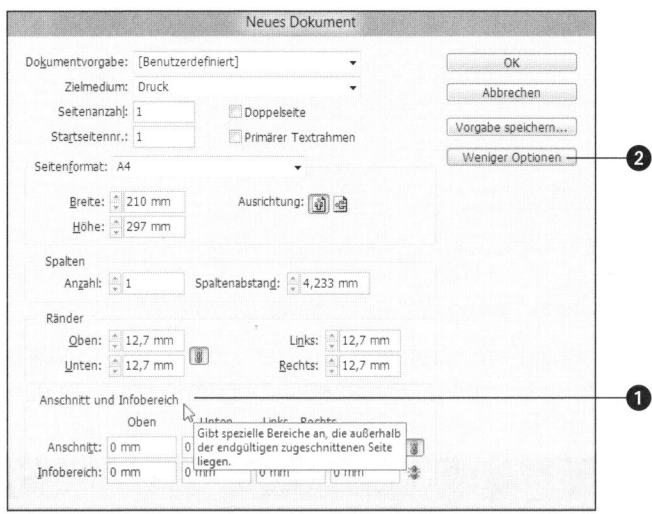

Abb. L3.8:   Die eingeblendeten zusätzlichen Optionen

2 Blenden Sie diesen Bereich durch Anklicken der Schaltfläche *Weniger Optionen* ❷ wieder aus.

---

3 Haben Sie alle benötigten Einstellungen vorgenommen, klicken Sie abschließend auf *OK* und InDesign erstellt die leere Satzdatei nach Ihren Vorgaben.

Vorhandene Satzdatei ändern

Satzdatei ändern

Die wichtigsten Seiteneinstellungen können Sie auch nachträglich verändern.

1 Nachdem Sie die Satzdatei geladen haben, aktivieren Sie das Menü *Datei / Dokument einrichten*. Es erscheint das gleichnamige Dialogfenster.

Dieser Befehl ruft im Prinzip das gleiche Dialogfenster wie die Menüreihenfolge *Datei / Neu / Dokument* auf.

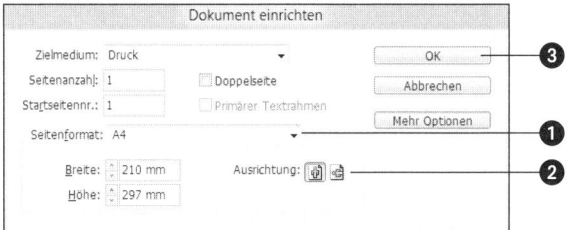

Abb. L3.9:   Ein vorhandenes Dokument einrichten

Dokument ändern
Seitenformate ändern

2 Klicken Sie auf den Listenpfeil *Seitenformat* **1**.

Neben den üblichen Einstellungen des deutschen DIN-A4-Formats können Sie mit InDesign auch folgende Formate einstellen:

Seitenformat	Höhe	Breite
Letter (US-Brief)	215,9 mm	279,4 mm
Legal (US lang)	215,9 mm	355,6 mm
Tabloid	279,4 mm	431,8 mm
Letter, Halbformat	139,7 mm	215,9 mm
Legal, Halbformat	177,8 mm	215,9 mm
A4	210 mm	297 mm

Lernen 3: Arbeiten mit neuen Satzdateien

Seitenformat	Höhe	Breite
A3	297 mm	420 mm
A5	148 mm	210 mm
B5	176 mm	250 mm
Compact Disc	119,994 mm	120,65 mm
Benutzerdefiniert	Eigene Angaben	Eigene Angaben

Tab. L3.1: InDesign-Seitenformate

3 Um die Seitenausrichtung zu verändern, klicken Sie auf die Schaltfläche *Hochformat* bzw. *Querformat* **➋**.

Ausrichtung

4 Mit *OK* **➌** beenden Sie die Einstellungen.

Möchten Sie die Ränder und Spalten verändern, so müssen Sie nach dem Umstellen des Seitenformats zusätzlich noch den Menüpunkt *Layout / Ränder und Spalten* anwählen und die entsprechenden Einstellungen im folgenden Dialogfenster vornehmen.

Stege und Spalten ändern

Mit diesem Dialogfenster können Sie Einfluss auf die Spalten nehmen, die eine ganze Seite umfassen.

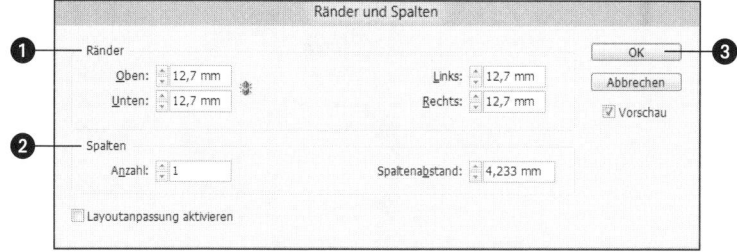

Abb. L3.10: Ändern der Ränder und Spalten

5 In dem Bereich *Ränder* **➊** geben Sie die Werte für den Abstand zwischen den Randhilfslinien und den Rändern der Seite an. Diese Einstellungen entsprechen zunächst denen, die Sie bei der Erstellung eines neuen Dokuments vorgenommen hatten.

6 Optional können Sie hier im Bereich *Spalten* ❷ die Anzahl der Spalten eingeben, die innerhalb der Rahmenhilfslinien erstellt werden sollen. Über die Option *Spaltenabstand* bestimmen Sie dabei die Breite des Bereichs zwischen den Spalten.

7 Mit *OK* ❸ verlassen Sie dieses Dialogfenster.

8 Speichern Sie abschließend die Satzdatei ab.

Seitenwerkzeug

Mit dem neuen *Seitenwerkzeug* [⬚] kann man sehr schnell Dokumente mit verschiedenen Seitenformaten erstellen bzw. vorhandene ändern. Auf diese Weise lassen sich beispielsweise zusätzliche Ausklappseiten oder Buchumschläge erstellen.

1 Aktivieren Sie das Werkzeug und klicken Sie auf die Seite, deren Format Sie ändern wollen.

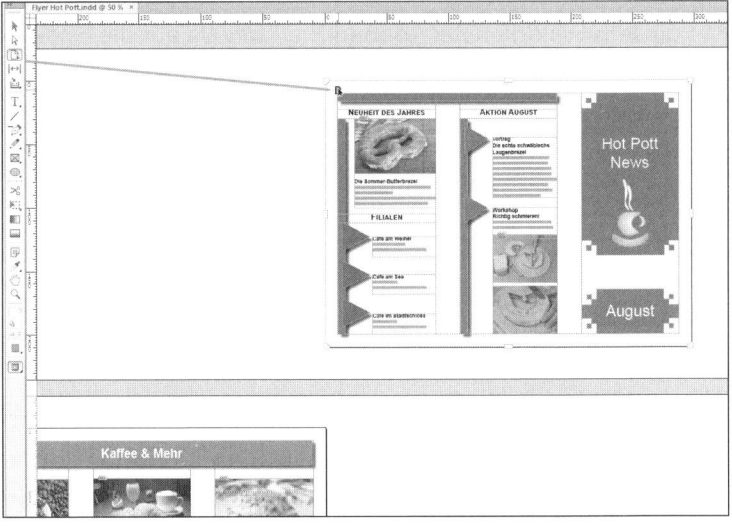

Abb. L3.11: Eine Seite mit dem *Seitenwerkzeug* auswählen

2 Nehmen Sie nun die Einstellungen über die Steuerelementleiste vor.

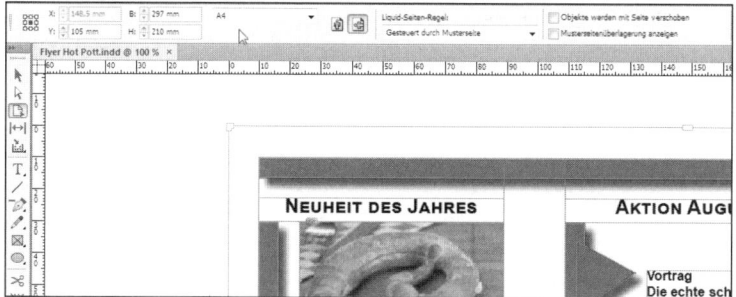

Abb. L3.12: Die Seitenbreite wurde um die Hälfte verkleinert

Arbeitshilfen

Beim Arbeiten mit Satzdateien werden Sie sicherlich die eine
oder andere der Arbeitshilfen zu schätzen wissen, die Ihnen
im Folgenden vorgestellt werden.

Dateiinformationen

Wenn Sie erst einmal eine Reihe von Publikationen bearbeitet
haben, werden Sie schnell nach einer Hilfe suchen, die Ihnen
wichtige Informationen dokumentiert. In InDesign können Sie
jedem Dokument Informationen oder einen Copyright-Vermerk beifügen.

1 Um einem Dokument solche Hinweise hinzuzufügen, ru-   Dateiinforma-
fen Sie zunächst das Menü *Datei / Dateiinformationen* auf.   tionen

Auf der Registerkarte *Beschreibung* **❶** finden Sie eine Reihe
von möglichen Informationen, die Sie der Publikation beifügen können.

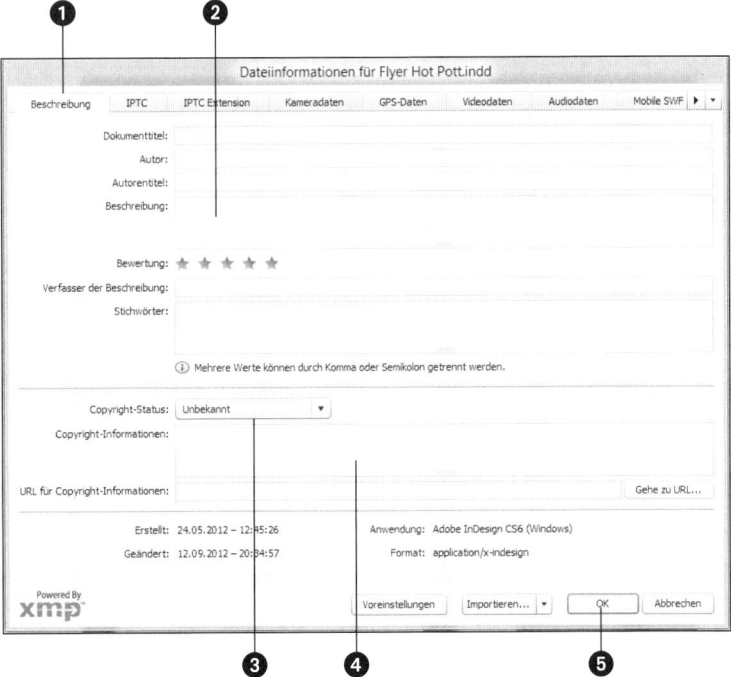

Abb. L3.13: Liste der möglichen Dateiinformationen

2 So können Sie zum Beispiel im Feld *Beschreibung* ❷ eintragen, um was es sich bei dem Dokument handelt, und Anmerkungen für eine spätere Bearbeitung hinterlassen.

3 Wünschen Sie einen Copyright-Vermerk, dann klicken Sie auf das Listenfeld *Copyright-Status* ❸, wählen den Eintrag *Durch Copyright geschützt* aus und tragen in das Feld *Copyright-Informationen* ❹ die Daten ein.

4 Schließen Sie das Dialogfenster abschließend mit *OK* ❺.

Lineale

Ein weiteres wichtiges Hilfsmittel sind die *Lineale*. Mithilfe der Lineale ist es möglich, Objekte exakt zu positionieren und auszurichten. Sie dienen außerdem der besseren Orientierung und Positionierung, da Sie so sehr schnell erkennen können, an welcher Position sich ein Objekt momentan befindet.

Die Lineale sehen Sie am oberen und linken Rand der Satz-datei.   **Lineale**

1 Sollten sie nicht sichtbar sein, so können Sie sie über das Menü *Ansicht / Lineale einblenden* sichtbar machen. Schneller geht das Aus- und Einblenden über die Tastenkombination ⎡Strg⎤ + ⎡R⎤. Die aktuelle Position des Mauszeigers können Sie dort jederzeit ablesen.

2 Bewegen Sie ein wenig den Mauszeiger.

Zu jeder Bewegung, die Sie mit dem Mauszeiger durchführen, wandert synchron eine kleine graue Linie auf beiden Linealen mit.

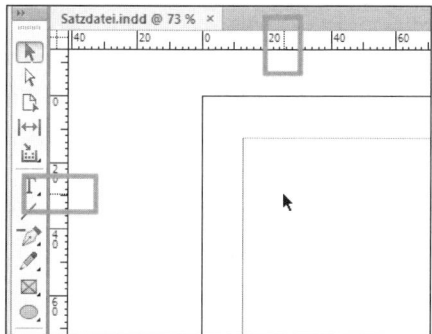

Abb. L3.14: Position des Objekts/Mauszeigers über das Lineal bestimmen

Maßeinheiten

Die Maßeinheiten der Lineale können Sie nach Ihren Vorstellungen ändern.   **Maßeinheiten**

1 Klicken Sie dazu mit der rechten Maustaste auf eines der Lineale und wählen Sie aus dem Kontextmenü die von Ihnen bevorzugte Maßeinheit aus.

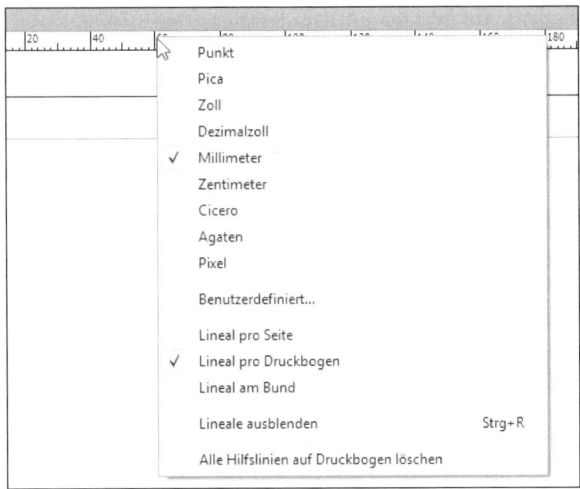

Abb. L3.15: Anpassen der Linealeinheiten

2 Diese Einstellungen können Sie auch über das Dialogfenster *Einheiten und Einteilungen* vornehmen. Rufen Sie
es über die Menüreihenfolge *Bearbeiten / Voreinstellungen*
auf.

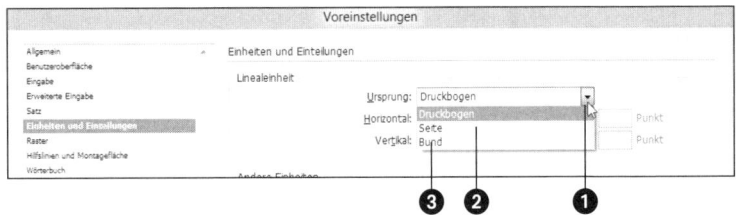

Abb. L3.16: Die Linealeinheiten im Dialogfenster einstellen

Hier können Sie über ein Listenfeld Ihre bevorzugte Maßeinheit einstellen.

Linealursprung Sie können den Linealursprung (Nullpunkt) relativ zu

■ jedem *Druckbogen* (auch als *Übergriff* bekannt; Standardeinstellung),

Lernen 3: Arbeiten mit neuen Satzdateien

- jeder *Seite* (in der linken oberen Ecke in jedem Druckbogen) oder

- dem *Bund* (genauer: auf dem Bundrücken) jedes Druckbogens

festlegen.

3 Klicken Sie dazu auf den kleinen Pfeil am Ende des Listenfeldes *Ursprung* ❶ und wählen Sie die gewünschte Einstellung aus.

Die eigentlichen Werte geben Sie über die nächsten beiden Listenfelder ein.

4 Wählen Sie für die Optionen *Horizontal* ❷ und *Vertikal* ❸ die Maßeinheit aus, die Sie für horizontale und vertikale Abmessungen von Linealen, Dialogfeldern und Bedienfeldern verwenden möchten. Es stehen Ihnen die Werte *Punkte, Pica, Zoll, Dezimalzoll, Millimeter, Zentimeter* und *Cicero* zur Verfügung.

5 Möchten Sie die Anzahl der Punkte selbst definieren, an denen auf dem Lineal lange Teilstriche angezeigt werden sollen, dann wählen Sie *Benutzerdefiniert*.

6 Klicken Sie zur Bestätigung der Einstellungen abschließend auf *OK*.

Die Linealunterteilungen und die Genauigkeit ihrer Darstellung hängen allerdings von der gewählten Darstellungsgröße ab. Je mehr Sie beispielsweise mit dem *Zoomwerkzeug* in die Publikation einblenden, umso feiner wird die Einteilung der Lineale angezeigt.

Nullpunkt festsetzen

Der Nullpunkt der Lineale liegt in der linken oberen Ecke der Seite, bei einer Doppelseite am oberen Rand zwischen den beiden Seiten.

Nullpunkt verändern

1 Wenn Sie den Nullpunkt verändern möchten, dann klicken Sie genau auf den kleinen Kasten, der sich im Schnittpunkt der Lineale befindet **1**.

2 Drücken Sie nun die linke Maustaste und ziehen Sie die gestrichelten Linien an die neue Position **2**.

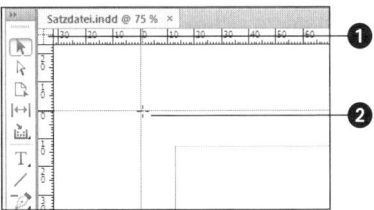

Abb. L3.17: Nullpunkt der Lineale neu festlegen

Die Standardeinstellung können Sie mit einem Doppelklick auf den Schnittpunkt der beiden Lineale wiederherstellen.

Wenn Sie verhindern möchten, dass Sie versehentlich den Nullpunkt verändern, können Sie ihn festsetzen.

3 Klicken Sie dazu mit der rechten Maustaste auf den Schnittpunkt der beiden Lineale und aktivieren Sie durch einfaches Anklicken den Eintrag *Nullpunkt fixieren.*

Abb. L3.18: Nullpunkt fixieren

4 Um ihn zu lösen, führen Sie den zuvor gezeigten Schritt erneut durch.

Hilfslinien

Ebenso wie die Lineale dienen die *Hilfslinien* der besseren Orientierung. Zusätzlich haben sie die Aufgabe einer Platzierungshilfe.

Die Hilfslinien sind hellblaue Linien, die nur auf Ihrem Bildschirm angezeigt werden, jedoch nicht im Ausdruck erscheinen. Sie können beliebig auf einer Seite oder der Montagefläche positioniert werden.

Hilfslinien

Wenn Sie eine Hilfslinie gezogen haben, ist es recht einfach, beispielsweise eine Grafik an dieser Linie auszurichten.

Hilfslinie erstellen

1 Bevor Sie Hilfslinien anlegen können, müssen Sie gegebenenfalls über das Menü *Ansicht / Lineale einblenden* oder schneller über Strg + R die Lineale aufrufen.

Für die Erstellung einer neuen Hilfslinie gibt es keinen eigenen Befehl.

2 Um eine Hilfslinie zu erstellen, klicken Sie vielmehr mit der Maus auf eines der beiden Lineale und ziehen bei gedrückter linker Maustaste den Mauszeiger an die gewünschte Stelle.

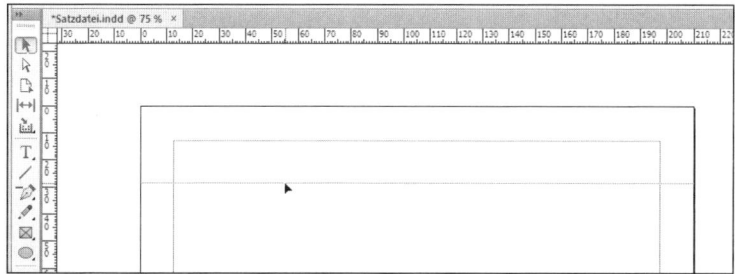

Abb. L3.19: Eine Hilfslinie innerhalb der Seitenränder anlegen

Solange Sie den Mauszeiger innerhalb des Satzspiegels belassen, wird die Hilfslinie nur innerhalb desselben angezeigt.

Bewegen Sie sich mit dem Mauszeiger außerhalb der Seitenränder, wird die Hilfslinie über die gesamte Fläche platziert.

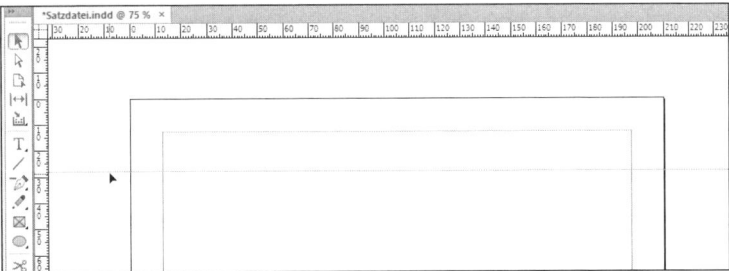

Abb. L3.20: Eine Hilfslinie auf der gesamten Montagefläche
anlegen

3 Sollten Sie die Hilfslinien nicht sehen, so sind sie vermutlich ausgeblendet. Über das Menü *Ansicht / Hilfslinien
einblenden* können Sie sie sichtbar machen.

Hilfslinien können Sie rasch über die Tastenkombination
Strg + Ü aus- und wieder einblenden.

4 Sie können die Hilfslinien aber auch durch Aktivieren des
gleichnamigen Menüs der Schaltfläche sichtbar zu machen, welches Sie bei der Schaltfläche *Anzeigeoptionen*
finden.

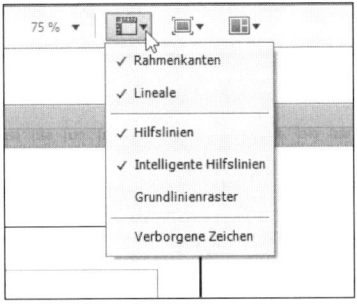

Abb. L3.21: Die verschiedenen Anzeigeoptionen

Wie Sie dem Menü der obigen Abbildung entnehmen können, lassen sich an dieser Stelle unter anderem auch die Rahmenkanten und die Lineale ein- und ausblenden.

Die Farben der Hilfslinien hängen von den Einstellungen im Dialogfenster *Bearbeiten / Voreinstellungen / Hilfslinien und Montagefläche* ab.

5 Wechseln Sie in dieses Dialogfenster, um in den entsprechenden Listenfeldern die bevorzugte *Farbe* ❶, die *Hilfslinienoptionen* ❷ und die *Optionen für intelligente Hilfslinien* ❸ zu definieren.

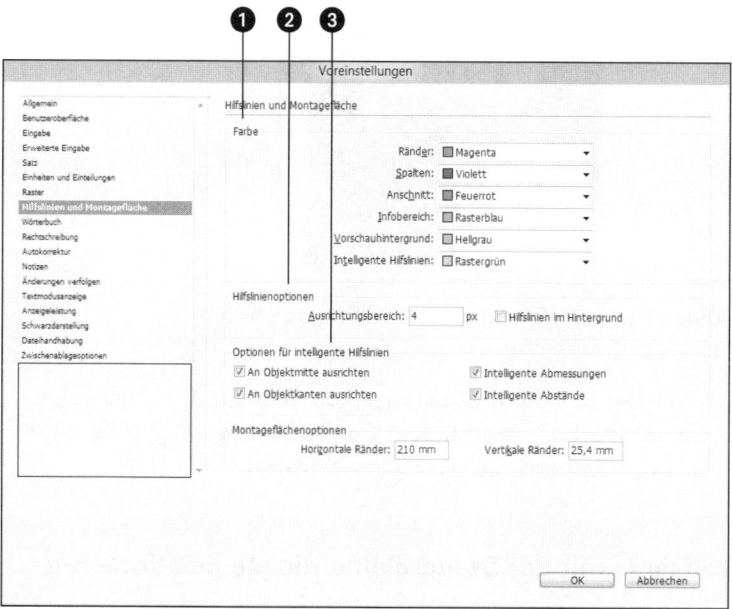

Abb. L3.22: Voreinstellungen der Hilfslinien festlegen

Hilfslinien „magnetisch" machen

Hilfslinien erfüllen ihren Zweck dann, wenn Sie Objekte an ihnen ausrichten können.

1 Aktivieren Sie dazu die Option *An Hilfslinien ausrichten* des Menüs *Raster und Hilfslinien* (Menü *Ansicht*).

 Diesen Zustand können Sie auch über ⌂ + Strg + Ü herbeiführen.

2 Anschließend müssen Sie das entsprechende Objekt, beispielsweise ein Rechteck oder ein Foto, nur noch an die Linie heranziehen.

Abb. L3.23: Ein Objekt an eine Hilfslinie ziehen

 Möchten Sie das Einrasten eines Objekts an einer Hilfslinie verhindern, dann halten Sie kurzfristig die ⌂-Taste gedrückt, während Sie die Linie passieren.

Hilfslinie mit der Steuerelementleiste positionieren

Die Hilfslinien können Sie mithilfe der Steuerelementleiste sehr genau ausrichten.

1 Klicken Sie dazu mit dem Werkzeug *Auswahl* auf die Hilfslinie. In der Leiste wird bei einer senkrechten Hilfslinie die X-Koordinate und bei einer waagerechten Hilfslinie die Y-Koordinate angezeigt.

2 Jetzt können Sie die genauen Werte ablesen.

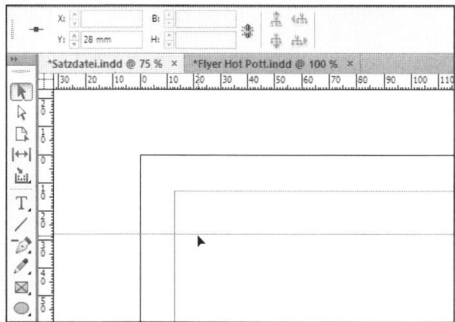

Abb. L3.24: Hilfslinie mit der Steuerelementleiste exakt ausrichten

Beim Erstellen einer Hilfslinie wird Ihnen die aktuelle Position in einem kleinen grauen Kästchen angezeigt. Wenn Sie die zuvor gezeigten Schritte sparen wollen, achten Sie beim Anlegen auf die entsprechende Position.

Gleichmäßige Hilfslinien erstellen

Wenn Sie eine Publikation gestalten, ist es oft hilfreich, den Grundaufbau mithilfe von gleichmäßig verteilten Hilfslinien festzulegen.

1 Wählen Sie das Menü *Layout / Hilfslinien erstellen*.

2 Empfehlenswert ist es, das Kontrollkästchen *Vorschau* ❶ zu aktivieren, da Sie so gleich die Auswirkungen Ihrer Einstellungen im Hintergrund erkennen können.

3 Möchten Sie nur die Hilfslinien, die Sie neu einrichten, erhalten, sollten Sie das Kontrollkästchen *Vorhandene Hilfslinien entfernen* ❷ aktivieren.

4 Danach bestimmen Sie, ob die Hilfslinien horizontal (als *Zeilen*) ❸ oder vertikal (als *Spalten*) ❹ angezeigt werden sollen.

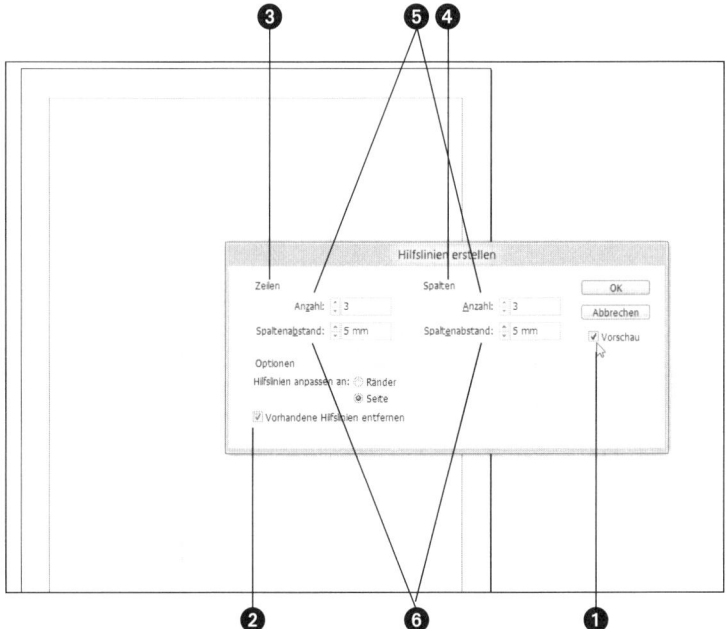

Abb. L3.25: Hilfslinien gleichmäßig erstellen

5 Tragen Sie einfach die gewünschten Werte in die Felder *Anzahl* ❺ ein.

6 Möchten Sie Spalten gestalten, so setzen Sie im Eingabefeld *Spaltenabstand* ❻ den entsprechenden Wert. Beginnen Sie aber mit einem niedrigen Wert, damit genügend Platz für die Spalten bleibt.

7 Möchten Sie dagegen nur Hilfslinien gleichmäßig verteilen, dann setzen Sie den Wert im Eingabefeld *Spaltenabstand* auf *0*.

Hilfslinien sperren

Sehr oft kommt es vor, dass Sie ungewollt die mühsam eingestellten Hilfslinien verschieben.

1 Sie können dies jedoch verhindern, indem Sie über die Menüfolge *Ansicht / Raster und Hilfslinien* den Eintrag *Hilfslinien sperren* aktivieren.

2 Schneller geht es mit `Alt` + `Strg` + `Ü`.

Hilfslinie entfernen

Wenn Sie eine Hilfslinie nicht mehr benötigen, gehen Sie so vor:

1 Ziehen Sie sie einfach in das Lineal zurück. Es genügt aber auch, sie nur zu markieren und dann die `Entf`-Taste zu drücken.

2 Alternativ können Sie alle Hilfslinien über das Menü *Layout / Hilfslinien erstellen* entfernen. Aktivieren Sie in dem erscheinenden Dialogfenster das Kontrollkästchen *Vorhandene Hilfslinien entfernen* und bestätigen Sie mit *OK*.

Raster

Zusätzlich können Sie für die Gestaltung Ihrer Seiten *Raster* einsetzen, die Ihnen bei der präzisen Strukturierung Ihrer Dokumente sehr behilflich sein können. InDesign stellt Ihnen zwei Arten zur Verfügung: ein Grundlinien- und ein Dokumentraster.

■ Das *Grundlinienraster* deckt ganze Druckbögen ab und dient zum Ausrichten von Objekten. Es ähnelt einem linierten Blatt und deckt die ganze Seite ab. Vom Grundlinienraster wird der Zeilenabstand für den Textkörper in einem Dokument wiedergegeben. Sie können diese Zeilenabstandswerte für alle Elemente auf der Seite vervielfachen, um sicherzustellen, dass Text immer zwischen Spalten und von Seite zu Seite ausgerichtet wird.

Grundlinienraster

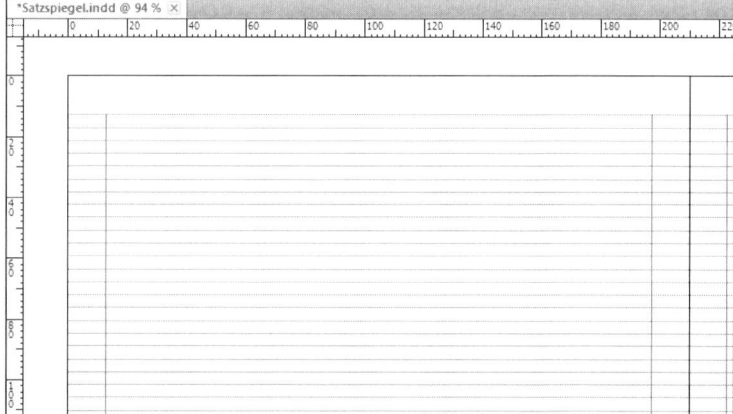

Abb. L3.26: Grundlinienraster

**Dokument-
raster**

■ Das *Dokumentraster* deckt die ganze Montagefläche ab und sieht aus wie Millimeterpapier. Dokumentraster verwendet man zum Ausrichten von Objekten.

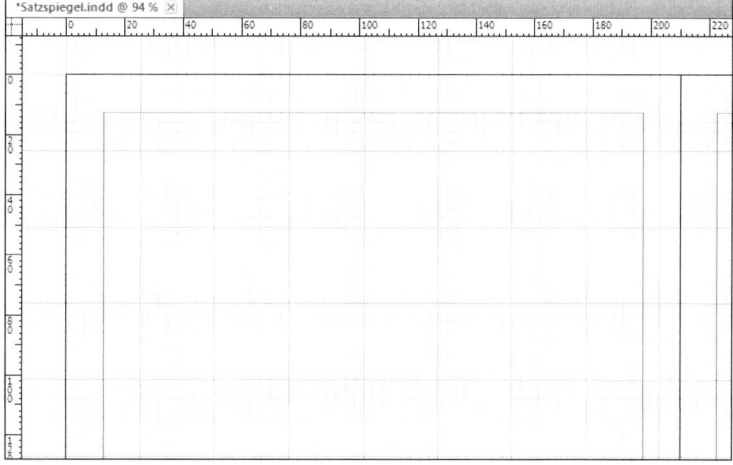

Abb. L3.27: Dokumentraster

Lernen 3: Arbeiten mit neuen Satzdateien

Das Grundlinienraster wird Ihnen nur ab einem bestimmten Schwellenwert angezeigt. Diesen können Sie im Dialogfenster *Voreinstellungen* aus dem Menü *Bearbeiten* ändern.

Raster sichtbar machen

Die Raster sind nicht standardmäßig sichtbar. Sie können sie über das Menü *Ansicht / Raster und Hilfslinien / Grundlinienraster* bzw. *Dokumentraster einblenden* sichtbar machen.

Raster einrichten

1 Die Raster richten Sie über das Menü *Bearbeiten / Voreinstellungen / Raster* ein.

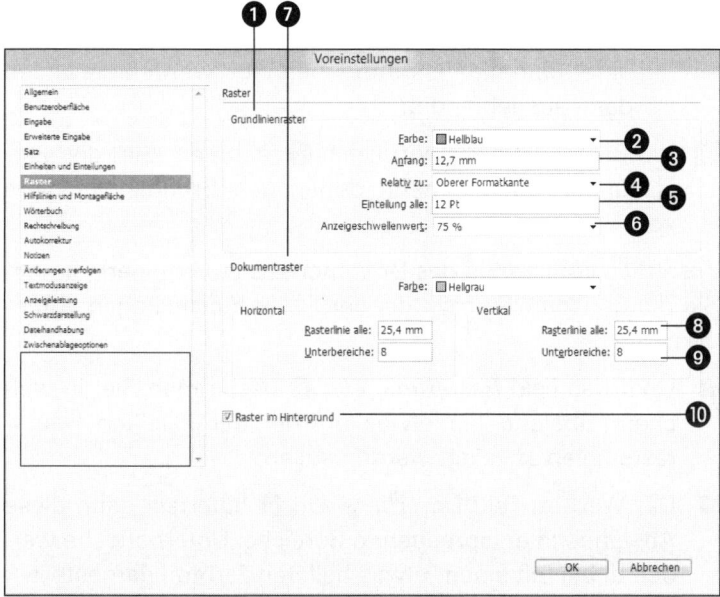

Abb. L3.28: Die Optionen der Raster

2 Zunächst nehmen Sie die Einstellungen im Bereich *Grundlinienraster* **1** vor.

- Hier können Sie unter anderem auch die *Farbe* ❷ des Rasters einstellen. Im Listenfeld finden Sie eine Aufstellung von 27 Farben. Wenn die gewünschte nicht dabei ist, dann wählen Sie den letzten Eintrag *Benutzerdefiniert* und können dann über die Windows-Systemeinstellungen die entsprechende Farbe definieren.

- Geben Sie in dem Feld *Anfang* ❸ den Wert ein, an dem das Grundlinienraster beginnen soll, und legen Sie im Feld *Relativ zu* ❹ *den Bezugspunkt* fest.

- Bestimmen Sie anschließend im Feld *Einteilung alle* ❺, mit welchem Abstand das Raster gezogen werden soll.

- Im Feld *Anzeigeschwellenwert* ❻ bestimmen Sie, ab welcher Vergrößerungsstufe die Grundrasterlinien gezeigt werden sollen. Bei einem Verkleinerungsfaktor unter dem hier eingetragenen Wert werden die Linien dann ausgeblendet.

3 Im Bereich *Dokumentraster* ❼ nehmen Sie die Einstellungen entsprechend denen des Grundlinienrasters vor.

Zusätzlich können Sie das Dokumentraster verfeinern, indem Sie die horizontalen bzw. die vertikalen Einstellungen verändern.

- Über das Feld *Rasterlinie alle* ❽ bestimmen Sie, in welchem Abstand die etwas dunkler dargestellten Hauptrasterlinien angelegt werden sollen.

- Der Wert im Feld *Unterbereiche* ❾ unterteilt dann diese Abstände in entsprechende Bereiche. Unterbereiche werden dabei mit einem etwas helleren Farbton dargestellt.

- Mithilfe des Kontrollkästchens *Raster im Hintergrund* ❿ bestimmen Sie, ob die Objekte vor oder hinter dem Raster angezeigt werden sollen.

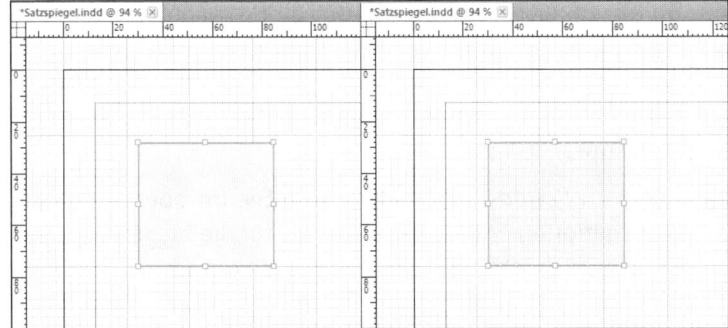

Abb. L3.29: Ein Quadrat vor (links) und hinter (rechts) dem Raster

4 Nach Beendigung aller Einstellungen schließen Sie das Fenster über *OK*.

Arbeiten mit Seiten

Sehr oft werden Ihre Dokumente aus mehr als einer Seite bestehen. Haben Sie bei der Erstellung eines neuen Dokuments die Option *Doppelseite* gewählt, so werden die Dokumentseiten in sogenannten *Druckbögen* angeordnet.

Ein Druckbogen ist eine Gruppe von Seiten, die zusammen angezeigt werden. Wenn Sie ein Buch oder eine Zeitschrift aufschlagen, bilden die beiden Seiten, auf die Sie schauen, einen solchen Druckbogen.

Druckbogen

Seiten-Bedienfeld

Wenn Sie mit Druckbögen arbeiten, ist es hilfreich, das *Seiten*-Bedienfeld zu benutzen. Dies zeigt Ihnen beispielsweise den Bundrücken für jeden Druckbogen, Symbolgrößenoptionen und viele weitere benutzerspezifische Optionen.

Seiten-Bedienfeld

1 Sollte es nicht auf Ihrem Bildschirm sichtbar sein, so können Sie es über das Menü *Fenster / Seiten*, mit einem Klick auf die Bezeichnung *Seiten* der minimierten Bedienfeldansicht oder noch schneller über die Taste F12 aufrufen.

2 Auf dem *Seiten*-Bedienfeld finden Sie im oberen Bereich Informationen und Steuerelemente für die Mustervorlagen **❶** und im unteren Bereich für Ihre Seiten **❷**.

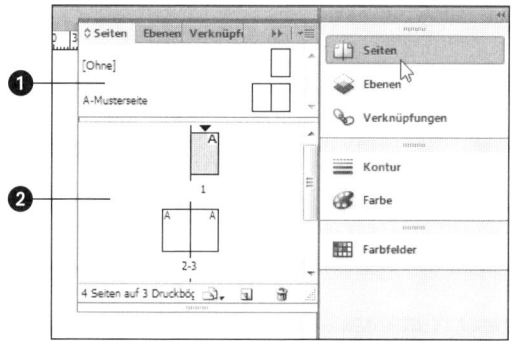

Abb. L3.30: Das aktivierte *Seiten*-Bedienfeld

3 Das *Seiten*-Bedienfeld können Sie Ihren Vorstellungen gemäß anpassen, sodass Ihrer Arbeitsweise entsprechende Seiten- und Mustervorlagensymbole angezeigt werden. Wählen Sie dazu aus dem *Seiten*-Bedienfeldmenü den Befehl *Bedienfeldoptionen*.

Mit diesem können Sie beispielsweise die Symbolgröße für Seitensymbole verändern.

4 Klicken Sie auf das Listenfeld *Größe* **❶** und wählen Sie den gewünschten Eintrag aus.

5 Mit einem Klick auf *OK* **❷** schließen Sie den Vorgang ab.

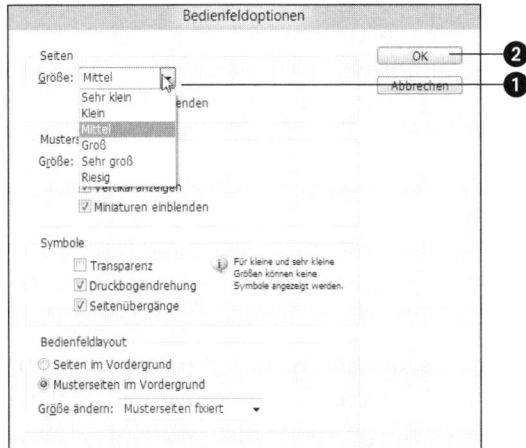

Abb. L3.31: Die Seiten in der Darstellungsart *Mittel*

Seiten hinzufügen

Möchten Sie Ihrem Dokument eine neue Seite hinzufügen, so gehen Sie folgendermaßen vor:

Seiten hinzufügen

1 Führen Sie den Mauszeiger auf die Schaltfläche *Neue Seite erstellen* ❶, die sich am unteren Rand des Bedienfeldes befindet.

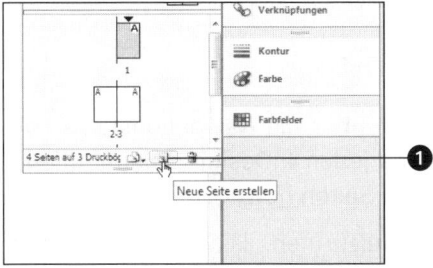

Abb. L3.32: Eine weitere Seite einfügen

2 Wenn sich der Mauszeiger zu einer zeigenden Hand verwandelt, klicken Sie einmal und eine neue Seite wird in das Bedienfeld eingefügt.

Bewegen in Seiten

In Seiten bewegen

Innerhalb von mehreren Seiten können Sie sich rasch bewegen.

1 Um nun auf eine bestimmte Seite zu gelangen, doppelklicken Sie einfach in das *Seiten*-Bedienfeld auf die Seitennummer ❶ und die gewählte Seite wird im Arbeitsbereich angezeigt.

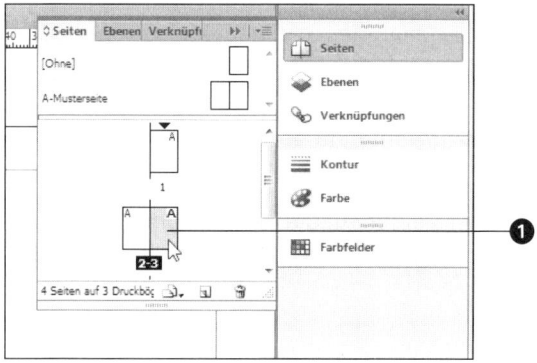

Abb. L3.33: Eine Seite direkt aufrufen

Recht rasch können Sie sich über die Navigationsleiste, die sich am unteren Rand eines jeden InDesign-Dokumentfensters befindet, durch mehrere Seiten bewegen.

Direkt aufrufen

2 Um eine Seite direkt aufzurufen, klicken Sie auf den Listenpfeil ❶ und wählen die gewünschte Seite aus.

Navigieren

3 Über die Schaltflächen ◀ bzw. ▶ ❷ können Sie je eine Seite vor- bzw. zurückblättern.

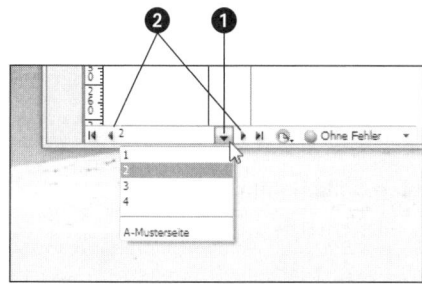

Abb. L3.34: Schnell mal auf eine Seite springen

4 Möchten Sie an den Anfang Ihres Dokuments gelangen, klicken Sie auf ◄, und ans Ende bewegen Sie sich über die Schaltfläche ►.

Sollte das *Seiten*-Bedienfeld nicht sichtbar sein, können Sie sich auch mithilfe der Tastatur durch Ihr Dokument bewegen.

Navigieren mit Tastatur

■ Um eine Seite nach vorne zu blättern, drücken Sie die ⇧- und die Bild↓-Taste. Zurück bzw. eine Seite rückwärts blättern Sie mit gedrückter ⇧- und Bild↑-Taste.

■ Um auf die erste Seite einer Publikation zu gelangen, betätigen Sie ⇧ + Strg + Bild↑, die letzte Seite wählen Sie über ⇧ + Strg + Bild↓ an.

Möchten Sie eine Seite verschieben, gehen Sie so vor:

Seite verschieben

5 Halten Sie die Leer-Taste gedrückt und klicken Sie auf die Arbeitsfläche. Der Mauscursor verwandelt sich in eine Hand ✋.

6 Verschieben Sie nun bei gedrückter linker Maustaste die Seite im sichtbaren Ausschnitt. Der Cursor nimmt dabei die Form einer zugreifenden Hand ✊ an.

7 Um zu einer bestimmten Seite zu gehen, betätigen Sie Strg + J.

Gehe zu Seite

8 Anschließend tragen Sie im folgenden Dialogfenster die gewünschte *Seite* ein und bestätigen mit *OK*.

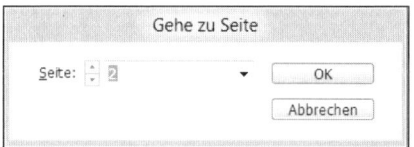

Abb. L3.35: Zu einer bestimmten Seite gehen

Seiten entfernen

1 Um eine Seite zu löschen, müssen Sie sie zuerst in dem Bedienfeld markieren.

2 Klicken Sie dann auf die Schaltfläche *Ausgewählte Seiten löschen* ❶.

Abb. L3.36: Eine oder mehrere Seiten löschen

Es erscheint ein Hinweisfenster, das nachfragt, ob Sie die Seite wirklich entfernen wollen. Wenn Sie die Frage mit *OK* beantworten, wird die Seite aus Ihrer Publikation entfernt.

Arbeiten mit Vorlagen

Wie Sie sicherlich schon gemerkt haben, kann das Einrichten einer Publikation eine recht aufwendige Arbeit sein. Mithilfe von Dokumentvorgaben und Musterseiten können Sie sich diese Arbeiten erleichtern.

Dokumentvorgaben

Die einmal eingestellten Angaben für Seitenformat, Spalten, Ränder sowie Beschnittzugabe und Infobereiche können Sie für ähnliche Dokumente wiederverwenden.

Dokumentvorgaben abspeichern

Diese müssen jedoch zunächst einmal abgespeichert werden.

1 Rufen Sie die Menüfolge *Datei / Dokumentvorgaben / Definieren* auf.

2 Im folgenden Dialogfenster klicken Sie auf die Schaltfläche *Neu*.

Dokument-
vorgaben
abspeichern

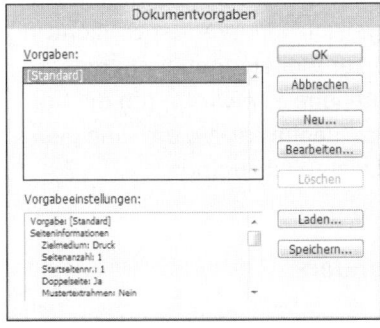

Abb. L3.37: Eine neue Dokumentvorgabe anlegen

3 Im folgenden Dialogfenster *Neue Dokumentvorgaben*, das dem entspricht, das Sie durch Aufruf von *Datei / Neu / Dokument* erhalten, tragen Sie zunächst einen Namen für die Vorgabe in das Feld *Dokumentvorgabe* ein.

4 Anschließend legen Sie die allgemeinen Layoutoptionen wie *Seitenformat*, *Spalten* und *Ränder* Ihrer Publikation fest.

5 Mit *OK* beenden Sie Ihre Eingaben.

6 Im Dialogfenster *Dokumentvorgaben* finden Sie nun die eben erstellte Vorgabe.

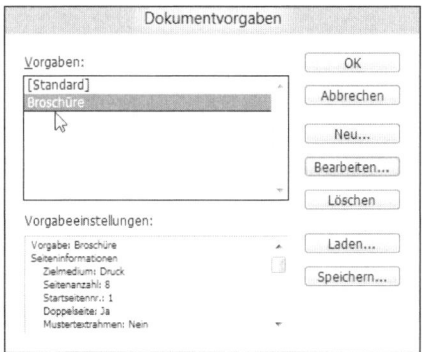

Abb. L3.38: Die neu erstellte Vorgabe

 Eine Dokumentvorgabe können Sie in einer separaten Datei speichern, um sie etwa gegen Datenverlust zu sichern oder um sie an andere Benutzer weiterzugeben. In diesem Fall verwenden Sie die Schaltfläche *Speichern*, um die Vorgabe zu sichern, und die Schaltfläche *Laden*, um eine gesicherte Vorgabe wieder in InDesign einzubinden.

Dokumentvorgaben verwenden

Die auf diese Art und Weise erstellten Dokumentvorgaben finden Sie anschließend im Dialogfenster *Neues Dokument*, das Sie durch Aufruf der Menüfolge *Datei / Neu / Dokument* erhalten.

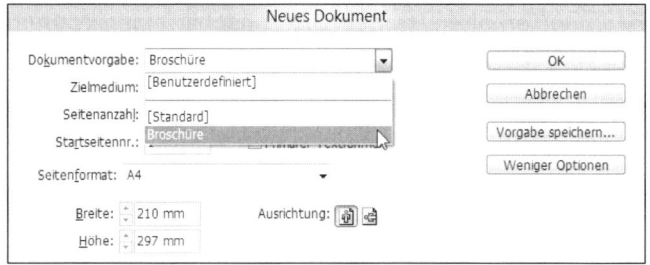

Abb. L3.39: Die neu erstellte Dokumentvorgabe

1 Klicken Sie auf den Listenpfeil des Feldes *Dokument-vorgabe*.

2 Wählen Sie die gewünschte Dokumentvorgabe aus.

InDesign stellt nun alle Felder dieses Dialogfensters gemäß der Vorgabe ein.

Musterseiten

Sehr oft werden Sie zudem dieselben Einstellungen (etwa für Hilfslinien) häufiger vornehmen oder Sie platzieren auf Ihren Seiten Objekte – etwa Seitenangaben –, die sich auf allen Seiten an der gleichen Stelle befinden oder identisch sind.

Diese Elemente ordnet man auf den sogenannten *Mustersei-ten* an.

Musterseiten

Alle Objekte, die sich auf diesen Vorlagen befinden, erscheinen dann auf jeder Seite Ihrer Publikation. Sie können sich eine solche Musterseite wie einen Hintergrund vorstellen, den Sie auf alle Ihre Seiten anwenden können.

Musterseite aufrufen

Musterseiten verwalten Sie am besten mit dem Bedienfeld *Seiten*.

1 Falls es sich nicht auf Ihrem Bildschirm befindet, können Sie es schnell über die Taste F12 aufrufen.

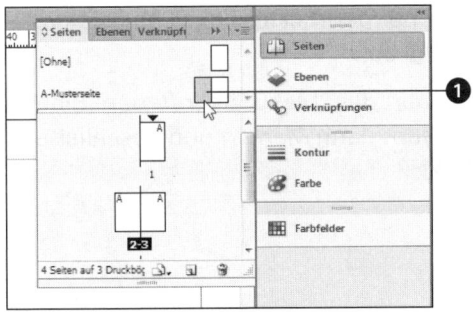

Abb. L3.40: Eine Musterseite in dem Bedienfeld

Eine Musterseite besitzt einen Namen (in der Abbildung *A-Musterseite* ❶) und ein eindeutiges Präfix (eben *A*), das sich auf den abgebildeten Seiten des *Seiten*-Bedienfeldes wiederfindet.

2 Um die Musterseite zu aktivieren, müssen Sie einen Doppelklick auf die Bezeichnung setzen.

Musterseite gestalten

Bei der Gestaltung einer Musterseite sind Ihnen keinerlei Grenzen gesetzt. Alle Objekte, die Sie hier platzieren, finden sich auf allen Dokumentseiten wieder.

Musterseiten gestalten

Wenn Sie beispielsweise eine umfangreiche Publikation mit Seitenzahlen gestalten möchten, dann können Sie auf der Musterseite die Seitenzahlen definieren. Dazu verwendet man sogenannte *Platzhalter*, die auf dem Dokument die richtige Seitenzahl einfügen.

Seitenzahl einfügen

Um eine Seitenzahl einzufügen, gehen Sie wie folgt vor:

1 Wechseln Sie über das *Seiten*-Bedienfeld auf die Musterseite.

2 Klicken Sie dazu doppelt auf die gewünschte Seite und sie wird augenblicklich angezeigt.

3 Wählen Sie dann aus der Werkzeugleiste das Werkzeug *Text* [T] durch Anklicken aus.

4 Platzieren Sie den Cursor an der gewünschten Stelle der Seite und ziehen Sie bei gedrückter linker Maustaste einen kleinen Rahmen ❶ auf.

5 Wählen Sie dann über das Menü *Schrift* den Eintrag *Sonderzeichen einfügen*, dann *Marken* und abschließend *Aktuelle Seitenzahl* ❷.

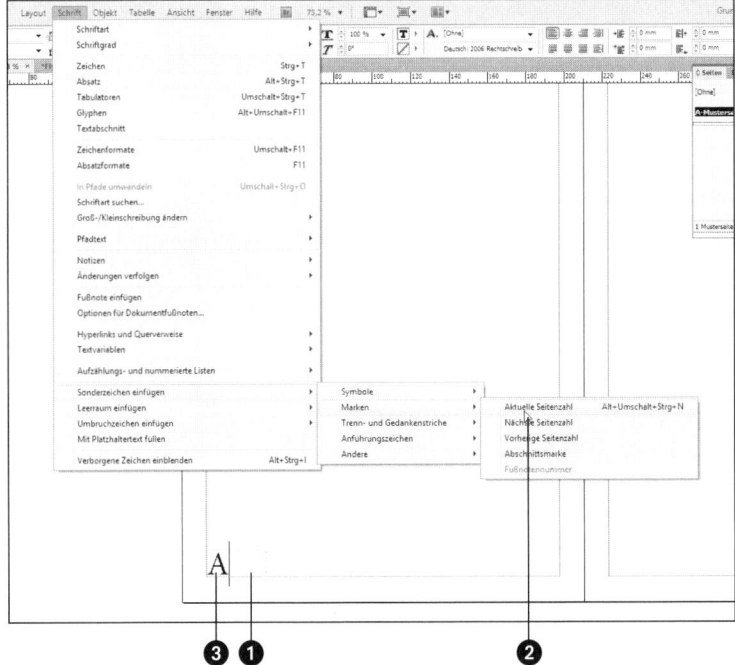

Abb. L3.41: Seitenzahl auf der Musterseite

InDesign fügt nun eine Seitenzahlenmarke ❸ ein. Es handelt sich dabei um ein Sonderzeichen, das automatisch aktualisiert wird, sodass immer die richtige Seitenzahl angezeigt wird, selbst wenn Sie Seiten löschen oder deren Anordnung verändern.

6 Doppelklicken Sie abschließend auf die Seitenzahl Ihres Dokuments und betrachten Sie das Ergebnis.

Die Seitenzahlen können Sie auf diese Art und Weise natürlich auch direkt in Ihr Dokument einfügen. In diesem Fall wird die Seitenzahl gleich als Ziffer angezeigt.

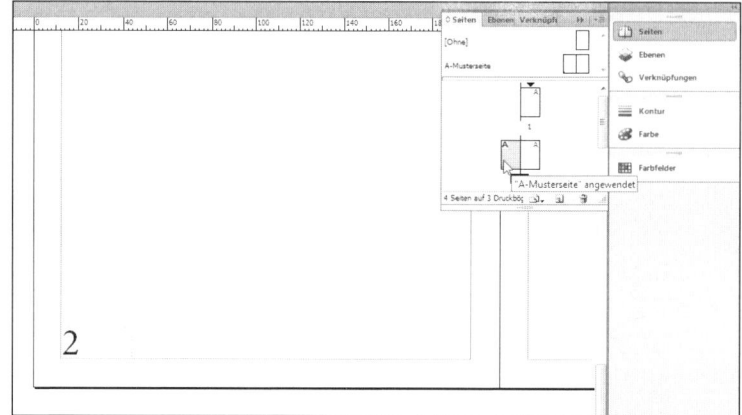

Abb. L3.42: Die Seitenzahl im Dokument

Feste Objekte Objekte, die Sie auf den Musterseiten anordnen, können Sie von den Dokumentseiten aus nicht ansprechen. Wenn Sie beispielsweise Seitenzahlenmarken eingefügt haben und deren Anordnung verändern möchten, müssen Sie immer zuerst auf die Musterseite wechseln. Auch eingebundene Texte oder Grafiken können Sie auf den Dokumentseiten nicht bearbeiten.

 Wenn Sie im Dokument ständig Zugriff auf Elemente der Musterseite haben wollen, dann klicken Sie mit den gedrückten Tasten ⇧ + Strg auf das betreffende Element. Sie können es dann direkt im Dokument bearbeiten, ohne auf die Musterseite zu wechseln.

Sie sollten deshalb auf den Musterseiten nur solche Objekte einbinden, die nicht mehr in der Form oder Position verändert werden müssen. Zu solchen festen Elementen einer Publikation gehören unter anderem Kopfzeilen für Zeitschriften oder Bücher, Firmenlogos oder Schmuckgrafiken.

Objekte der Musterseiten ausblenden

Beim Arbeiten mit den einzelnen Seiten können manchmal die Elemente der Musterseiten stören. In diesem Fall blenden Sie diese einfach aus.

1 Klicken Sie dazu auf das Bedienfeldmenü.

2 Wählen Sie dann den Menüpunkt *Musterseitenobjekte ausblenden*.

Weitere Musterseiten erstellen

Im Falle einer mehrseitigen Publikation werden Sie vermutlich mehrere Musterseiten, beispielsweise für den Titel oder die Schlussseite, benötigen. In diesen Fällen legen Sie einfach weitere Musterseiten an, die Sie nach Ihren Vorstellungen gestalten.

1 Klicken Sie mit der rechten Maustaste hinter die Bezeichnung *[Ohne]*.

Neue Musterseite erstellen

2 Wählen Sie aus dem Kontextmenü den Eintrag *Neue Musterseite*.

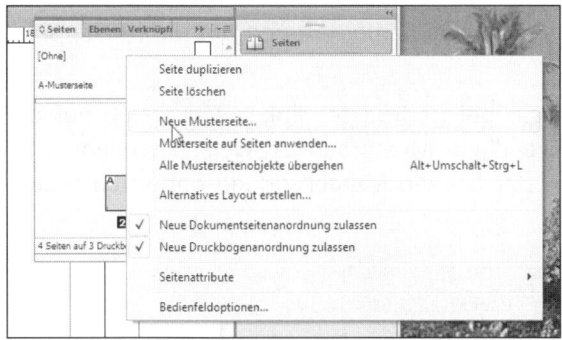

Abb. L3.43: Eine neue Musterseite erstellen

3 Im folgenden Dialogfenster legen Sie die Optionen für die neue Musterseite, wie *Präfix*, *Name* oder *Seitenanzahl*, fest.

Abb. L3.44: Die Optionen für die neue Musterseite festlegen

4 Bestätigen Sie mit *OK* und gestalten Sie anschließend die Vorlage nach Ihren Vorstellungen.

Musterseiten zuweisen

Nachdem Sie die A-Musterseite erstellt haben, wird sie sofort auf alle Seiten des Dokuments angewendet.

Wünschen Sie das nicht, können Sie die Vorlage von einzelnen oder allen Seiten wieder entfernen.

Musterseite zuweisen

Beispielsweise soll auf der ersten Seite keine Seitenzahl angezeigt werden.

1 Zeigen Sie in dem Bedienfeld *Seiten* auf die Musterseite *[Ohne]*.

2 Ziehen Sie sie bei gedrückter linker Maustaste auf die Seite, der sie diese Musterseite zuweisen wollen, oder besser: von der Sie die Mustervorlage entfernen möchten.

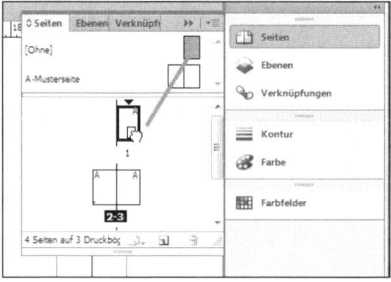

Abb. L3.45:
Eine Mustervorlage entfernen

3 Dort angekommen, lassen Sie die Maus einfach los. Im Falle der Musterseite *[Ohne]* wird die Mustervorlage entfernt. Haben Sie eine andere Musterseite gewählt, dann werden deren Einstellungen auf der betreffenden Seite übernommen.

CS6-Vorlagen

Stellen Sie sich vor, Sie müssten beispielsweise eine monatlich erscheinende Zeitschrift erstellen. Gewiss wäre es nervig, ständig wiederkehrende Einstellungen für Layout, Grafiken und Text vorzunehmen. In diesen Fällen setzen Sie eine *CS6-Vorlage* ein. Diese enthält beispielsweise das Layout einer typischen Ausgabe mit sämtlichen Hilfslinien, Rastern, Musterseiten, Platzhalterrahmen oder Standardgrafiken und -texten. Haben Sie einmal eine solche Vorlage erstellt, müssen Sie nur noch alle vier Wochen die Vorlage öffnen und die neuen Inhalte importieren.

CS6-Vorlagen erstellen

Eine Musterseite kann beliebig oft als Muster für neue Publikationen verwendet werden, wenn Sie sie als *InDesign CS6-Vorlage* abspeichern.

1 Erstellen Sie zunächst eine ganz normale InDesign-Datei nach Ihren Vorstellungen.

2 Wenn Sie fertig sind, aktivieren Sie wie gewohnt den Menübefehl *Datei / Speichern unter.*

CS6-Vorlage
erstellen

3 Wählen Sie im folgenden Dialogfenster aus dem Listenfeld *Format* den Eintrag *InDesign CS6-Vorlage* aus. Anders als eine InDesign-Datei bekommt diese die Endung *.indt*.

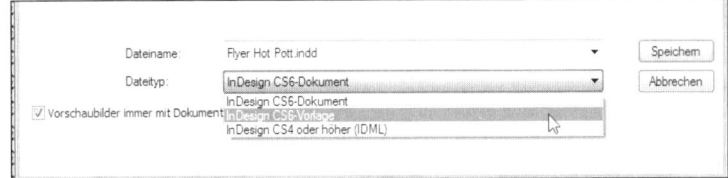

Abb. L3.46: Als *InDesign CS6-Vorlage* abspeichern

CS6-Vorlagen verwenden

Um eine derart erstellte Vorlage zu verwenden, gehen Sie wie folgt vor:

1 Rufen Sie die Menüfolge *Datei / Öffnen* auf.

2 Markieren Sie die Vorlage an dem gewählten Speicherort und klicken Sie auf *Öffnen*.

3 Abschließend speichern Sie das neue Dokument unter einem eigenen Dateinamen in einen Ordner Ihrer Wahl ab.

CS6-Vorlagen und Adobe Bridge

Noch eleganter können Sie Ihre Vorlagen über *Adobe Bridge* öffnen. Hierbei handelt es sich im Grunde genommen um eine Dateiverwaltung, die auf dem Prinzip eines Dateibrowsers basiert und zusätzlich als zentrales Programm den Zugriff auf sämtliche Projektdateien, Anwendungen und Einstellungen regelt.

1 Klicken Sie auf die Schaltfläche *Gehe zu Bridge*.

Abb. L3.47: Zu Brigde wechseln

Es erscheint nach einer Weile das Programm in einem eigenen Programmfenster.

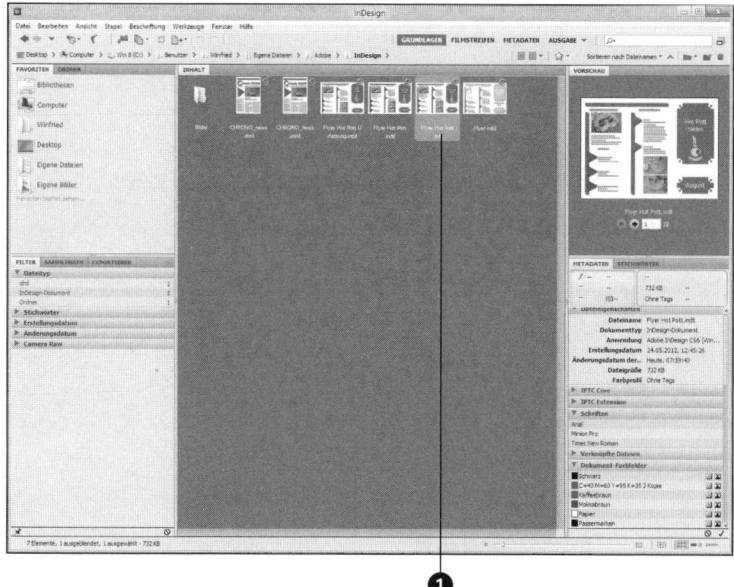

Abb. L3.48: Adobe Bridge in Aktion

2 Suchen Sie den Ordner **❶**, der die gewünschte Vorlage enthält, und klicken Sie doppelt darauf.

Sie können die bereits vorhandenen Ordner durch eigene ersetzen. Dazu müssen Sie lediglich an dieser Stelle über das Symbol Neuen Ordner erstellen 2 den oder die gewünschten Ordner anlegen.

3 Innerhalb des Ordners markieren Sie nun die gewünschte Vorlage.

4 Mit einem Doppelklick darauf wird diese in InDesign geöffnet.

L4 Texterfassung

In diesem Kapitel werden Sie erfahren, wie Sie das wichtigste Element einer Publikation, den Text, mit InDesign ver- und bearbeiten. Zum Erfassen oder Einfügen von Text stellt Ihnen das Programm nämlich eine Reihe von unterschiedlichen Möglichkeiten zur Verfügung.

Textrahmen

Der Text ist in InDesign in sogenannten *Rahmen* enthalten. Egal, ob Sie nun ein Textelement einbinden, importieren oder manuell eintippen, es wird immer ein eigener Rahmen angelegt.

Rahmen

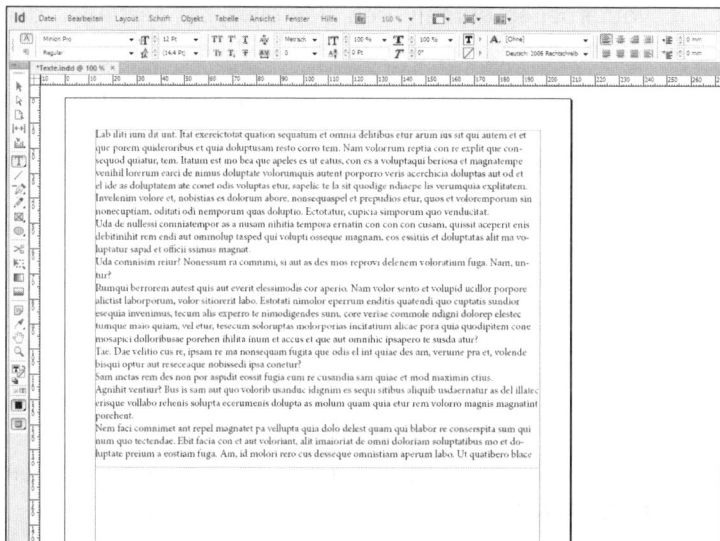

Abb. L4.1:   Ein Textrahmen

Diese Textrahmen können verschoben, in der Größe verändert und in eine andere Form gebracht werden. Auf diese Art und Weise wird es Ihnen erst ermöglicht, Ihre Publikationen kreativ zu gestalten. Anders als bei einer gewöhnlichen Textverarbeitung (z. B. Word) sind Sie so nicht stur an den Seitenaufbau gebunden.

Die Textrahmen können ferner mit anderen Textrahmen verbunden werden, sodass der in einem Rahmen begonnene Text in einem anderen fortgesetzt wird. Auf diese Art lassen sich Texte auf mehrere Seiten oder in Spalten verteilen.

Werkzeuge zur Textbearbeitung

Bei Textrahmen werden Sie mit den folgenden drei Werkzeugen sehr häufig arbeiten, sodass Sie sich mit der Funktionsweise vertraut machen sollten.

Text

■ Mit dem *Textwerkzeug* [T] können Sie Text in einem Rahmen eingeben oder (nachträglich) bearbeiten. Ferner markieren Sie den Text damit, bevor Sie ihn formatieren.

Auswahl

■ Mit dem *Auswahlwerkzeug* [↖] können Sie allgemeine Layoutarbeiten durchführen, wie etwa das Festlegen der Position oder das Verändern der Größe des Rahmens.

Direktauswahl

■ Das *Direktauswahl-Werkzeug* [↘] dient dagegen der Formänderung des Textrahmens, sodass der Textfluss nicht unbedingt an ein Rechteck gebunden ist.

Textrahmen anlegen

Bevor es losgehen kann, müssen Sie folglich zuerst einen Textrahmen für den einzugebenden Text erstellen.

Einen solchen Textrahmen legen Sie mit dem *Textwerkzeug* [T] an.

1 Bewegen Sie dazu den Cursor an den gewünschten Anfangspunkt.

2 Klicken Sie einmal mit der Maus und ziehen Sie bei gedrückter linker Maustaste einen Rahmen in der voraussichtlich erforderlichen Größe auf **❶**.

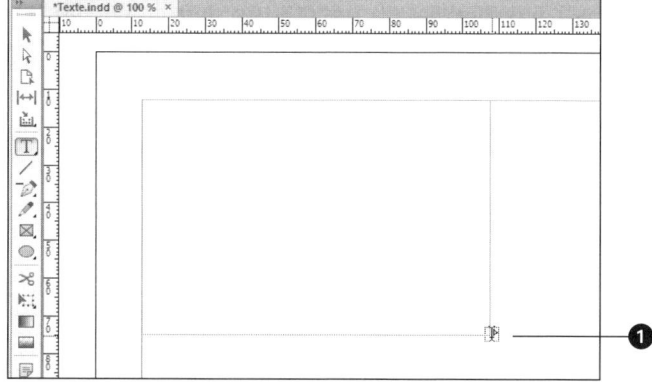

Abb. L4.2: Erstellen eines neuen Textrahmens durch Ziehen mit dem Werkzeug *Text*

Sobald Sie die Maus loslassen, wird Ihnen im Rahmen eine Texteinfügemarke angezeigt.

Wenn Sie genau wissen, wie groß Ihr neuer Textabschnitt werden soll, sollten Sie bereits einen ausreichend dimensionierten Rahmen mit der Maus aufziehen.

Vergrößern Sie gegebenenfalls die Ansicht des Textrahmens, indem Sie mit dem *Zoomwerkzeug* einen Rahmen darum ziehen.

Texte eingeben

Text können Sie auf vielfältige Art und Weise eingeben.

Die Texteingabe erfolgt zunächst einmal wie bei einer normalen Textverarbeitung über die Tastatur.

Manuelle Eingabe

1 Sie können direkt mit der Texteingabe über die Tastatur beginnen.

2 Wenn Sie bei der Eingabe an den rechten Rand des Textrahmens kommen, drücken Sie keinesfalls die ⏎-Taste. InDesign verfügt wie alle Textverarbeitungen über einen automatischen Zeilenumbruch. Lediglich bei Absätzen oder Leerzeilen müssen Sie die Zeilen durch Drücken der ⏎-Taste beenden.

3 Möchten Sie lediglich eine neue Zeile erhalten, die kein Absatz ist, dann müssen Sie die Tastenkombination ⇧ + ⏎ drücken.

Sonderzeichen

Gebräuchliche Zeichen, wie lange und einfache Gedankenstriche, das Symbol für eingetragene Warenzeichen, das Copyright-Symbol, Gevierte und Halbgevierte sowie verschiedene Arten von Anführungszeichen, können Sie über das Kontextmenü einfügen.

1 Setzen Sie die Einfügemarke mithilfe des *Textwerkzeugs* ⊤ an die Stelle, an der Sie ein Sonderzeichen einfügen möchten.

2 Klicken Sie dann mit der rechten Maustaste auf die Seite, um das Kontextmenü anzuzeigen. Das gleiche Menü erhalten Sie übrigens auch über das Menü *Schrift*.

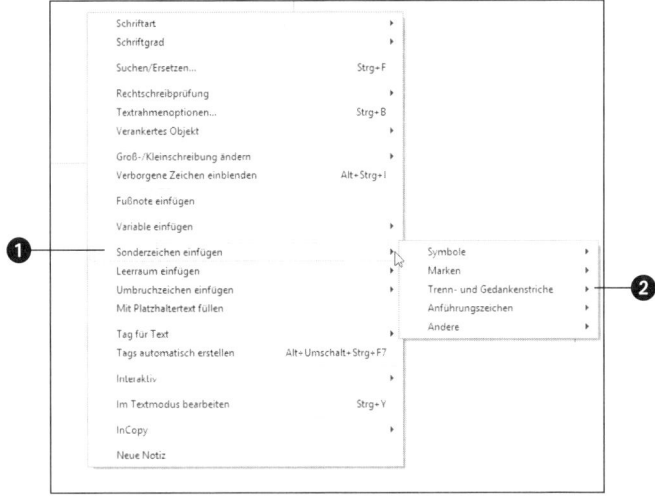

Abb. L4.3: Sonderzeichen über das Kontextmenü einfügen

---

3 Wählen Sie aus dem erscheinenden Kontextmenü die Option *Sonderzeichen einfügen* ❶ aus.

4 Es öffnet sich ein weiteres Menü ❷, das Ihnen die verschiedenen Sonderzeichen zur Verfügung stellt, die Sie durch einen weiteren Klick auswählen können.

Die wichtigsten Sonderzeichen haben folgende Bedeutung:

Sonderzeichen

Art		Erläuterung
Symbole		
Aufzählungszeichen	•	Wird für Aufzählungen verwendet
Copyright-Symbol	©	Amerikanische Urheberrechtsanzeige
Auslassungszeichen	...	Weist auf ausgelassene Zitatstellen hin
Absatzmarke	¶	Zeigt das Ende eines Absatzes an
Eingetragenes Warenzeichen	®	Symbol für eingetragene Marke
Paragrafenzeichen	§	Paragrafenzeichen
Symbol für Marke	™	Warenzeichensymbol (Handelsmarke)
Marken		
Aktuelle Seitenzahl		Fügt die aktuelle Seitenzahl auf der Seite ein
Nächste Seitenzahl		Zeigt die folgende Seitenzahl an
Vorherige Seitenzahl		Zeigt die vorherige Seitenzahl an
Abschnittsmarke		Ermöglicht das Neustarten der Seitennummerierung innerhalb eines Dokuments
Trenn- und Gedankenstriche		
Geviert	—	Ein Geviert ist eine besondere typografische Maßeinheit und entspricht der Breite des kleinen Buchstabens „m".
		Es wird sehr oft bei Preisangaben anstelle der Nullen verwendet, z. B. 20,– €.
Halbgeviert	–	Dient als Gedanken- oder Minusstrich

Art		Erläuterung
Bedingter Trennstrich	-	Ermöglicht die Trennung eines Wortes, wenn es an ein Zeilenende gerät
Geschützter Trennstrich	-	Verhindert die ungewollte Trennung eines Wortes an einem Zeilenende
Anführungszeichen		
Öffnendes Anführungszeichen	„	Im deutschen Schriftsatz werden vornehmlich die Anführungszeichen „..." sowie ihre einfachen Formen ‚...' für die direkte Rede verwendet. Man setzt sie ohne Zwischenraum vor und nach den eingeschlossenen Textabschnitten, Wörtern usw.
Schließendes Anführungszeichen	"	
Öffnendes einfaches Anführungszeichen	‚	
Schließendes einfaches Anführungszeichen	'	
Gerade doppelte Anführungszeichen	"	Die einfache Form der Anführungszeichen
Gerades einfaches Anführungszeichen (Apostroph)	'	Das Zeichen für den Apostroph
Andere		
Tabulator		Setzt einen Tabulator
Tabulator für Einzug rechts		Setzt den Tabulator für einen rechten Einzug
Einzug bis hierhin		Ermöglicht den Einzug an einer bestimmten Stelle
Verschachteltes Format hier beenden		Beendet ein verschachteltes Format, ohne dass die Bedingung des definierten Formats erfüllt ist
Verbindung unterdrücken		Trennt Ligaturen und zeigt sie als Einzelbuchstaben an

Tab. L4.2:   Wichtige Sonderzeichen

Blind- oder Platzhaltertext

Wenn Sie bereits mit dem Layout beginnen wollen, aber die Texte noch nicht vorliegen, dann arbeiten Sie am besten mit sogenanntem *Blindtext*. In InDesign müssen Sie sich nicht einmal Gedanken über dessen Herkunft machen, denn er ist schon eingebaut.

1 Markieren Sie den Textrahmen mit dem Werkzeug *Auswahl* .

Blindtext

2 Klicken Sie mit der rechten Maustaste in einen leeren Textrahmen **❶**.

3 Wählen Sie aus dem Kontextmenü den Eintrag *Mit Platzhaltertext füllen* **❷**.

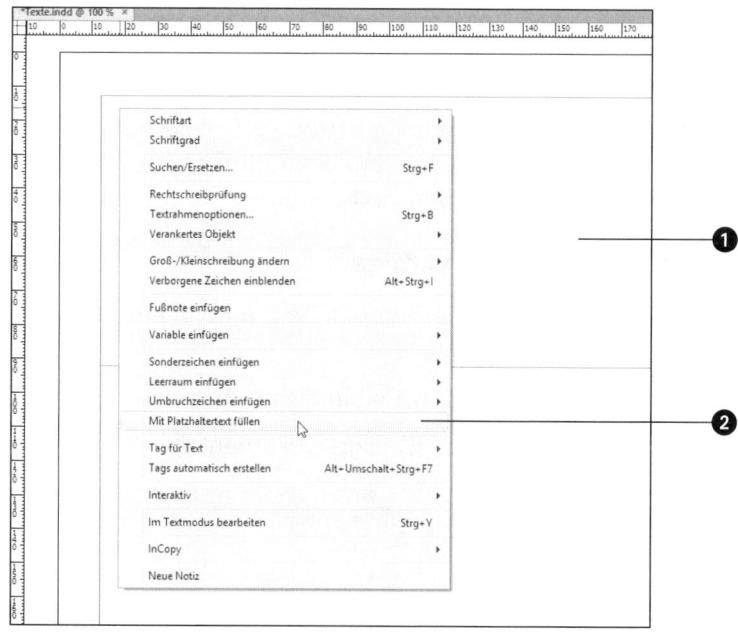

Abb. L4.4: Mithilfe eines Platzhaltertextes können Sie schon mit dem Gestalten beginnen

Text über die Zwischenablage einfügen

Wie bei allen Windows-Anwendungen können Sie bei In-Design mithilfe der *Zwischenablage* Texte verschieben oder kopieren.

Zwischen-ablage

1 Markieren Sie dazu den Text in der anderen Anwendung und kopieren Sie ihn mit ⟨Strg⟩ + ⟨C⟩ in die Zwischenablage. Wenn Sie ihn ausschneiden wollen, wählen Sie die Tastenkombination ⟨Strg⟩ + ⟨X⟩.

2 Wechseln Sie in das InDesign-Dokument zurück. Sofern Sie noch keinen Textrahmen aufgezogen haben, holen Sie das an dieser Stelle nach.

3 Klicken Sie in den Textrahmen.

4 Wählen Sie dann aus dem Menü *Bearbeiten* den Eintrag *Einfügen* oder betätigen Sie die Tastenkombination ⟨Strg⟩ + ⟨V⟩.

Der Text wird sofort an der Stelle eingefügt.

Sollten Sie keinen Text markiert bzw. keine Textmarke angeklickt haben, dann wird ein neuer Textrahmen erstellt und Sie können mit einem Klick den Text einfügen.

Text per Drag & Drop einfügen

Recht einfach können Sie Text per Drag & Drop aus einer anderen Anwendung einfügen.

Drag & Drop

1 Markieren Sie dazu den Text in dieser Anwendung.

2 Ziehen Sie ihn in das InDesign-Dokument ❶.

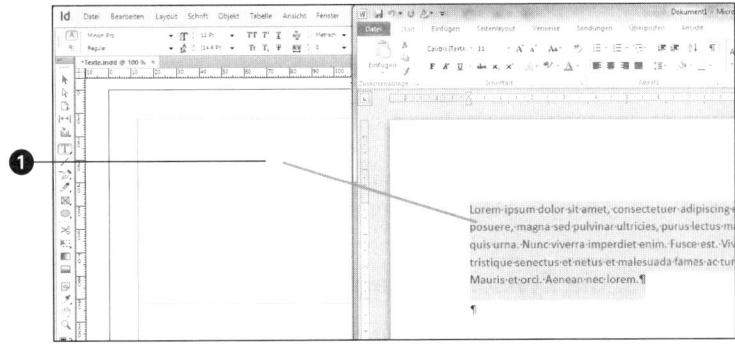

Abb. L4.5:   Text aus einer anderen Anwendung (hier Word 2010) einfügen

Der so kopierte Text wird von InDesign in einem neuen Textrahmen eingefügt.

Text platzieren

Sehr oft werden Sie Texte von anderen Quellen übernehmen wollen. In diesen Fällen müssen Sie die Texte in dem Textrahmen platzieren.

1 Rufen Sie über *Datei / Platzieren* (oder über $\boxed{\text{Strg}}$ + $\boxed{\text{D}}$) das entsprechende Dialogfenster *Platzieren* auf und wählen Sie hier die zu platzierende Datei aus.   **Text platzieren**

2 Zunächst sollten Sie im Listenfeld *Dateityp* ❶ nachsehen, ob die Datei in InDesign platziert werden kann.

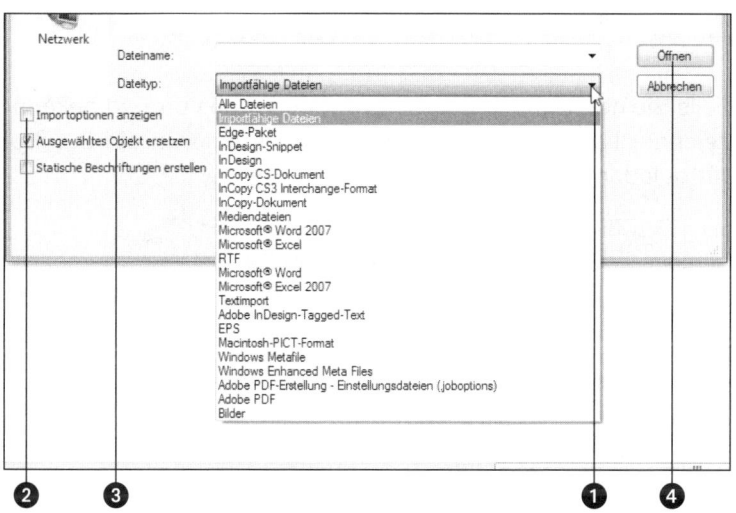

Abb. L4.6:   Diese Dateitypen können Sie platzieren

3 Um zusätzliche Importoptionen für den ausgewählten Dateityp zu erhalten, aktivieren Sie das Kontrollkästchen *Importoptionen anzeigen* ❷. In diesem Fall erhalten Sie in einem Fenster eine Übersicht über die entsprechenden Optionen und können dort weitere Einstellungen vornehmen.

4 Möchten Sie ein bereits vorhandenes Textobjekt überschreiben, dann lassen Sie die Option *Ausgewähltes
Objekt ersetzen* ❸ aktiviert.

5 Ist alles eingestellt, markieren Sie die betreffende Datei
und klicken auf *Öffnen* ❹.

InDesign nimmt die Arbeit auf und platziert den Text.

Je nach Dateityp kann allerdings noch ein wenig Arbeit auf
Sie zukommen. So kann beispielsweise die Meldung erscheinen, dass das zu platzierende Dokument eine Schriftart enthält, die nicht auf dem aktuellen System verfügbar
ist. In diesem Fall wird der Text mit einer Ersatzschrift formatiert, bis Sie die erforderliche Originalschrift zur Verfügung stellen.

Falls Sie noch keinen Rahmen zum Einfügen von Text gekenn-
zeichnet haben, wandelt sich der Mauszeiger in ein Symbol
für geladenen Text ❶.

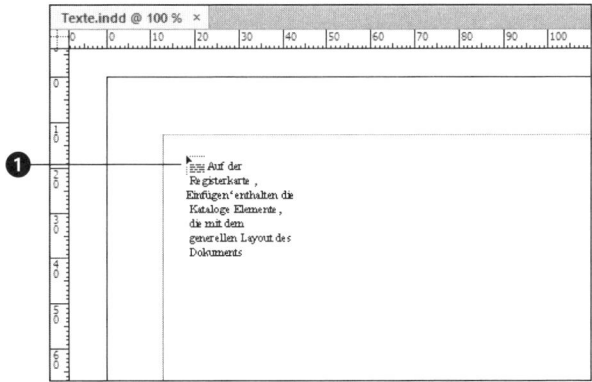

Abb. L4.7:   Jetzt können Sie den Text platzieren

■ Mit diesem können Sie nun an jeder beliebigen Stelle
durch Klicken oder Ziehen den Text erstellen.

Weiterführende Informationen zu diesem Thema finden Sie im Kapitel „Textobjekte".

Texte bearbeiten

Wenn Sie Texte bearbeiten möchten, sollten Sie zunächst darauf achten, dass Sie das *Textwerkzeug* T gewählt haben. Im Regelfall wird es zunächst darum gehen, die gewünschte Textstelle zu erreichen.

Texte bearbeiten

Bewegen im Text

Am schnellsten bewegen Sie sich innerhalb eines Textes mit der Maus.

Setzen Sie dazu die Einfügemarke über die Stelle, an der Sie schreiben möchten, und klicken Sie einmal mit der Maus, um die Einfügemarke in den Text zu setzen.

Bewegen mit Maus

Darüber hinaus können Sie sich aber auch sehr gut mithilfe der Tastatur im Text bewegen.

Bewegen mit Tastatur

■ Mit der →- bzw. ←-Taste rücken Sie um ein Zeichen nach rechts oder links. Mit der ↑-Taste bewegen Sie sich in die darüberliegende Zeile und mit der ↓-Taste in die darunter befindliche.

■ Mit der Tastenkombination Strg + → bzw. Strg + ← gelangen Sie zum vorherigen bzw. zum nächsten Wortanfang.

■ Wenn Sie zum vorherigen Absatz bzw. zum nächsten Absatz springen wollen, dann verwenden Sie die Kombinationen Strg + ↑ bzw. Strg + ↓.

■ Den Zeilenanfang erreichen Sie mithilfe der Pos1-Taste und das Zeilenende mit der Ende-Taste.

■ Wenn Sie schließlich noch von Satzanfang zu Satzanfang gelangen möchten, dann sollten Sie Strg + Pos1 verwen-

den, um zum vorherigen Satzanfang zu gelangen, und
Strg + Ende für das Gegenteil.

Textteile markieren

Markieren

Bevor Sie einem ausgewählten Text eine Eigenschaft oder eine Schrift zuweisen können, müssen Sie diesen Text zunächst markieren. Dabei können Sie entweder mit der Tastatur oder mit der Maus vorgehen. Wenn Sie bereits mit einer Textverarbeitung gearbeitet haben, werden Sie dieses Vorgehen gewiss kennen. Welche der beiden Methoden Sie anwenden, bleibt dabei Ihnen überlassen. So können einige Aktionen sicherlich besser mit der Maus, andere schneller mit der Tastatur ausgeführt werden. Probieren Sie doch einmal beide Varianten aus und Sie werden sehen, dass sich im praktischen Einsatz auch bei Ihnen eine durchsetzen wird.

Markieren mit Maus

1 Wenn Sie mit der Maus vorgehen wollen, setzen Sie zunächst den Cursor an die Stelle, an der die Markierung beginnen soll.

2 Halten Sie dann die linke Maustaste gedrückt und streichen Sie über den zu markierenden Bereich. Schneller geht es, wenn Sie, nachdem Sie an den Anfang geklickt haben, die ⇧-Taste gedrückt halten und dann auf das Ende klicken.

3 Möchten Sie nur ein Wort markieren, dann klicken Sie einfach doppelt hinein.

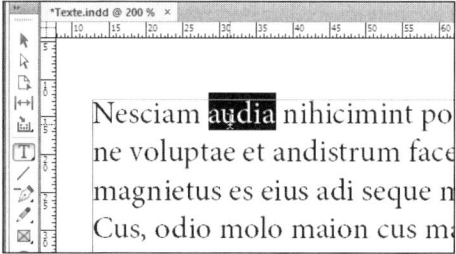

Abb. L4.8:   Mit einem Doppelklick schnell ein Wort markieren

4 Um den gesamten Absatz zu markieren, klicken Sie dreimal hinein.

Für bestimmte Textstellen – etwa in einer komplexen Publikation – ist es vorteilhafter, die Markierung mit der Tastatur vorzunehmen. **Markieren mit Tastatur**

5 Setzen Sie dazu den Cursor vor dem Bereich ab, der markiert werden soll. Halten Sie dann die ⇧-Taste gedrückt und bewegen Sie sich mit der →-Taste über den zu markierenden Bereich. Dieser wird so Zeichen für Zeichen markiert.

6 Um den gesamten Inhalt eines Textrahmens zu markieren, setzen Sie einfach den Cursor in dem Rahmen ab und drücken die Tastenkombination Strg + A .

Eingabefehler korrigieren

Für das Korrigieren von Eingabefehlern gelten die üblichen Regeln: **Fehlerkorrektur**

■ Eingabefehler, die sich links von der Schreibmarke befinden, löschen Sie mit der ⟸-Taste. Möchten Sie dagegen das Zeichen rechts vom Cursor löschen, so betätigen Sie die Entf -Taste.

■ Mehrere Zeichen oder Wörter können Sie auf einmal dadurch löschen, dass Sie sie markieren und dann mit einem Druck auf die Entf - oder ⟸-Taste entfernen.

Text umstellen

Mithilfe der Zwischenablage können Sie Ihre Texte durch Verschieben oder Kopieren rasch umstellen.

Wenn Sie Text verschieben wollen, gehen Sie wie folgt vor: **Text verschieben**

1 Markieren Sie zuerst den Textbereich, den Sie bearbeiten möchten.

2 Wählen Sie über das Menü *Bearbeiten* den Eintrag *Ausschneiden* aus. Schneller geht es, wenn Sie die Tastenkombination ⌈Strg⌋ + ⌈X⌋ verwenden. Augenblicklich wird der Text entfernt und befindet sich in der Windows-Zwischenablage.

3 Bewegen Sie den Cursor an die Position, an die Sie den Text verschieben möchten, und setzen Sie den Cursor durch Klicken ab.

4 Wählen Sie nun das Menü *Bearbeiten / Einfügen* oder betätigen Sie alternativ die Tastenkombination ⌈Strg⌋ + ⌈V⌋. Der Inhalt der Zwischenablage wird augenblicklich an der Position der Schreibmarke eingefügt.

 Da der Inhalt in der Zwischenablage erhalten bleibt, solange Sie nichts Neues kopieren oder ausschneiden, können Sie durch erneutes Betätigen des *Einfügen*-Befehls die Textabschnitte mehrmals einfügen.

Text kopieren Möchten Sie den markierten Bereich lediglich kopieren, das heißt, er soll an seinem Ursprung erhalten bleiben, dann wählen Sie den Menüpunkt *Bearbeiten / Kopieren* oder betätigen die Tastenkombination ⌈Strg⌋ + ⌈C⌋.

Text einfügen Einen in die Zwischenablage kopierten Text fügen Sie über das Menü *Bearbeiten / Einfügen* oder die Tastenkombination ⌈Strg⌋ + ⌈V⌋ wieder ein. Wenn Sie keinen Text markiert bzw. auf keine Texteinfügemarke geklickt haben, wird der eingefügte Text in einem neuen Rahmen angezeigt. Klicken Sie dagegen in einen Textrahmen hinein, wird der Text an der Einfügemarke angezeigt bzw., sofern Sie Text markiert hatten, wird dieser durch den Inhalt der Zwischenablage ersetzt.

Mit dem Befehl *An Originalstelle einfügen* aus dem Menü *Bearbeiten* können Sie dagegen Rahmen oder importierte Grafiken an derselben Position einfügen wie das ursprünglich kopierte Objekt.

Rückgängig Möchten Sie bestimmte Bearbeitungsschritte rückgängig machen bzw. wiederherstellen, dann verfahren Sie so:

1 Möchten Sie den letzten Bearbeitungsschritt rückgängig machen, wählen Sie das Menü *Bearbeiten / Rückgängig* oder betätigen die Tastenkombination Strg + Z.

2 Wenn Sie aus Versehen etwas rückgängig gemacht haben, was Sie eigentlich gar nicht wollten, so müssen Sie die Eingaben nicht erneut vornehmen. Betätigen Sie in diesem Fall zum Wiederherstellen das Menü *Bearbeiten / Wiederherstellen* oder die Tastenkombination ⇧ + Strg + Z.

Texte überprüfen

Wie die meisten Textverarbeitungen bietet auch InDesign einige Hilfsmittel, die Sie für die Optimierung Ihrer Publikationen einsetzen können.

Suchen und Ersetzen

Eine der wichtigsten Funktionen ist das Suchen nach bestimmten Wörtern oder Zeichenfolgen. Mit dieser Funktion können Sie bestimmte Textstellen in Ihrer Publikation aufsuchen, um beispielsweise eine bestimmte Änderung vorzunehmen. Gerade in langen Texten könnte das ohne diese Funktion sehr aufwendig und zeitintensiv sein.

Sie können Text in einer Auswahl, einem Textabschnitt, einem Dokument oder in mehreren geöffneten Dokumenten suchen und ersetzen.

1 Klicken Sie zuerst mit dem Werkzeug *Text* in einen Rahmen oder markieren Sie Text in einem Rahmen, um die Suche auf einen Rahmen, einen Textabschnitt oder den markierten Text zu beschränken.

2 Wählen Sie dann das Menü *Bearbeiten / Suchen/Ersetzen* oder rufen Sie es mithilfe der Tastenkombination Strg + F auf.

Suchen/ Ersetzen

3 Im folgenden Dialogfenster tragen Sie in die Zeile *Suchen nach* ❶ den gesuchten Begriff ein.

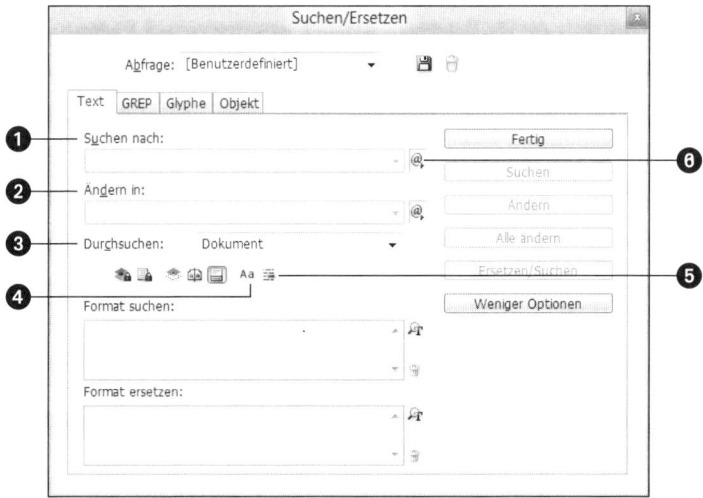

Abb. L4.9: Das Dialogfenster *Suchen/Ersetzen*

4 Wenn Sie ihn ersetzen wollen, geben Sie in dem Feld *Ändern in* ❷ den entsprechenden Eintrag ein.

5 Danach stellen Sie im Listenfeld *Durchsuchen* ❸ den Bereich ein, in dem Sie nach dem Begriff suchen möchten. Sie können hier zwischen *Dokument*, *Alle* (geöffneten) *Dokumente*, *Textabschnitt* und *Zum Ende des Textabschnitts* wählen.

6 Soll das Programm die *Groß-/Kleinschreibung beachten* ❹, müssen Sie die Schaltfläche *Aa* aktivieren.

7 Aktivieren Sie die danebenliegende Schaltfläche *Ganzes Wort* ❺, wenn nur nach ganzen Wörtern gesucht werden soll. Falls der Suchbegriff in einem Wort als Teil vorkommt, stoppt die Suchfunktion dann nicht.

8 Mit einem Klick auf *Suchen* starten Sie den Vorgang.

Sie können aber auch nach bestimmten Zeichenformaten suchen, die über sogenannte *InDesign-Metazeichen* dargestellt werden. **InDesign-Metazeichen**

1 Klicken Sie dazu auf den Menüpfeil 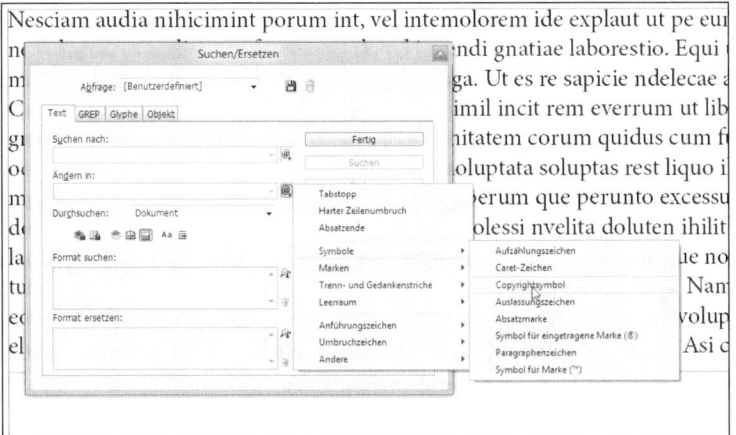 **6** rechts neben dem Textfeld *Suchen nach*.

2 Sie erhalten ein Menü, in dem Sie eine Reihe von Zeichen auswählen können.

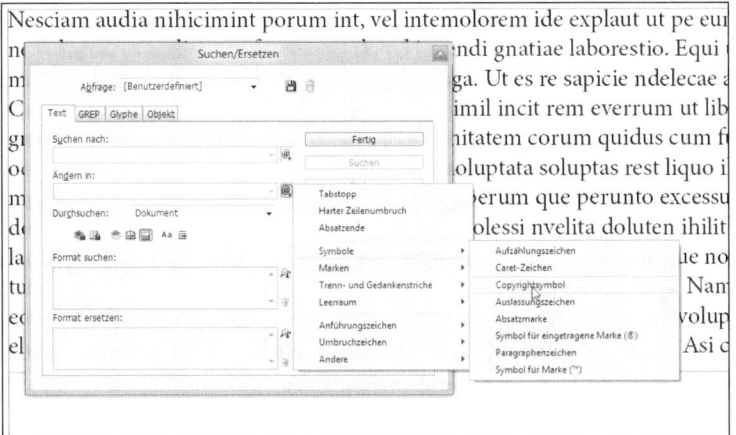

Abb. L4.10: InDesign-Metazeichen

3 Wählen Sie das gesuchte aus.

4 Klicken Sie nun auf die Schaltfläche *Weitersuchen*, um mit der Suche zu beginnen.

5 Wenn InDesign Ihren Suchbegriff gefunden hat, wird er im Text hinterlegt dargestellt, sodass Sie ihn leicht finden können.

Nun können Sie den Begriff beispielsweise korrigieren oder an dieser Stelle weiterarbeiten. Sie können aber auch den markierten Begriff durch den Begriff im Feld *Ändern in* austauschen lassen.

1 Klicken Sie dazu auf die Schaltfläche *Ändern* **1**.

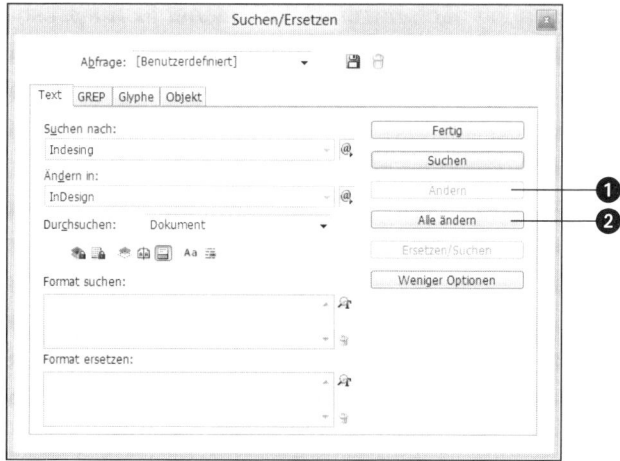

Abb. L4.11: Ein Wort ändern

2 Soll dies im ganzen Text erfolgen, wählen Sie *Alle ändern* **2**.

Suche nach Formaten

Eine sehr fortschrittliche Funktion ist die Möglichkeit, nach bestimmten Formaten suchen zu lassen.

1 Sollten Sie die dazugehörigen Einstellungsmöglichkeiten nicht finden, müssen Sie erst die Schaltfläche *Mehr Optionen* betätigen.

Das Dialogfenster wird daraufhin nach unten erweitert und gibt die Einstellungsmöglichkeiten für die Formatvorlagen frei.

2 Klicken Sie hier auf die Schaltfläche *Suchattribute angeben* **1**, um an die Optionen für die Formateinstellungen zu gelangen.

Es öffnet sich ein weiteres Menü, in dem Sie folgende Auswahl treffen können:

■ *Formatoptionen*

■ *Grundlegende Zeichenformate*

■ *Erweiterte Zeichenformate*

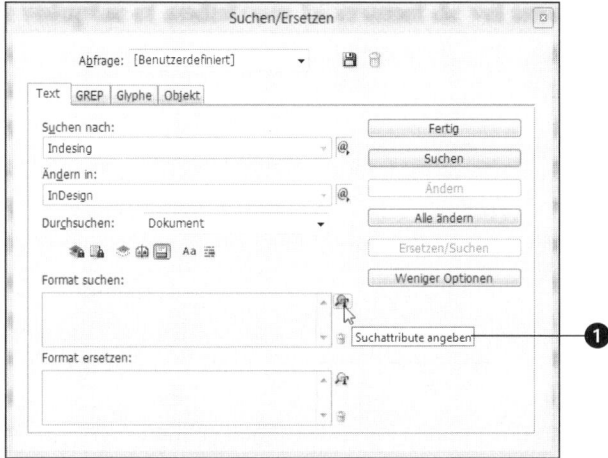

Abb. L4.12: Erweiterte Einstellungen des *Suchen/Ersetzen-* Dialogfensters

- *Einzüge und Abstände*
- *Umbruchoptionen*
- *Aufzählungszeichen und Nummerierung*
- *Zeichenfarbe*
- *OpenType-Funktionen*
- *Unterstreichungsoptionen*
- *Durchstreichungsoptionen*
- *Bedingungen*
- *Initialen und Sonstiges*

3 Möchten Sie beispielsweise nach einem Textabschnitt suchen, der in der Schriftart Times New Roman in einer Größe von 12 Punkt, unterstrichen und in Fettdruck formatiert ist, so wählen Sie im oberen Listenfeld den Eintrag *Grundlegende Zeichenformate* ❶ und geben die Werte in die jeweiligen Felder ein.

4 Klicken Sie dann auf *OK* ❷.

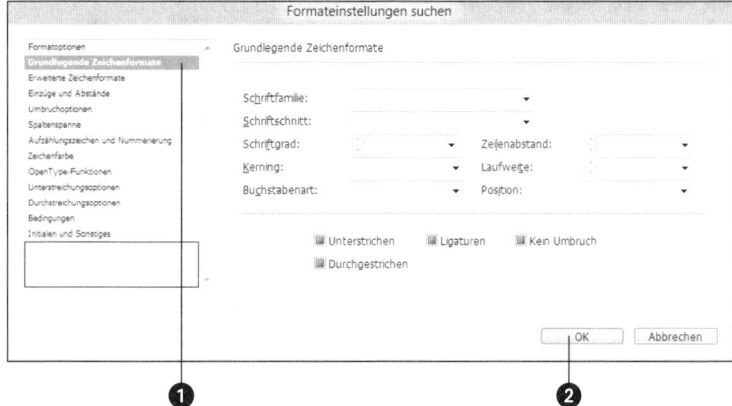

Abb. L4.13: Nach bestimmten Formatierungen suchen

5. Wenn alle Suchvorgänge bzw. Ersetzungen abgeschlossen sind, können Sie das Dialogfenster *Suchen/Ersetzen* durch einen Klick auf *Fertig* verlassen.

Rechtschreibprüfung

Wie jedes moderne Textverarbeitungsprogramm verfügt In-Design auch über eine Rechtschreibprüfung. Standardmäßig wird die Prüfung des Textes mithilfe des Wörterbuches für die Sprache durchgeführt, die dem Text in dem Dokument zugewiesen ist.

Möchten Sie diese Sprache ändern, so können Sie das über das *Zeichen*-Bedienfeld rasch bewerkstelligen, indem Sie aus dem Menü *Sprache* das entsprechende Wörterbuch auswählen.

Mit den elektronischen Wörterbüchern und der Rechtschreibprüfung ist es allerdings immer so eine Sache. Einerseits ist diese Funktion für Vielschreiber, wie etwa Autoren, sehr hilfreich, andererseits ist es auch oft eine Qual, bis man dem Programm seinen Wortschatz mühselig beigebracht hat. Die Rechtschreibprüfung arbeitet nämlich so, dass ein zu prüfender Text Wort für Wort durchgearbeitet wird. Dabei wird die

Schreibweise mit der in den vorhandenen Wörterbüchern verglichen. Findet InDesign ein Wort, das nicht in den Wörterbüchern vorkommt, stoppt es und meldet, dass ein Fehler vorliegen könnte. In einem Dialogfenster können Sie nun diesen Fehler korrigieren oder, falls das Wort richtig war und Sie beim nächsten Mal nicht darüber stolpern möchten, das Wort dem Wörterbuch hinzufügen.

Die Rechtschreibprüfung können Sie jederzeit durchführen.

Rechtschreibprüfung

1 Über das Menü *Bearbeiten / Rechtschreibprüfung / Rechtschreibprüfung* oder alternativ mit der Tastenkombination [Strg] + [I] können Sie die Texte Ihrer Publikation auf korrekte Rechtschreibung überprüfen lassen.

2 Möchten Sie die Überprüfung auf einen bestimmten Rahmen oder Textabschnitt oder auf markierten Text beschränken, klicken Sie bei aktiviertem *Textwerkzeug* in einen Rahmen oder markieren Text [T] innerhalb eines Rahmens. Es erscheint das Dialogfenster *Rechtschreibprüfung*.

3 Geben Sie zunächst durch Auswahl im untersten Listenfeld *Durchsuchen* ❶ den Bereich an, auf den die Rechtschreibprüfung angewendet werden soll.

■ Wählen Sie *Dokument,* wenn das ganze Dokument überprüft werden soll, und die Option *Alle Dokumente* für den Fall, dass alle geöffneten Dokumente überprüft werden sollen.

■ Möchten Sie alle verketteten Textrahmen in einem Textabschnitt überprüfen, wählen Sie die Option *Textabschnitt.*

■ Sie können aber auch nur den Text ab der Schreibmarkenposition bis zum Ende des Textabschnitts oder der Auswahl prüfen lassen, wenn Sie die Option *Zum Ende des Textabschnitts* aktivieren.

4 Klicken Sie auf *Starten*.

Das Programm beginnt mit seiner Arbeit und vergleicht die von Ihnen eingegebenen Wörter mit denen des Wörterbuches. Bei dem ersten nicht erkannten Wort stoppt das Programm und zeigt Ihnen die Alternativen auf.

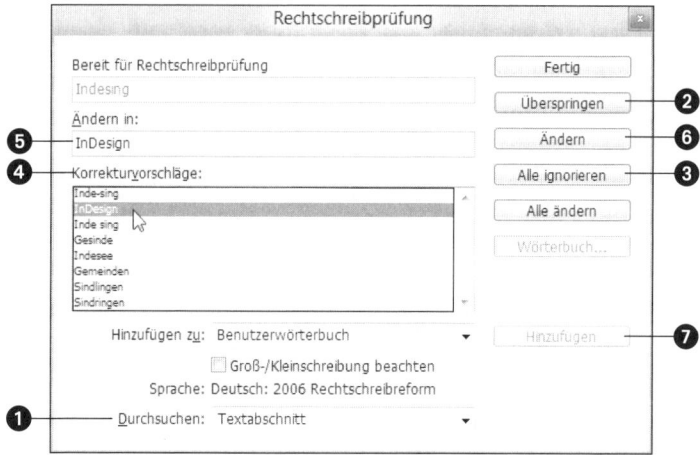

Abb. L4.14: Das Dialogfenster *Rechtschreibprüfung* in Aktion

Findet InDesign unbekannte bzw. falsch geschriebene Wörter oder andere mögliche Fehler, so können Sie eine der folgenden Optionen auswählen:

■ *Überspringen* ❷ oder *Alle ignorieren* ❸, wenn Sie die Rechtschreibprüfung ohne Textänderung fortsetzen wollen.

■ Markieren Sie unter *Korrekturvorschläge* ❹ das Wort, das Sie stattdessen verwenden möchten.

■ Geben Sie die richtige Schreibweise in dem Feld *Ändern in* ❺ ein, wenn Sie mit den Korrekturvorschlägen nicht einverstanden sind oder das Wort nicht im Wörterbuch enthalten ist.

■ Klicken Sie auf *Ändern* ❻, um das falsch geschriebene Wort nur an dieser Stelle zu ändern. Möchten Sie es im ganzen Dokument ändern, dann klicken Sie auf *Alle ändern*.

■ Klicken Sie auf *Hinzufügen* ❼, um das nicht erkannte Wort im Wörterbuch von InDesign zu speichern, sodass es in Zukunft nicht mehr als falsch geschrieben angesehen wird.

Silbentrennung

Gerade wenn Sie viele Texte mit Blocksatz erstellen, können hässliche Lücken entstehen. Diese können Sie mithilfe der *Silbentrennung* vermeiden. Sie können Wörter manuell oder automatisch trennen oder diese beiden Methoden kombinieren.

Manuelle Silbentrennung

Die wohl beste, aber auch zeitaufwendigste Methode für die manuelle Silbentrennung ist das Einfügen bedingter Trennstriche. Das hat zur Folge, dass ein Trennstrich nur angezeigt wird, wenn für das Wort am Zeilenende ein Umbruch erforderlich ist.

Manuelle Silbentrennung

1 Um einen solchen Trennstrich einzufügen, müssen Sie zunächst die Einfügemarke an die Stelle setzen, an der Sie den Trennstrich einfügen möchten.

2 Über die Tastenkombination `Strg` + `⇧` + `-` fügen Sie an dieser Stelle einen bedingten Trennstrich ein.

Die in der folgenden Abbildung angezeigten Absatzende- und Trennmarken können Sie sich anzeigen lassen, wenn Sie innerhalb des Textes mit der rechten Maustaste klicken und dann aus dem Kontextmenü den Punkt *Verborgene Zeichen einblenden* aktivieren (oder mit dem Symbol *Anzeigeoptionen* oder schneller mit der Tastenkombination `Alt` + `Strg` + `I`).

■ Im Wort wird der Trennstrich durch einen blauen Binde-
strich dargestellt. Dies ist vorläufig die einzige Auswirkung
Ihrer Aktion.

Das Eingeben eines bedingten Trenn⌐
strichs bedeutet nicht unbedingt, dass
InDesign das Wort trennt und an dieser
Stelle einen Trennstrich einfügt. Ob es
tatsächlich getrennt wird, ist abhängig
von anderen Einstellungen für die Silbentrennung und Eingabe. Es wird durch das
Eingeben eines bedingten Trennstrichs
jedoch garantiert, dass das Wort nicht an
einer anderen Stelle getrennt wird.

Abb. L4.15: Bedingtes Trennzeichen in einem Text

Das Eingeben eines bedingten Trennstrichs bedeutet nicht
unbedingt, dass InDesign das Wort trennt und an dieser
Stelle einen Trennstrich einfügt. Ob es tatsächlich getrennt
wird, ist abhängig von anderen Einstellungen für die Silbentrennung und Eingabe. Es wird durch das Eingeben
eines bedingten Trennstrichs jedoch garantiert, dass das
Wort nicht an einer anderen Stelle getrennt wird.

Automatische Silbentrennung

Die automatische Silbentrennung entscheidet anhand der ihr
vorgegebenen Einstellungen, ob und an welcher Stelle ein
Wort am Ende einer Zeile umbrochen wird.

**Automatische
Silbentren-
nung**

1 Diese Funktion wird in dem *Absatz*-Bedienfeld durch
Aktivieren oder Deaktivieren der Option *Silbentrennung*
ein- oder ausgeschaltet.

Das *Absatz*-Bedienfeld erhalten Sie durch Aufruf der Menüreihenfolge *Fenster / Schrift und Tabellen*.

2 Über das Menü des *Absatz*-Bedienfeldes rufen Sie das Dialogfenster *Silbentrennung* auf.

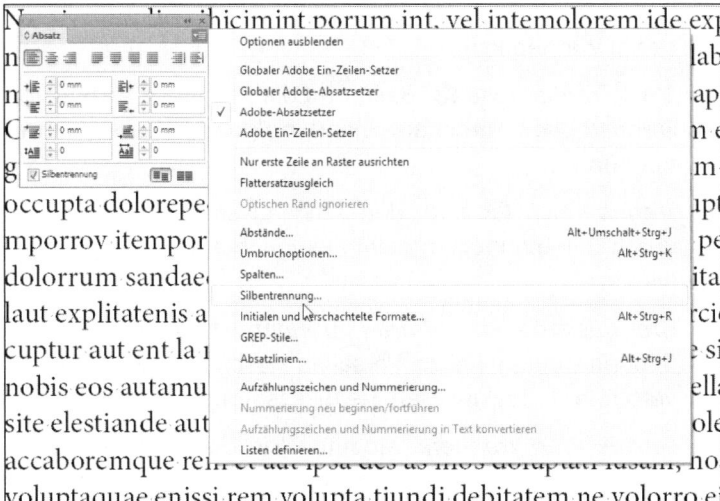

Abb. L4.16: So gelangen Sie an das Dialogfenster *Silbentrennung*

Sie erhalten das Dialogfenster *Einstellungen für Silbentrennung*.

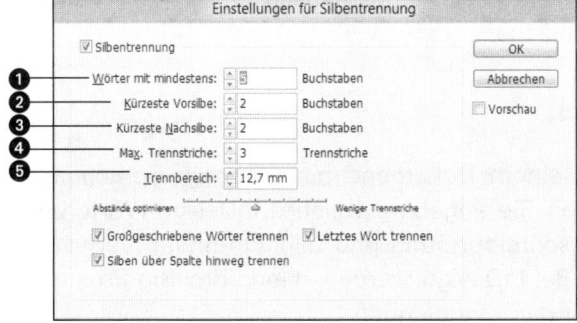

Abb. L4.17: Das Dialogfenster für die Optionen der Silbentrennung

Hier können Sie gegebenenfalls die folgenden Einstellungen ändern:

- *Wörter mit mindestens _ Buchstaben* ❶: Geben Sie hier die minimale Zeichenanzahl für getrennte Wörter ein.

- *Kürzeste Vorsilbe* ❷ und *Kürzeste Nachsilbe* ❸: Tragen Sie die minimale Anzahl von Zeichen am Anfang oder Ende eines Wortes ein, das durch einen Trennstrich getrennt werden kann.

- *Max. Trennstriche* ❹: Bestimmt die maximale Anzahl von Trennstrichen, die in aufeinanderfolgenden Zeilen auftreten dürfen.

- *Trennbereich* ❺: Legt den Abstand am Zeilenende fest, durch den ein Wort in nicht ausgerichtetem Text getrennt wird.

- *Großgeschriebene Wörter trennen*: Möchten Sie die Silbentrennung bei in Versalien geschriebenen Wörtern verhindern, deaktivieren Sie dieses Kontrollkästchen.

- *Letztes Wort trennen*: Möchten Sie die Trennung eines letzten Wortes erlauben, dann belassen Sie es bei der Aktivierung dieses Kontrollkästchens.

- *Silben über Spalte hinweg trennen*: Sollen die Silben auch über Spaltengrenzen hinweg getrennt werden, dann ist dieses Kontrollkästchen zu aktivieren.

3 Schließen Sie das Fenster danach durch Anklicken der *OK*-Schaltfläche.

Wörterbuch

Wenn Sie in einem Dokument mit mehreren Sprachen arbeiten, können Sie angeben, welches InDesign-Wörterbuch für die Rechtschreibprüfung und Silbentrennung verwendet werden soll. Bei InDesign werden standardmäßig Proximity-Wörterbücher dafür verwendet.

1 Die Einstellungen für das Wörterbuch können Sie über das Menü *Bearbeiten / Voreinstellungen / Wörterbuch* verändern.

Einstellungen ändern

Es öffnet sich das folgende Dialogfenster:

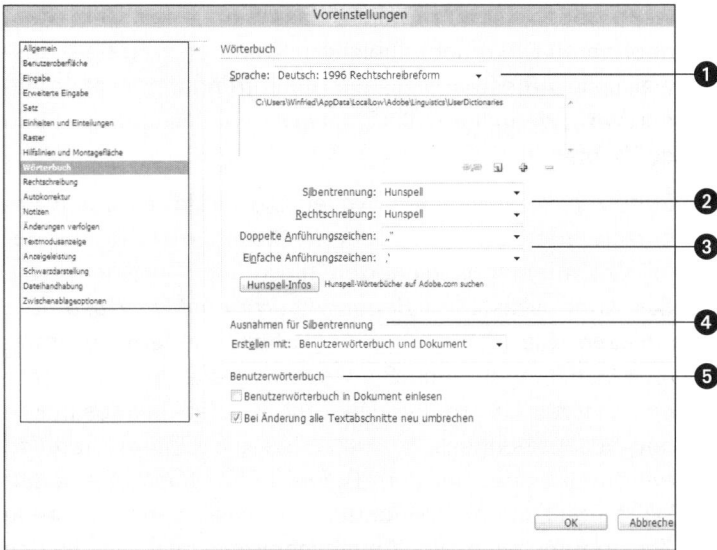

Abb. L4.18: Voreinstellungen des Wörterbuches

Hier haben Sie folgende Optionen zur Auswahl:

- *Sprache* **1**: An dieser Stelle geben Sie die Sprache an, die InDesign überprüfen soll. Wenn Sie beispielsweise die aktuellste deutsche Rechtschreibung befolgen wollen, dann wählen Sie den Eintrag *Deutsch: Rechtschreibreform 2006*.

- *Silbentrennung* bzw. *Rechtschreibung* **2**: Hier geben Sie gegebenenfalls das entsprechende Programm eines anderen Herstellers an.

- *Doppelte Anführungszeichen* bzw. *Einfache Anführungszeichen* **3**: Hier stellen Sie die bevorzugten Anführungszeichen ein.

- *Ausnahmen für Silbentrennung* ❹: Standardmäßig befinden sich die Ausnahmen für Silbentrennung nur in den außerhalb des Dokuments gespeicherten Dateien des Benutzerwörterbuches auf dem Computer, auf dem InDesign installiert wurde. Möchten Sie die Datei jedoch weitergeben, ist es möglich, dass Sie sie auch in jedem geöffneten Dokument speichern. Dadurch wird beispielsweise sichergestellt, dass die Silbentrennung nicht verändert wird, wenn das Dokument in einem Belichtungsstudio geöffnet wird.

- *Benutzerwörterbuch* ❺: Wollen Sie die im externen Benutzerwörterbuch gespeicherte Ausnahmenliste zu der im Dokument gespeicherten hinzufügen, aktivieren Sie das Kontrollkästchen *Benutzerwörterbuch in Dokument einlesen*. Sie können allerdings beim Ändern bestimmter Einstellungen auch *Bei Änderung alle Textabschnitte neu umbrechen* wählen. Dadurch werden Textabschnitte neu zusammengestellt, wenn Sie die Option *Erstellen mit* ändern oder mit dem Befehl *Wörterbuch bearbeiten* Wörter hinzufügen bzw. entfernen. Da allerdings das neue Zusammenstellen aller Textabschnitte je nach Menge des Textes im Dokument einige Zeit dauern kann, ist diese Option standardmäßig deaktiviert.

2 Das Fenster schließen Sie danach mit einem Klick auf *OK*.

Benutzerdefiniertes Wörterbuch

Wenn während einer Rechtschreibprüfung in InDesign ein unbekanntes Wort im Dialogfeld *Rechtschreibprüfung* angezeigt wird, klicken Sie gegebenenfalls auf *Hinzufügen*, um es dem Wörterbuch hinzuzufügen.

Benutzer-definiertes Wörterbuch

Sie können dieses Wörterbuch aber auch selbst mit bestimmten Wörtern, etwa Fachbegriffen aus Ihrem beruflichen Umfeld, belegen.

1 Wählen Sie *Bearbeiten / Rechtschreibprüfung / Wörterbuch*.

2 Haben Sie zuvor ein Wort markiert, wird dieses Wort im Feld *Begriff* ❶ angezeigt.

Abb. L4.19: Neue Wörter ins Wörterbuch aufnehmen

3 Wenn dies nicht der Fall ist, tragen Sie es an dieser Stelle ein.

4 Möchten Sie die standardmäßige Silbentrennung des Wortes angezeigt bekommen, dann klicken Sie auf die Schaltfläche *Silbentrennung* ❷.

Tilden (~) zeigen Ihnen mögliche Trennstellen an. Andernfalls können Sie die Trennvorschläge auch selbst gestalten. Dazu geben Sie Tilden ein, um die bestmögliche Trennstelle in dem Wort anzugeben. Wenn das Wort nur eine akzeptable Trennstelle aufweist, geben Sie nur eine Tilde ein.

5 Mit einem Klick auf *Hinzufügen* nehmen Sie das Wort in das Wörterbuch auf.

L5 Formatierungen

Eine der wohl elementarsten Funktionen eines DTP-Programms ist die Veränderung der Schrift. Das ist auch nicht verwunderlich, denn schon seit jeher hat das Aussehen der Buchstaben eine tief gehende Wirkung auf die Aussage und das Gefühl, das die Wörter vermitteln. Demgemäß hat auch die Auswahl einer Schriftart einen stärkeren Einfluss auf den Charakter einer Publikation als jedes andere einzelne visuelle Element.

Zeichenformatierung

Eine bedeutende Rolle beim Formatieren spielt die *Zeichenformatierung*. Diese bezieht sich auf ein oder mehrere Zeichen, die mithilfe von Schriftarten und Schriftgröße verändert werden.

Ein Zeichenformat ist eine Sammlung von Zeichenformatattributen, die auf einen ausgewählten Textbereich angewendet werden können. Die Zeichenformate werden auch *Auszeichnungen* genannt. Zu diesen zählen zunächst einmal solche Formate, die Sie vermutlich von einer Textverarbeitung her kennen, also *Fett*, *Kursiv* oder *Unterstrichen*. Doch InDesign bietet Ihnen weitaus mehr.

Zeichenformat

Im Folgenden werden Sie die Zeichenformatierung hauptsächlich anhand der Steuerelementleiste kennenlernen. Diese kann unterschiedliche Ansichten haben. Achten Sie deshalb darauf, dass die Optionen für die Zeichenformatierung angezeigt werden. Das ist dann der Fall, wenn die Schaltfläche mit dem *A* ❶ eingedrückt erscheint.

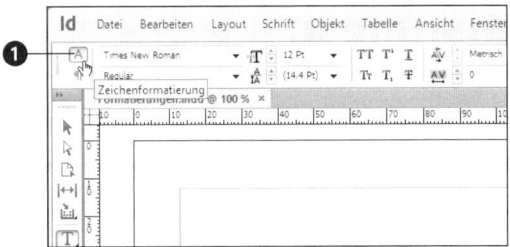

Abb. L5.1: Aktivieren Sie gegebenenfalls die Zeichenformate

Schriftarten

Die Steuerelementleiste enthält nur die wichtigsten Zeichen-formate. Daneben finden sich auch eine Reihe an Absatz-formaten, die später behandelt werden. Die Zeichenformate werden von den Absatzformaten durch einen vertikalen Dop-pelstrich getrennt.

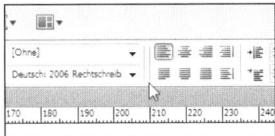

Abb. L5.2: Der Doppelstrich trennt die Formate

Schriftart

Eine *Schriftart* umfasst alle Zeichen mit einem bestimmten Design; sie ist ein vollständiger Satz sämtlicher Buchstaben des Alphabets, der Ziffern und Sonderzeichen. Jede Schriftart gehört zu einer Familie. So wie die Mitglieder einer Familie ähnliche, aber nicht identische Eigenschaften haben, gibt es auch bei einer Schriftartfamilie bestimmte Ähnlichkeiten. Eine Schriftart ist beispielsweise *kursiv*, eine andere fett und eine dritte extra fett. Alle haben jedoch eine gemeinsame Struktur, die sie verbindet.

Schrifttypen

Schrifttypen

Auf Ihrem Computer können Sie die folgenden vier Schriften vorfinden:

- *Windows-Bildschirmschriften*: Diese Schriften sind lediglich zur Anzeige am Bildschirm vorgesehen und sollten nicht in einem Text verwendet werden. Eine solche typische Schriftart auf einem Windows-System ist *MS Sans Serif*.

- *OpenType-Schriften*: Diese Schriften wurden gemeinsam von Adobe Systems und Microsoft entwickelt. Ein gewichtiger Vorteil ist, dass sie plattformunabhängig sind und somit gleichermaßen auf Mac-OS- und Windows-Systemen einsetzbar sind. Sie werden beim Installieren von InDesign automatisch mit installiert.

- *Drucker-Schriften*: Fast alle Tischdrucker werden mit festen Schriftarten ausgeliefert, die nur auf diesem Drucker auszudrucken sind. Zwar haben diese Schriften eine hohe Qualität und werden im Regelfall auch sehr schnell ausgedruckt, wegen ihrer Systembezogenheit sollten Sie sie aber lediglich einsetzen, wenn Sie Ihre Publikation nur auf diesem Drucker ausdrucken wollen.

- *TrueType-Schriften*: TrueType-Schriften befinden sich im Windows-Lieferumfang (beispielsweise *Arial* oder *Times New Roman*). Sie haben den Vorteil, dass sie echtes WYSIWYG (*What you see is what you get*), nahezu unbegrenzte Skalierbarkeit und jedem jeweils aktiven Windows-Drucker die erforderlichen Detailinformationen zum Ausdruck der Zeichen bieten.

- *ATM-Schriften*: ATM steht für *Adobe Type Manager*. Es handelt sich dabei um ein Programm, das PostScript- oder Type-1-Schriften verwaltet. Es steuert gleichzeitig den Ausdruck und die Bildschirmdarstellung der Schrift. Diese Schriften sind sehr hochwertig und entsprechend teuer, deshalb sind sie hauptsächlich im professionellen Bereich zu finden.

Darüber hinaus werden die Schriften im Allgemeinen anhand ihres Aussehens klassifiziert. So spricht man von:

- *Serifen-* oder *Antiqua-Schriften*: Bei diesen Schriften werden die Zeichen durch sogenannte *Serifen* „verziert". Der bekannteste Vertreter dieser Gruppe ist wohl die Schrift *Times New Roman*.

- *Serifenlose* oder *Grotesk-Schriften*: Diese Schriften verfügen über keine Serifen und ergeben deshalb ein klares Schriftbild. Zu den bekanntesten Vertretern gehören *Arial* auf dem Windows- und *Helvetica* auf dem Macintosh-System.

- *Monospaced-Schriften*: Diese Schriften kennen Sie vielleicht noch von den guten alten Schreibmaschinen her. Bei einer solchen Schrift nimmt jedes Zeichen gleich viel Platz ein. Ein typischer Vertreter ist die Schriftart *Courier*. Nachteilig ist, dass derartige Schriften recht unruhig wirken, da zwischen den einzelnen Buchstaben Lücken entstehen, die den Lesefluss hemmen.

- *Proportional-Schriften*: Bei einer solchen Schrift nimmt jedes Zeichen nur so viel Platz ein, wie es selbst benötigt, das heißt, ein *i* benötigt wesentlich weniger Platz als ein *m*. Diese Schriften ergeben ein harmonischeres Bild, da bei ihnen keine Lücken in den Wörtern auftreten.

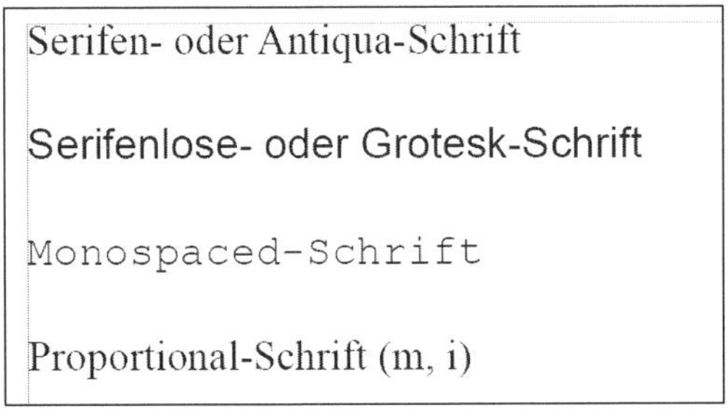

Serifen- oder Antiqua-Schrift

Serifenlose- oder Grotesk-Schrift

Monospaced-Schrift

Proportional-Schrift (m, i)

Abb. L5.3: Klassifizierung von Schriften

Schrift einstellen

Sehr häufig werden Sie nicht gesamte Texte formatieren, sondern nur einen bestimmten Teil.

1 Bevor Sie einem derartigen Textabschnitt oder einem ein- **Schriftart**
zelnen Zeichen eine andere Schriftart zuweisen können,
muss dieser Teil markiert sein.

2 Die Schriftart selbst stellen Sie dann über das Menü
Schrift / Schriftart ein bzw. wählen sie aus dem Listenfeld
der Steuerelementleiste aus.

3 Daraufhin klappt eine mehr oder minder große Liste **1**
(der Umfang hängt von den auf Ihrem System installierten
Schriften ab) an Schriften heraus, unter denen Sie auswählen können.

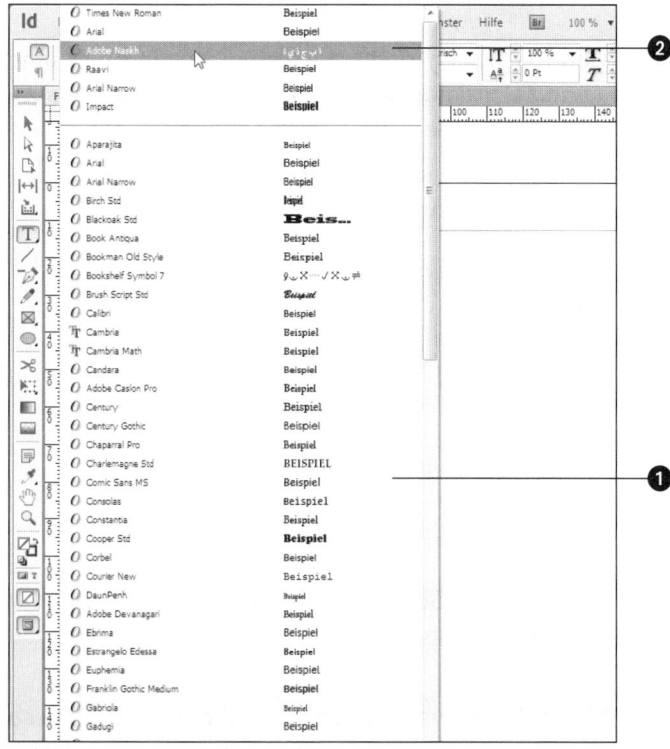

Abb. L5.4: Schriftart auswählen

4 Sie müssen nun lediglich die gewünschte Schrift **2** anklicken.

Das Menü klappt anschließend wieder zu und die markierte Stelle wird nun in der ausgewählten Schrift dargestellt.

Wenn Sie den Namen einer Schriftart kennen, genügt es, nach Aktivierung der Liste den ersten Buchstaben einzugeben. Die Liste springt dann zu den Schriften, die mit diesem Buchstaben beginnen. So kann man beispielsweise recht rasch von der Schrift *Times New Roman* am Ende der Liste zu der Schrift *Arial* am Anfang der Liste gelangen.

Zeichenformate

Zeichenformat Ein *Zeichenformat* (auch *Auszeichnungen* genannt) ist eine Sammlung von Zeichenformatattributen, die auf einen ausgewählten Textbereich angewendet werden kann.

1 Klicken Sie auf den Listenpfeil des Feldes *Zeichenformat*. Die möglichen Formate werden Ihnen angezeigt.

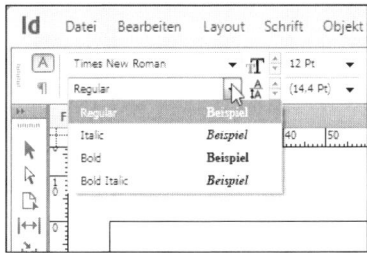

Abb. L5.5:   Die Zeichenformate

Schriftschnitte **2** Nun können Sie die Schriftschnitte wie *Italic* (kursiv), *Bold* (fett), *Bold Italic* (fett und kursiv) oder *Regular* (normal) einfach auswählen.

InDesign bietet Ihnen weitaus mehr Zeichenformate. Diese finden Sie in einer eigenen Gruppe auf der Steuerelementleiste.

Mithilfe der folgenden Symbole können Sie Zeichen wie folgt gestalten:

- ⟦TT⟧ GROSSBUCHSTABEN
- ⟦Tᴛ⟧ Kapitälchen
- ⟦T¹⟧ Hochgestellt
- ⟦T₁⟧ Tiefgestellt
- ⟦T⟧ unterstrichen
- ⟦T̶⟧ durchgestrichen

Schriftgrad

Schriftgrad ist eine im DTP-Bereich übliche Bezeichnung für die Größe einer Schrift. Schriftgrößen werden standardmäßig in der Maßeinheit *Punkt* angegeben. **Schriftgrad**

Zu beachten ist, dass dieses Punktsystem sich von dem in der Druckindustrie verbreiteten *Didot*-System unterscheidet. Die mit der Entwicklung des Buchdrucks in Kontinentaleuropa gebräuchlichen Maße wurden Ende des 18. Jahrhunderts von Didot zusammengefasst. Danach ist die kleinste Maßeinheit der Punkt. Im Laufe der Zeit ergab sich eine Skala von Schriftgrößenabstufungen mit entsprechenden Bezeichnungen, z. B. 12 Punkt = 1 Cicero. Im Laufe des 19. Jahrhunderts setzte sich in Europa das metrische System durch. Und so wurde 1879 der Berliner Schriftgießer H. Berthold beauftragt, das Didot-System in ein Verhältnis zum metrischen System zu setzen. Seitdem beträgt das Maß 0,375 mm für einen Punkt. **Didot**

Der typografischen Maßeinheit *Point* entsprechen dagegen 0,35277 mm. Eine Ihnen vielleicht noch aus der Schreibmaschinenwelt bekannte Bezeichnung ist *Pica*. 1 Pica entspricht 12 Punkten. **Points**

Den Schriftgrad können Sie am schnellsten über die Steuerelementleiste festlegen.

1 Aktivieren Sie dazu das Feld *Schriftgröße*. Wie Sie sehen, stellt Ihnen das Programm eine Palette von vorgegebenen Größen von *6 Pt* bis *72 Pt* zur Verfügung ❶.

2 Wählen Sie die gesuchte Größe durch Verschieben der Markierung **2** und bestätigenden Klick aus der Liste aus. Sie können aber auch mithilfe der Pfeiltasten auf der linken Seite in den vorgegebenen Werten vor- und zurückblättern.

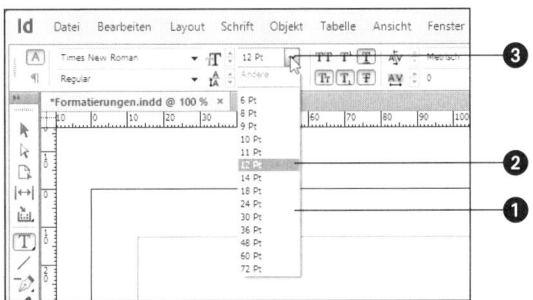

Abb. L5.6: Den Schriftgrad einstellen

Achten Sie darauf, dass der gesamte Haupttext innerhalb einer Publikation dieselbe Größe hat, normalerweise 10 bis 12 Punkt; kleinere Buchstaben können schwierig zu lesen sein.

■ Alternativ können Sie auch manuell die Größe der Schrift in das Eingabefeld **3** eintragen. Dabei können Sie eine beliebige Schriftgröße von 0,1 bis 1296 Punkt (Standardwert ist 12 Punkt) in Schritten von 0,001 Punkt angeben. Möchten Sie beispielsweise eine Schriftgröße von 8,5 Punkt einstellen, so klicken Sie dazu in das Eingabefeld, tippen dann 8,5 ein und bestätigen mit ⌐┘. InDesign übernimmt Ihren Wert und setzt automatisch die Einheit *Pt* dahinter.

■ Schließlich können Sie auch hier die Schriftgröße über das Menü bestimmen. Wählen Sie dazu *Schrift / Schriftgrad* und anschließend aus dem Menü die gewünschte Größe.

Zeilenabstand

Der Abstand zwischen den Zeilen ist wie Luft für die Wörter. Zu geringe oder zu weite Abstände machen einen Text schwer lesbar.

Unter *Zeilenabstand* wird die Größe des vertikalen Abstands zwischen Schriftzeilen verstanden. Er wird von der Grundlinie einer Textzeile bis zur Grundlinie der darüberliegenden Zeile gemessen. Bei der *Grundlinie* handelt es sich um eine unsichtbare Linie, auf der der überwiegende Teil des Textes angeordnet ist, beispielsweise die Untergrenze des Großbuchstabens *S* oder der mittlere Punkt des Kleinbuchstabens *g*. In der Druckersprache wird hier häufig auch der Begriff *Durchschuss* gebraucht.

Zeilenabstand

InDesign definiert den Zeilenabstand als Zeichenattribut, das heißt, Sie können – anders als etwa bei Word – mehrere Zeilenabstände in einem Absatz verwenden. Falls mehrere Werte in einer Schriftzeile benutzt werden, bestimmt der größte Wert den Zeilenabstandswert für diese Zeile.

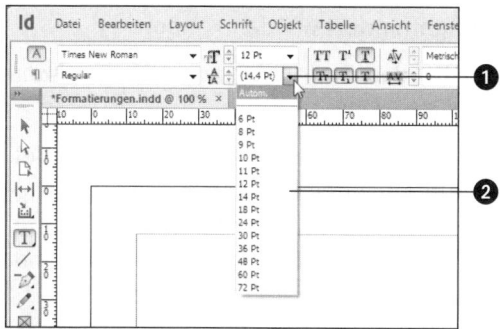

Abb. L5.7:   Den Zeilenabstand einstellen

Um den Zeilenabstand zu ändern, gehen Sie folgendermaßen vor:

1 Markieren Sie den betreffenden Absatz bzw. die Absätze, deren Zeilenabstand Sie einstellen wollen.

---

2 Klicken Sie dann in der *Zeichen*-Leiste in das Feld *Zeilenabstand* **❶**.

3 Wählen Sie aus der Liste den gewünschten Abstand **❷** aus.

4 Sie können aber auch Zeilenabstandswerte von 0 bis 5000 Punkt in Schritten von 0,001 Punkt eingeben. Mithilfe der Pfeilschaltflächen auf der linken Seite können Sie dann sehr komfortabel die Werte erhöhen oder verringern.

Kerning

Das Symbol für das *Kerning* befindet sich seit dieser Version nicht mehr auf der Steuerelementleiste, sondern ist nur über das betreffende Bedienfeld *Zeichen* zugänglich. Dieses erhalten Sie durch Aufruf der Menüfolge *Fenster / Schrift und Tabellen / Zeichen* oder schneller mit [Strg] + [T].

Kerning

Kerning bezeichnet den Vorgang des Vergrößerns bzw. Reduzierens des Abstands zwischen bestimmten Buchstabenpaaren. Durch die Buchstabenform entstehen unschöne und optisch störende Leerräume, die durch Anpassen des Abstands zwischen zwei Zeichen gemindert werden können.

Bei InDesign können Sie das *metrische* oder das *optische* Kerning verwenden.

■ Standardmäßig wird das metrische Kerning verwendet. Dabei erfolgt das Unterschneiden mithilfe von Kerningpaaren, die in den meisten Schriftarten enthalten sind. Solche Kerningpaare enthalten Daten über den Abstand, beispielsweise für die Zeichenpaare *Li*, *Tr* oder *We*.

■ Beim optischen Kerning wird dagegen der Abstand zwischen angrenzenden Zeichen nach dem jeweiligen Erscheinungsbild angepasst.

Gleichen Sie Buchstabenpaare manuell auf ein Tausendstel eines Geviert-Leerschritts genau aus.

1 Um ein Kerning manuell durchzuführen, klicken Sie zunächst zwischen die beiden Zeichen.

2 Im *Zeichen*-Bedienfeld stellen Sie dann mithilfe der Drehpfeile *Kerning* einen Wert ein oder wählen einen der vorgegebenen Werte aus der Liste aus.

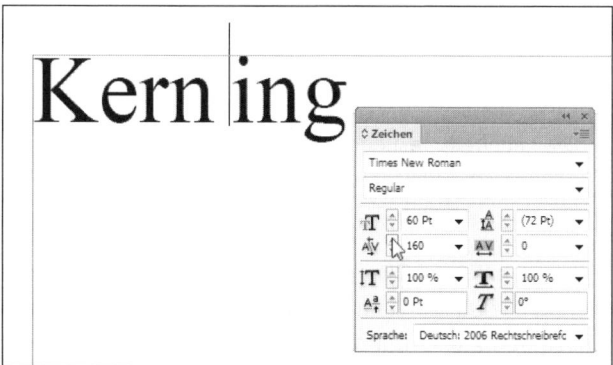

Abb. L5.8: Einstellen des Kernings

Danach können Sie recht einfach den Abstand zwischen zwei Zeichen stufenweise verkleinern oder vergrößern, indem Sie die [Alt]- + [←]- bzw. [→]-Taste betätigen.

Laufweite

Die *Laufweite* einer Schrift bestimmt im Gegensatz dazu den Abstand zwischen allen Buchstaben und Wörtern.   **Laufweite**

1 Die Laufweite einer Schrift wird über das Listenfeld *Laufweite* der Steuerelementleiste eingestellt.

2 Geben Sie einen numerischen Wert für die Laufweite ein, stellen Sie den gewünschten Wert mithilfe der Drehpfeile ein oder wählen Sie ihn aus einer Liste aus.

Abb. L5.9: Die Laufweite festlegen

Skalieren

Skalierung

Über die Felder *Vertikale Skalierung* und *Horizontale Skalierung* können Sie das Verhältnis zwischen Schrifthöhe und Schriftbreite relativ zur Originalhöhe und -breite der Zeichen angeben.

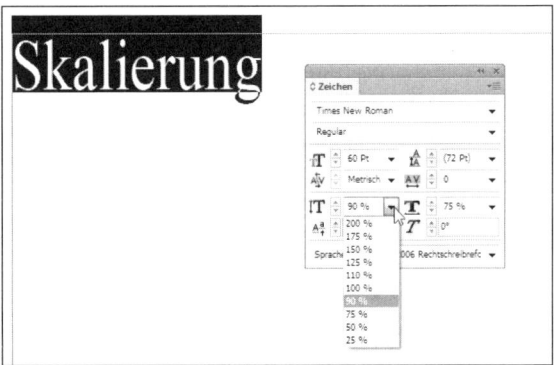

Abb. L5.10: Die beiden Skalierungsmöglichkeiten

1 Klicken Sie dazu in die jeweiligen Eingabefelder (*Vertikale Skalierung* oder *Horizontale Skalierung*) und

2 geben Sie die gewünschten Werte über die Drehpfeile ein bzw. wählen Sie diese aus der Liste aus, um so die Höhe bzw. die Breite der Zeichen zu verändern.

Grundlinienversatz

Die Option *Grundlinienversatz* verwenden Sie, um ein ausgewähltes Zeichen relativ zur Grundlinie des Textes nach oben
oder nach unten zu verschieben. Dabei bleiben alle anderen
Formatierungen, wie etwa Zeilenabstand oder Schriftgrad,
unverändert. Die ausgewählten Zeichen werden jedoch im
angegebenen Verhältnis über oder unter die Grundlinie verschoben.

Grundlinien-
versatz

1 Markieren Sie die Zeichen, deren Grundlinie Sie anheben
wollen.

2 Tragen Sie dann einen numerischen Wert im Feld
Grundlinienversatz ein oder betätigen Sie die Listenpfeile.

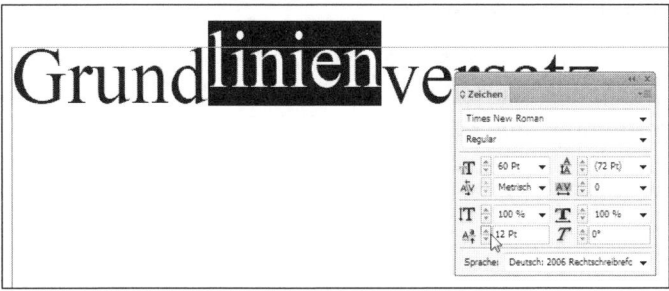

Abb. L5.11: Den Grundlinienversatz bestimmen

Bei positiven Werten wird die Grundlinie eines Zeichens über
die Grundlinie der Zeile geschoben; bei negativen Werten
wird sie unter die Grundlinie geschoben.

Verzerren (Pseudokursiv)

Mithilfe dieser Option können Sie besondere Effekte erzielen,
indem Sie die Schrift durch prozentuales Verzerren oder Nei-
gen ändern.

Dazu müssen Sie lediglich für die Option *Verzerren* einen numerischen Wert eingeben.

Bei negativen Werten wird der Text nach rechts geneigt, bei positiven Werten dagegen nach links.

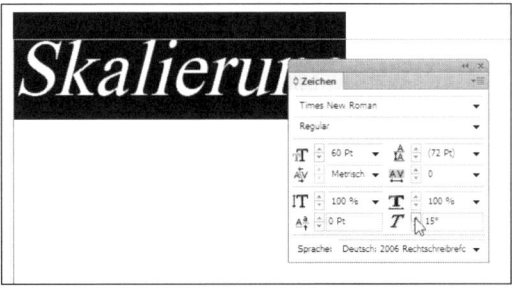

Abb. L5.12: Schrift prozentual verzerren

Zuweisen einer Sprache

Über das Menü *Sprache* der *Zeichen*-Leiste wählen Sie das entsprechende Wörterbuch für die Rechtschreibprüfung und Silbentrennung aus ❶.

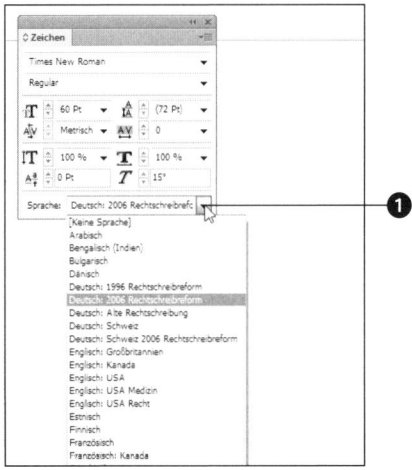

Abb. L5.13: Sprache für die Rechtschreibprüfung zuweisen

Mithilfe dieser Wörterbücher können Sie sogar für einzelne Textzeichen eine andere Sprache angeben. Jedes Wörter-

buch enthält mehrere hunderttausend Wörter mit standard-
mäßigen Silbentrennungen.

Absatzformatierung

Neben der Zuweisung der Zeichenformate ist für die Gestal- **Absatzformat**
tung eines Textes die Absatzformatierung von besonderer
Bedeutung. Ein *Absatzformat* beinhaltet sowohl Zeichen- als
auch Absatzformatattribute und kann auf einen oder mehrere
ausgewählte Absätze angewendet werden.

Für die Absatzformatierung sollten Sie sich, wenn nicht
schon geschehen, die verborgenen Zeichen einblenden.
Klicken Sie dazu mit der rechten Maustaste innerhalb des
Textes und aktivieren Sie den Eintrag *Verborgene Zeichen
einblenden* des Kontextmenüs.

Die Absatzformatierung nehmen Sie in InDesign in erster Linie
über die Steuerelementleiste vor. Auf dieser finden Sie aber
auch Zeichenformate, die von den Absatzformaten durch eine
vertikale Doppellinie getrennt sind.

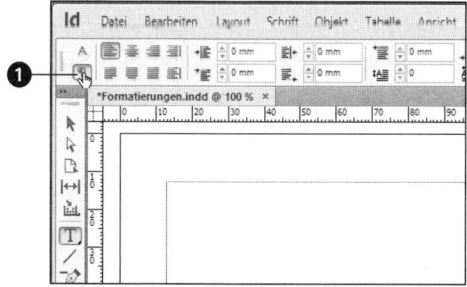

Abb. L5.14: Die wichtigsten Absatzformate

Achten Sie darauf, dass die Optionen für die Absatzformatierung angezeigt werden. Das ist dann der Fall, wenn die
Schaltfläche mit dem ¶ eingedrückt erscheint.

1 Klicken Sie gegebenenfalls auf die Schaltfläche *Absatz-formatierungssteuerungen* **❶**.

Einen Absatz müssen Sie selbst erstellen. Wenn Sie Text eingeben, so wird er automatisch am Ende des Textblocks umbrochen.

2 Betätigen Sie die ⬅-Taste, um den Absatz abzuschließen. Die Schreibmarke wird in die nächste Zeile gesetzt und ein neuer Absatz beginnt.

Ausrichtung

Die häufigste Absatzformatierung, die innerhalb eines Textes vorgenommen wird, ist die *Ausrichtung*.

InDesign kennt wie alle Textverarbeitungen zunächst einmal die Standardausrichtungen

- *Linksbündig*,
- *Zentriert* und
- *Rechtsbündig*.

Sie können einfach über einen Klick auf die entsprechende Schaltfläche des *Absatz*-Bedienfeldes eingestellt werden.

Blocksatz Darüber hinaus verfügt das Programm aber über verschiedene Arten des Blocksatzes. *Blocksatz* ist der Satz, den Sie aus Zeitungen und Zeitschriften kennen. Hier sind beide Ränder eines Textabschnitts bündig.

Insgesamt gibt es folgende Ausrichtungsmöglichkeiten:

- *Blocksatz, letzte Zeile linksbündig*
- *Blocksatz, letzte Zeile zentriert*
- *Blocksatz (alle Zeilen)*

Verzichten Sie auf Blocksatz, wenn die Zeilen nur kurz sind oder wenn Sie eine große Schriftart verwenden; es könnten dabei unschöne Lücken entstehen und die Lesbarkeit des Textes wird darunter leiden.

Absatzränder

Die Ränder der Absätze werden mithilfe des *Tabulatoren*-Bedienfeldes verändert.

1 Markieren Sie den Textrahmen mit dem *Auswahlwerkzeug* [icon].

2 Rufen Sie danach das Menü *Schrift / Tabulatoren* auf.

Oberhalb des Textrahmens erscheint ein neues Bedienfeld mit der Beschriftung *Tabulatoren*.

Haben Sie den Cursor in den Absatz gestellt und die Menüfolge angewählt, so befindet sich das Bedienfeld nicht oberhalb des Absatzes, sodass ein Abschätzen der Abstände nur sehr schwer möglich ist. In diesem Fall klicken Sie einfach auf das Magnetsymbol (*Bedienfeld über Textrahmen positionieren*) ➊.

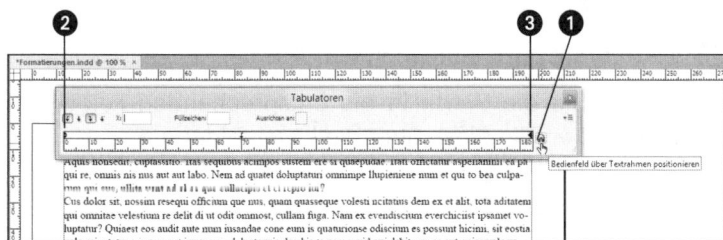

Abb. L5.15: Absatzränder mithilfe des *Tabulatoren*-Bedienfeldes einstellen

Das *Tabulatoren*-Bedienfeld wird augenblicklich am oberen Rand des Textrahmens ausgerichtet, in dem die Auswahl oder die Einfügemarke enthalten ist.

3 Zeigen Sie nun auf das untere Symbol für den linken (▶) ➋ bzw. für den rechten Rand (◀) ➌.

4 Ziehen Sie das Symbol bei gedrückter linker Maustaste auf die neue Position und lassen Sie dort die Maustaste wieder los.

Augenblicklich wird der Rand entsprechend Ihrer Vorgaben eingezogen.

Beim Verschieben des linken Randes (▶) müssen beide Dreiecke an die neue Stelle verschoben werden. Klicken Sie beim Ziehen unbedingt auf das untere Dreieck. Wenn Sie das obere Dreieck allein bewegen, erzielen Sie lediglich einen Erstzeileneinzug.

Exakter Abstand

Um ganz exakt einen Abstand einzugeben, gehen Sie wie folgt vor:

1 Markieren Sie das jeweilige Symbol mit der Maus.

2 Geben Sie dann in dem Feld mit der Bezeichnung *x* den Wert in Millimetern ein.

3 Bestätigen Sie durch Drücken der ⏎-Taste.

Die Absatzränder können Sie aber auch über die Steuerelementleiste **❶** bestimmen.

1 Klicken Sie dazu einfach in den Absatz.

2 Tragen Sie die Werte in die entsprechenden Felder ein bzw. stellen Sie diese über die Listenfelder ein.

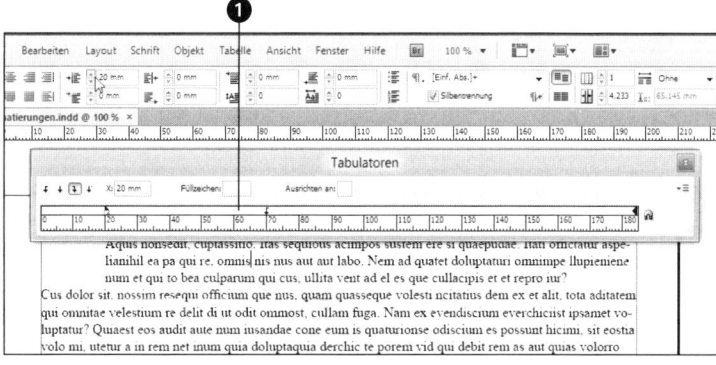

Abb. L5.16: Festlegen der Absatzeinrückungen über die Steuerelementleiste

Einzüge

Neben der Ausrichtung finden am häufigsten die sogenann- **Zeileneinzüge**
ten *Zeileneinzüge* Anwendung. Mit diesen Einzügen legen Sie
fest, wie die Zeilen in Bezug auf die Seitenränder eingerückt
werden.

■ In dem Eingabefeld *Einzug links* ❶ bestimmen Sie, um
welchen Wert der Absatz vom linken Rand eingezogen
werden soll.

■ Den Abstand des markierten Absatzes in Bezug auf den
rechten Rand definieren Sie dagegen im Eingabefeld
Einzug rechts ❷.

■ Darüber hinaus können Sie auch das Verhalten der ersten
Zeile eines Absatzes bestimmen. Über das Eingabefeld
Einzug links in erster Zeile ❸ können Sie entweder einen
positiven Wert eingeben, um die erste Zeile leicht nach
rechts einzurücken. Oder Sie tragen einen negativen Wert
ein, wenn Sie die erste Zeile vor die restlichen Zeilen her-
ausziehen möchten.

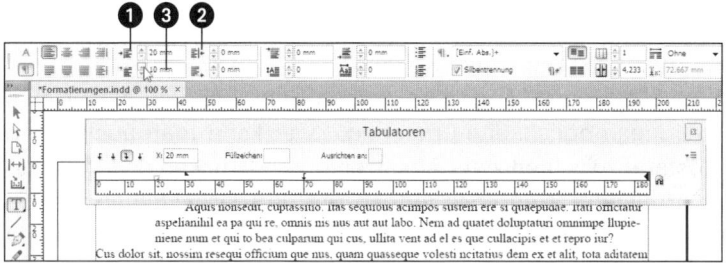

Abb. L5.17: Erstzeileneinzug einstellen

Abstand

Vor und nach jedem Absatz wird von InDesign automatisch
ein bestimmter *Abstand* definiert. Sie können diese Abstände
aber auch manuell festlegen. So werden etwa Überschriften
im Allgemeinen mit einem Abstand versehen. Unterhalb, aber

auch oberhalb einer Überschrift sollte ausreichend Platz vorgesehen werden.

Absatzabstand Auch diese Abstände legen Sie über die entsprechenden Symbole fest.

1 Positionieren Sie den Cursor in dem betreffenden Absatz.

2 Tragen Sie dann die entsprechenden Werte in die Eingabefelder *Abstand vor* bzw. *Abstand nach* **1** ein bzw. stellen Sie diese über die Listenfelder ein.

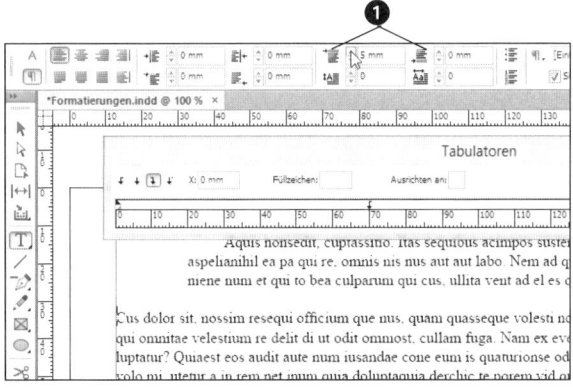

Abb. L5.18: Den Abstand zwischen zwei Absätzen einstellen

Sie sollten nach Möglichkeit regen Gebrauch von diesen Einstellungsmöglichkeiten machen. Zwar kann man auch einen Abstand zwischen zwei Absätzen durch Drücken der ⏎-Taste erreichen. Wenn Sie jedoch mit der dargestellten Option arbeiten, können Sie diese Abstände später mit einem Befehl auf das Genaueste ändern.

Initialen

Initialen *Initialen* sind ein Gestaltungsmittel, bei dem das erste (oder auch weitere) Zeichen eines Absatzes besonders hervorgehoben wird. Eine solche Initiale erstreckt sich größenmäßig über mehrere Zeilen und hat eine mehrfache Breite gegenüber den anderen Zeichen desselben Absatzes.

1 Klicken Sie in den betreffenden Absatz.

2 Mithilfe der beiden Eingabefelder *Initialhöhe (Zeilen)* **❶** und *Ein oder mehrere Zeichen als Initiale* **❷** können Sie nun den oder die Buchstaben eines Absatzes als Initiale definieren.

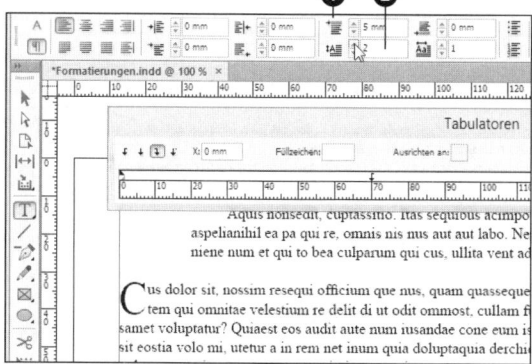

Abb. L5.19: Eine Initiale anlegen

Aufzählungszeichen

Aufzählungszeichen helfen, Texte besser zu strukturieren.

Aufzählungszeichen

1 Um Aufzählungszeichen einzufügen, setzen Sie die Einfügemarke des Werkzeugs *Text* 〔T〕 in den Absatz, der mit einem Aufzählungszeichen versehen werden soll.

2 Klicken Sie in der Steuerelementleiste auf die Schaltfläche *Liste mit Aufzählungszeichen* (siehe Abbildung L5.20).

Das Aussehen der Aufzählungszeichen legen Sie über das Bedienfeldmenü der Steuerelementleiste fest.

1 Klicken Sie auf das Bedienfeldmenü und wählen Sie den Eintrag *Aufzählungszeichen und Nummerierung*.

2 Klicken Sie in diesem Dialogfenster auf die Schaltfläche *Hinzufügen* (siehe Abbildung L5.21).

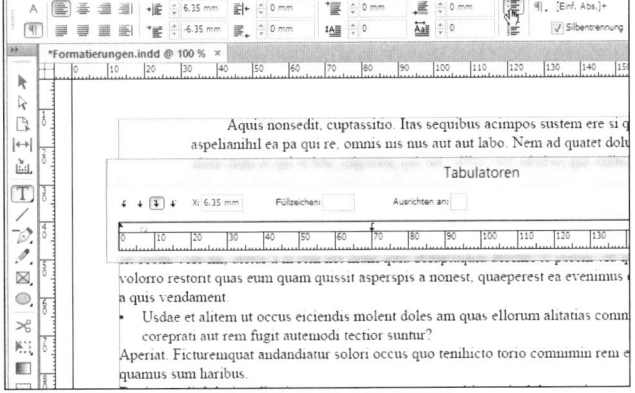

Abb. L5.20: Aufzählungszeichen einfügen

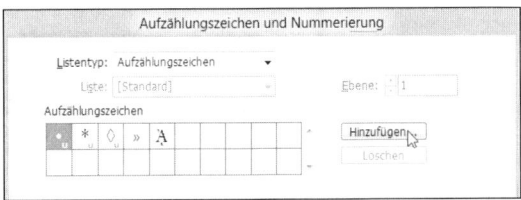

Abb. L5.21: Ein Zeichen auswählen

3 Im folgenden Dialogfenster stellen Sie den Zeichensatz ein, der das gewünschte Zeichen enthält, und wählen es aus.

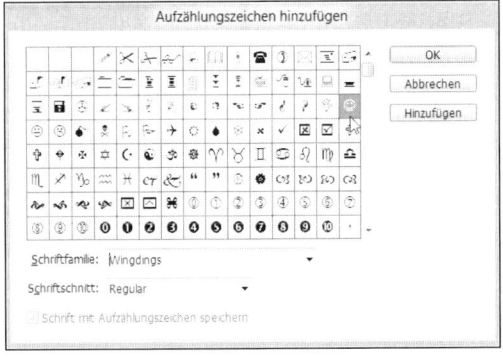

Abb. L5.22: Ein Aufzählungszeichen aussuchen

4 Nachdem Sie das Dialogfenster mit *OK* verlassen haben, befindet es sich in der Auflistung *Aufzählungszeichen* und Sie können es verwenden.

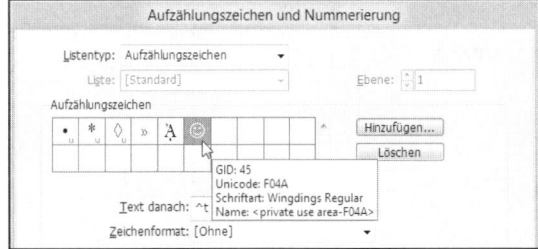

Abb. L5.23: Das neue Aufzählungszeichen

Um eine nummerierte Liste zu erstellen, klicken Sie auf die Schaltfläche *Nummerierte Liste*.

Nummerierte Liste

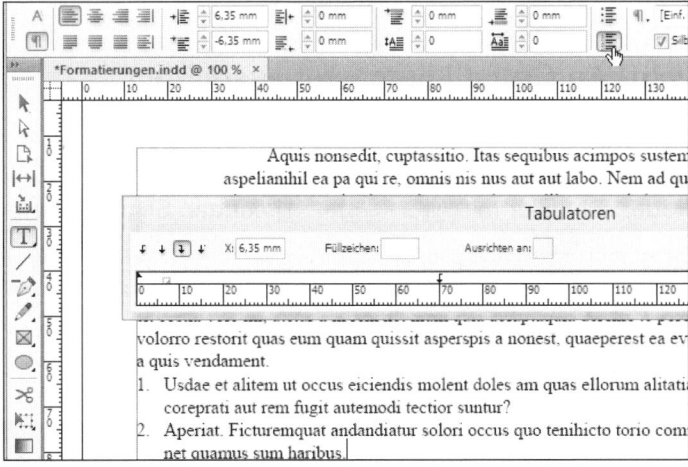

Abb. L5.24: Eine nummerierte Liste erstellen

Die nähere Ausgestaltung der nummerierten Liste können Sie über das Dialogfenster *Aufzählungszeichen und Nummerierung* vornehmen, welches Sie über das Bedienfeldmenü der Steuerelementleiste und anschließende Anwahl des Menüpunktes *Aufzählungszeichen und Nummerierung* erhalten.

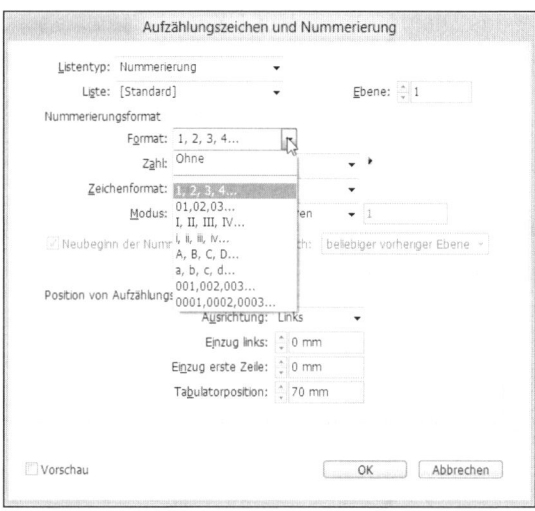

Abb. L5.25: Die nummerierte Liste näher definieren

(Nicht) An Grundlinienraster ausrichten

Für die weiteren Arbeiten benötigen Sie das Dialogfenster *Absatz*, das Sie über die Menüfolge *Fenster / Schrift und Tabellen* oder schneller mit Alt + Strg + T auf den Schirm holen.

Abb. L5.26: Das Bedienfeld *Absatz*

Grundlinien-raster Vom *Grundlinienraster* wird der Zeilenabstand für den Textkörper in einem Dokument wiedergegeben. Sie können diese Werte für alle Elemente auf der Seite vervielfachen, um sicherzustellen, dass Text immer zwischen Spalten und von Seite zu Seite ausgerichtet wird.

1 Zunächst sollten Sie das Grundlinienraster über das Menü *Ansicht / Raster und Hilfslinien / Grundlinienraster einblenden* sichtbar machen.

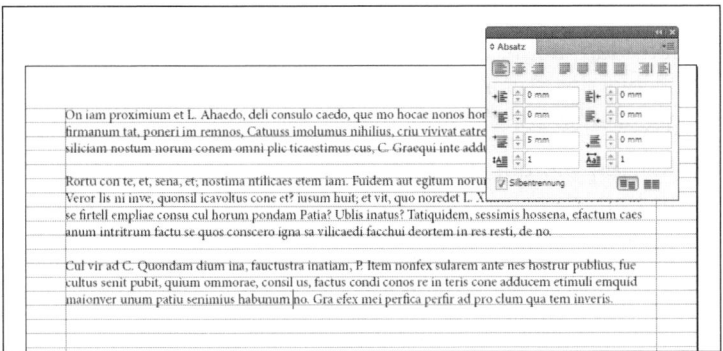

Abb. L5.27: Nicht ausgerichteter Text

2 Darüber hinaus benötigen Sie das Bedienfeld *Absatz*.

3 Über die beiden Schaltflächen *Nicht an Grundlinienraster ausrichten* **❶** bzw. *An Grundlinienraster ausrichten* **❷** können Sie dann je nach Bedarf die Ausrichtung ein- oder ausschalten.

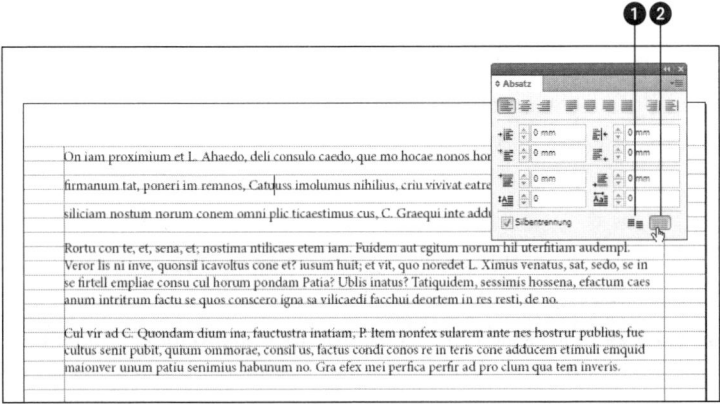

Abb. L5.28: Ausgerichteter Text

 Die Abmessungen des Grundlinienrasters können Sie über *Bearbeiten / Voreinstellungen / Raster* beeinflussen.

Weitere Absatzformatierungsoptionen

Neben den eben aufgezeigten Formatierungsarten stehen Ihnen bei der Absatzformatierung noch eine Reihe weiterer Möglichkeiten zur Verfügung.

1 Klicken Sie auf das Bedienfeldmenü der Steuerelementleiste.

Ein umfangreiches Menü klappt aus.

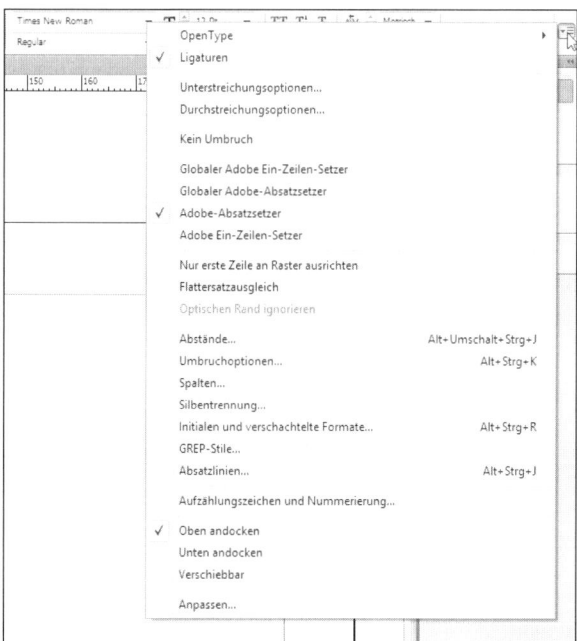

Abb. L5.29: Die weiteren Absatzformatierungsoptionen auf einen Blick

2 Hier stehen Ihnen insbesondere die häufig benötigten Optionen wie *Flattersatzausgleich, Abstände, Umbruchoptionen* und *Absatzlinien* zur Verfügung. Mit einem Klick auf den Eintrag wählen Sie ihn aus.

Im Einzelnen ist bei diesen Formatierungen auf Folgendes zu achten:

Flattersatzausgleich

Mithilfe dieser Option erhalten Sie einen wesentlich ausgeglicheneren Text.

Flattersatzausgleich

1 Stellen Sie den Cursor in den Absatz bzw. markieren Sie die Absätze, die Sie ausrichten wollen.

2 Rufen Sie dann den entsprechenden Menübefehl auf.

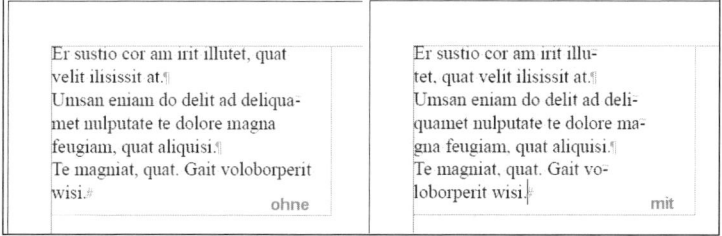

Abb. L5.30: Der Flattersatzausgleich sorgt für harmonischere Texte

Abstände

Sie können genau steuern, auf welche Weise in InDesign Abstände für Buchstaben und Wörter eingestellt und Zeichen skaliert werden. Dies ist besonders bei Text im Blocksatz nützlich.

Abstände

Bei Text im Blocksatz geben Sie Werte für *Minimal* und *Maximal* ein, um einen Bereich mit akzeptablem Abstand zu definieren. Die Werte für den *Wortabstand* können dabei zwischen *0%* und *1000%* liegen, die für den *Zeichenabstand* zwischen *-100%* und *500%*.

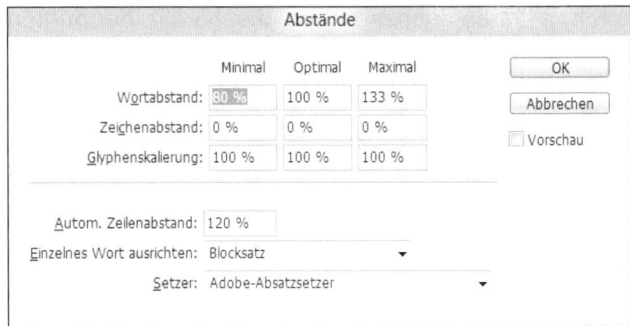

Abb. L5.31: Besonders bei Blocksatz nützlich: das Einstellen der Abstände

Für Texte ohne Blocksatzformatierung verwenden Sie einen Wert für *Optimal*, um den Abstand für die ausgewählten Absätze einzustellen.

Umbruchoptionen

Hurenkind und Schusterjunge Wenn Sie sich schon einmal ein bisschen mit den Grundlagen des DTP beschäftigt haben, dann werden Sie vielleicht die Begriffe *Hurenkind* und *Schusterjunge* gehört haben. Hiermit sind die Zeilen gemeint, mit denen eine Seite beginnt bzw. endet. Steht am Ende einer Seite eine solche einzelne Zeile, sieht das nicht besonders schön aus und wird Schusterjunge genannt. Ein Hurenkind ist dagegen die Zeile, die einsam und verlassen am oberen Rand einer neuen Seite steht.

InDesign bietet Ihnen die Möglichkeit, diese satzmäßigen Fehler auszugleichen. Sie können nämlich Schusterjungen und Hurenkinder, Wörter oder einzelne Textzeilen, die von den anderen Zeilen in einem Absatz getrennt werden, vermeiden.

1 Geben Sie eine bestimmte Anzahl von Zeilen, die bei der letzten Zeile des aktuellen Absatzes verbleiben sollen, in dem Feld der Option *Nicht trennen von nächsten x Zeilen* **❶** ein. Hier sollten Sie zumindest die Zahl *2* eintragen, um zu verhindern, dass beispielsweise nach einer Überschrift keine Zeilen des anschließenden Absatzes mehr folgen.

2 Möchten Sie den Absatz vor Umbrüchen schützen, etwa um den Lesefluss nicht zu stören, dann aktivieren Sie das Kontrollkästchen *Zeilen nicht trennen* ❷ und wählen die Option *Alle Zeilen im Absatz* ❸.

3 Alternativ können Sie dagegen die Anzahl der Zeilen angeben, die am Anfang oder Ende des Absatzes angezeigt werden sollen. Dazu aktivieren Sie ebenfalls das Kontrollkästchen *Zeilen nicht trennen* und geben dann die gewünschte Anzahl in dem Feld der Option *Am Anfang/ Ende des Absatzes* ❹ ein.

4 Darüber hinaus können Sie bestimmen, wie mit dem Absatzbeginn verfahren werden soll. Wählen Sie für *Absatzbeginn* ❺ die Option *In nächster Spalte*, wird der Absatz in den nächsten Rahmen oder die nächste Spalte in einem Rahmen verschoben. Wählen Sie dagegen *Auf nächster Seite*, wird der Absatz in den ersten Rahmen auf der nächsten Seite verschoben.

5 Mit einem Klick auf die *OK*-Schaltfläche ❻ schließen Sie Ihre Eingaben ab.

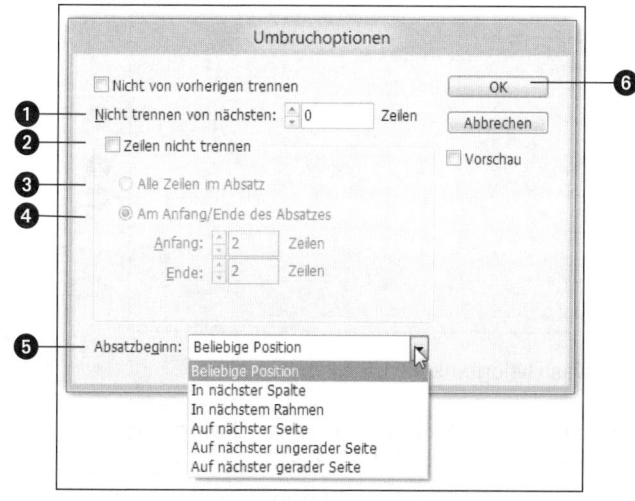

Abb. L5.32: Festlegen der *Umbruchoptionen*

Absatzlinien

Absatzlinien InDesign bietet Ihnen die Möglichkeit, über oder unter dem markierten Absatz Linien in beliebiger Stärke und in einstellbarem Abstand zu definieren. Diese Linien haben den Vorteil, dass sie sich – im Gegensatz zu gezeichneten Linien – mit dem Absatz bewegen und so immer der aktuellen Position anpassen.

1 Zunächst müssen Sie das Kontrollkästchen *Absatzlinie ein* ❶ aktivieren, um die Einstellungen vornehmen zu können.

2 In dem Listenfeld daneben stellen Sie dann ein, ob Sie eine *Linie darüber* oder eine *Linie darunter* haben möchten.

3 Möchten Sie gleich sehen, welche Auswirkungen Ihre Einstellungen haben, dann aktivieren Sie zusätzlich das Kontrollkästchen *Vorschau* ❷, das sich unterhalb der beiden Schaltflächen befindet.

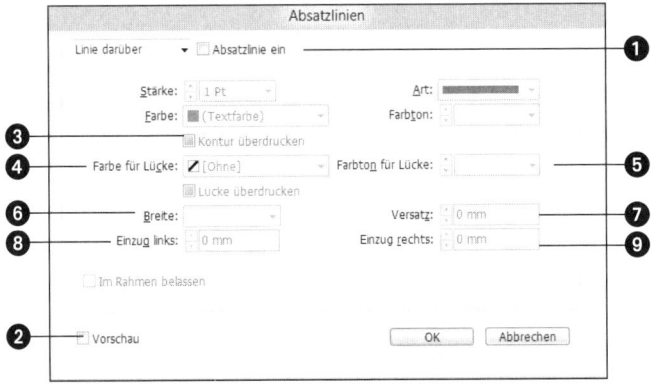

Abb. L5.33: Das Dialogfenster *Absatzlinien*

4 In den weiteren Optionen dieses Dialogfensters können Sie bestimmen, welche *Stärke* die Linie haben soll. Wählen Sie aus dem Listenfeld von *0,25 Pt* bis *100 Pt*. Sie können aber auch einen eigenen Wert in dem Eingabefeld eintragen.

5 Wenn Sie die *Kontur überdrucken* ❸ möchten, dann müssen Sie zusätzlich das entsprechende Kontrollkästchen aktivieren.

6 Die Linienfarbe bestimmen Sie über das Listenfeld *Farbe* ❹, den *Farbton für Lücke* über das gleichnamige Listenfeld ❺. Hier können Sie auf die eingestellten Farben des *Farb*-Bedienfeldes zurückgreifen.

7 Für die *Breite* ❻ der Absatzlinie können Sie festlegen, ob die Linie sich jeweils auf die Breite des Absatzes oder auf die Breite des Textrahmens beziehen soll.

8 Durch den Eintrag eines Wertes in das Eingabefeld *Versatz* ❼ bestimmen Sie, inwieweit die Linie von der Grundlinie verschoben werden soll.

9 Schließlich können Sie noch einen *Einzug links* ❽ und/oder *Einzug rechts* ❾ für die Linien einstellen, der unabhängig vom Einzug des Absatzes berechnet wird.

10 Nachdem Sie alle Einstellungen vorgenommen haben, verlassen Sie dieses Menü über die Schaltfläche *OK*.

Tabulatoren

Mithilfe von *Tabulatoren* können Sie vielfältige Gestaltungen innerhalb eines Textes vornehmen. Der Vorteil von Tabulatoren ist dabei, dass diese nicht fest sind, sondern ihre Position sehr schnell verändert werden kann, was besonders bei der Gestaltung von Listen und Tabellen praktisch ist.

Die Zuweisung und Verwaltung von Tabulatoren ist in In-Design auf den ersten Blick recht kompliziert. Wenn Sie sich aber mit der Funktionsweise vertraut gemacht haben, werden Sie schnell zu dem gewünschten Ergebnis kommen.

Bei Tabulatoren handelt es sich um Markierungen im Zeilenlineal, die sowohl für jeden Absatz vordefiniert sein können

Funktionsweise

als auch von Ihnen individuell eingestellt werden können. Es können mehrere solcher Tabulatoren innerhalb eines Absatzes definiert werden.

InDesign unterscheidet zwischen Tabulatoren, die Sie links, zentriert, rechts und an Dezimalstellen setzen können. Sie springen sie über die ⇄-Taste an. Wenn Sie sie betätigen, springt der Textcursor auf die Position des nächstmöglichen Tabulators.

Mit dem ersten eingerichteten Tabulator löschen Sie alle Standard-Tabulatoren links von diesem Tabulator. Durch nachfolgende Tabulatoren werden alle Standard-Tabulatoren zwischen den gesetzten Tabulatoren gelöscht. Die Standard-Tabulatoreinstellungen sind allerdings abhängig von den im Dialogfeld *Einheiten & Einteilungen* gewählten Einstellungen. Dieses Dialogfeld können Sie über das Menü *Bearbeiten / Voreinstellungen* erreichen.

Tabulatoren setzen

1 Schreiben Sie zunächst die Tabelle nieder und drücken Sie an jeder Stelle, an der Sie einen Abstand erzeugen wollen, die ⇄-Taste.

2 InDesign richtet die Absätze zunächst an den sogenannten Standard-Tabulatoren aus.

3 Markieren Sie dann den Absatz, in dem Sie Tabulatoren setzen wollen. Wenn Sie beispielsweise eine Tabelle erstellen möchten, so können Sie auch gleich mehrere Absätze markieren.

4 Rufen Sie danach das Menü *Schrift / Tabulatoren* auf. Es erscheint oberhalb des Textrahmens das *Tabulatoren-*Bedienfeld.

5 Richten Sie zunächst das Lineal am Text des *Tabulatoren-*Bedienfeldes aus.

6 Klicken Sie auf das *Magnetsymbol* 🔒

Lassen Sie sich die verborgenen Zeichen anzeigen, da Sie so leichter mit Tabulatoren arbeiten können. Klicken Sie mit der rechten Maustaste in den Text und rufen Sie aus dem Kontextmenü den Menüpunkt *Verborgene Zeichen einblenden* auf. Dadurch werden Ihnen unter anderem die Tabulatorsprungmarken (die Sie an den spitzen Doppelpfeilen erkennen) 1 und die Absatzendmarken angezeigt 2.

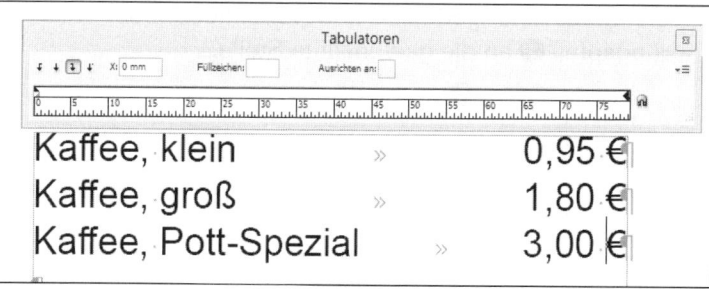

Abb. L5.34: Die eingeblendeten Sonderzeichen

Mit jedem Druck auf die ⇥-Taste werden die Standard-Tabulatoren-Positionen angesprungen, die in der aktuellen Version leider nicht mehr oberhalb des Lineals des *Tabulatoren*-Bedienfeldes angezeigt werden.

Individuelle Tabulatoren

Die individuellen Tabulatoren setzen Sie mithilfe des *Tabulatoren*-Bedienfeldes. Auf der linken Seite werden Ihnen die verschiedenen Ausrichtungsmöglichkeiten anhand kleiner Schaltflächen zur Verfügung gestellt. Sie können hier zwischen folgenden Ausrichtungssymbolen wählen:

⊥ *Linksbündig*

⊥ *Zentriert*

⊥ *Rechtsbündig*

⊥ *Dezimal*

7 Aktivieren Sie nun zunächst mit einem Klick auf das Aus-richtungssymbol den Tabulator, den Sie einfügen möch-ten.

8 Klicken Sie dann mit der Maus an die Stelle im Zeilenlineal, an der Sie den Tabulator setzen wollen.

Um einen Tabulator genau zu positionieren, bieten sich zwei Vorgehensweisen an:

- Sie klicken zunächst an eine beliebige Stelle, halten dann die Maustaste gedrückt und verschieben den Markie-rungspfeil ❶ an die gewünschte Stelle.

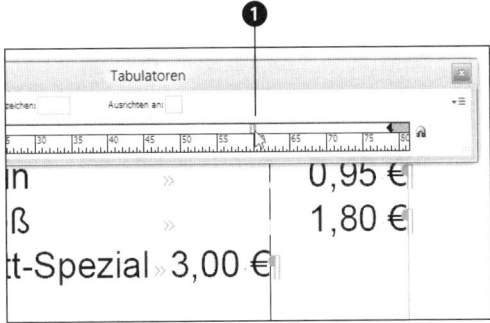

Abb. L5.35: Setzen von Tabulatoren

- Alternativ können Sie auch nach dem Klicken einen Wert in dem Feld eingeben, das mit *X* beschriftet ist.

Tabulator ver-schieben
Die Pfeile auf dem Zeichenlineal symbolisieren die Position im aktuellen Absatz, an der ein Tabulator definiert ist. Wenn Sie diese Position verändern möchten, gehen Sie so vor:

1 Klicken Sie zunächst den Pfeil an und halten Sie die Maustaste gedrückt.

2 Verschieben Sie dann den Pfeil bei gedrückter Maustaste an die neue Stelle ❶ und lassen Sie dort die Maustaste wieder los.

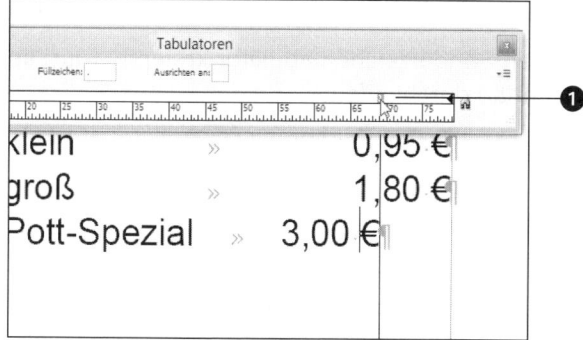

Abb. L5.36: Verschieben eines Tabulators

Achten Sie bei dieser Aktion aber darauf, dass Sie genau auf den Pfeil klicken. Wenn Sie nämlich nur einen Millimeter daneben klicken, vermutet InDesign, dass Sie einen neuen Tabulator setzen möchten, und fügt an dieser Stelle einen solchen ein.

Um einen Tabulator ganz exakt zu setzen, gehen Sie folgendermaßen vor:

Tabulator millimetergenau setzen

1 Ziehen Sie den Tabulator ungefähr an die vorgesehene Stelle und lassen Sie ihn markiert.

2 In dem Eingabefeld *X* ersetzen Sie dann den Wert durch den neuen und bestätigen mit ⏎.

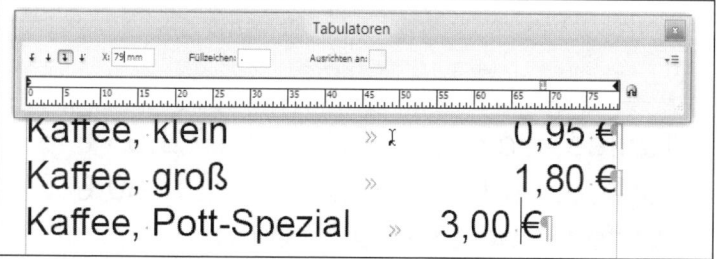

Abb. L5.37: Tabulatoren exakt setzen

Dadurch wird der Tabulator an die neue Position verschoben.

Tabulator an einem Zeichen ausrichten

Möchten Sie einen Sonderzeichentabulator kreieren, müssen Sie folgende Schritte durchlaufen:

1 Aktivieren Sie den dezimalen Tabulator ⊡.

2 Tragen Sie in dem Eingabefeld *Ausrichten an* das Zeichen ein, an dem die Ausrichtung erfolgen soll.

Dabei können Sie ein beliebiges Zeichen eingeben oder einfügen. Sie sollten allerdings sicherstellen, dass die auszurichtenden Absätze das angegebene Zeichen enthalten. Geben Sie beispielsweise ein b ein, so würde das Wort *Tabulator* an dem Buchstaben *b* ausgerichtet.

Tabulator löschen

Wenn Sie einen Tabulator an der definierten Position nicht mehr benötigen, ziehen Sie ihn einfach bei gedrückter linker Maustaste außerhalb des Zeilenrandes. Der Tabulator wird daraufhin entfernt.

Füllzeichen

Bei einem Tabulator-Füllzeichen handelt es sich um ein wiederholtes Muster von Zeichen, z. B. eine Reihe von Punkten oder Gedankenstrichen, die zwischen dem Tabulator und dem nachfolgenden Text eingefügt werden.

1 Nachdem Sie in dem *Tabulatoren*-Bedienfeld einen Tabulator ausgewählt haben, geben Sie im Feld *Füllzeichen* ein bis zu acht Zeichen langes Zeichen Ihrer Wahl ein.

2 Drücken Sie die ⏎-Taste oder den Zeilenschalter.

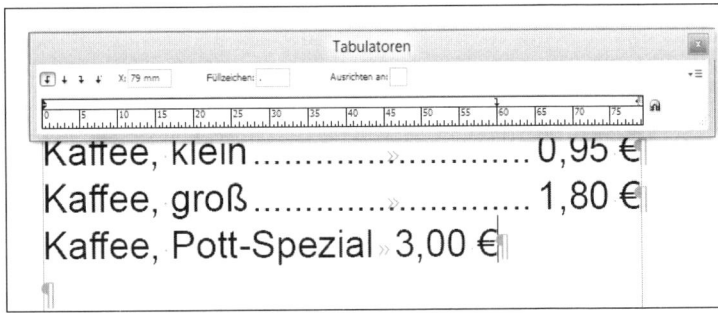

Abb. L5.38: Füllzeichen leiten das Auge

Sie können darüber hinaus auch die Schriftart oder die Formatierung des Tabulator-Füllzeichens ändern.

3 Wählen Sie im Textrahmen das Tabulatorzeichen aus und nehmen Sie dann die Formatierung über das *Zeichen*-Bedienfeld oder das Menü *Schrift* vor.

Formatierungshilfen

Das Formatieren von Texten kann recht aufwendig sein. Im Folgenden werden Sie zwei angenehme Hilfsmittel kennenlernen, die die tägliche Routinearbeit erträglicher machen.

Formate übertragen

Sie können recht rasch vorhandene Formatierungen mit dem Werkzeug *Pipette* auf andere Textstellen übertragen.

1 Markieren Sie dazu mit dem Werkzeug *Text* den Text, der die Attribute enthält, die kopiert werden sollen. Dieser Text muss sich allerdings in demselben InDesign-Dokument befinden.

Format übertragen

2 Aktivieren Sie danach das *Pipette-Werkzeug* ❶ und klicken Sie auf diesen Text.

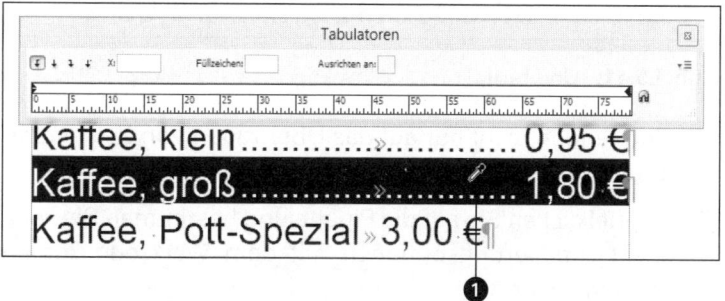

Abb. L5.39: Den Text mit den zu übertragenden Attributen markieren

Die Pipette erscheint nun umgedreht und gefüllt, um anzuzeigen, dass sie mit den von Ihnen markierten Attributen geladen ist.

3 Streichen Sie nun mit dieser Pipette über den Text, dem Sie die kopierten Attribute zuweisen wollen.

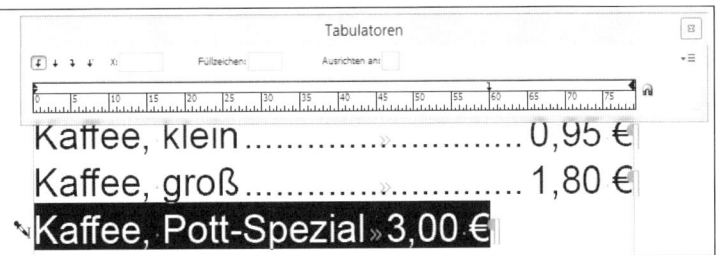

Abb. L5.40: Formate mit der Pipette übertragen

4 Wenn Sie die Maustaste loslassen, wird der markierte Bereich mit dem kopierten Format versehen.

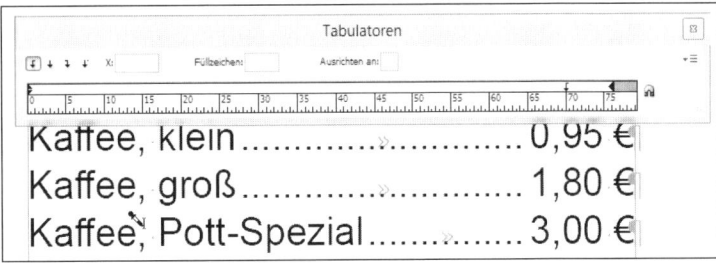

Abb. L5.41: Und fertig!

Sie sind jedoch nicht nur auf das Übertragen von Zeichenformatierungen beschränkt.

1 Doppelklicken Sie auf die Pipette und bestimmen Sie, welche Formatierungsoptionen mit dem Werkzeug kopiert werden sollen.

Wie Sie dem folgenden Dialogfenster entnehmen können, kann das Werkzeug *Pipette* auch zum Kopieren der Absatz-,

Flächen- und Konturenattribute zwischen unterschiedlichen Schriftexemplaren im Dokument verwendet werden.

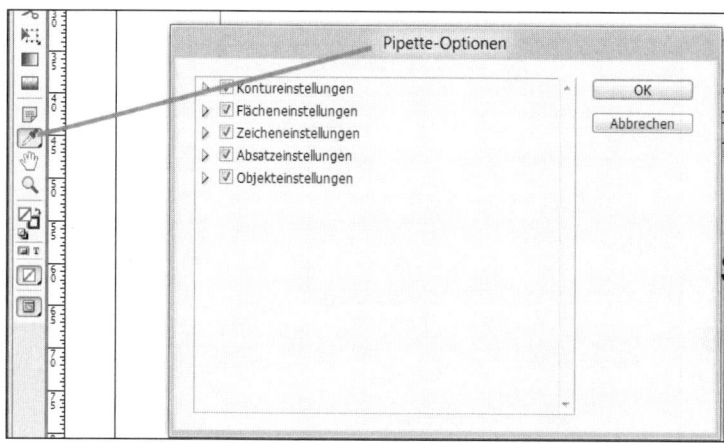

Abb. L5.42: Die Optionen der Pipette

Beim Übertragen einer Absatzformatierung genügt es zudem, wenn Sie mit der Pipette in den Absatz klicken, um das Format zu übertragen. Ein Markieren des gesamten Absatzes ist nicht notwendig.

2 Deaktivieren bzw. belassen Sie die Aktivierung je nach Ihrem Gusto und beenden die Einstellungen mit *OK*.

Schriftart suchen

Wenn Sie größere Publikationen erstellen, kann es leicht passieren, dass Sie unterschiedliche Schriften verwenden. InDesign bietet eine interessante Lösung, trotzdem zu einem einheitlichen Dokument zu kommen.

Mit dem Befehl *Schriftart suchen* können Sie im Dokument nach verwendeten Schriftarten suchen und diese auflisten. Anschließend können Sie jede Schriftart (außer in importierten Grafiken) durch jede andere im System verfügbare Schriftart ersetzen.

Schriftart suchen

1 Wählen Sie die Menüreihenfolge *Schrift / Schriftart suchen*. InDesign listet Ihnen im Folgenden alle in dem Dokument gefundenen Schriften auf.

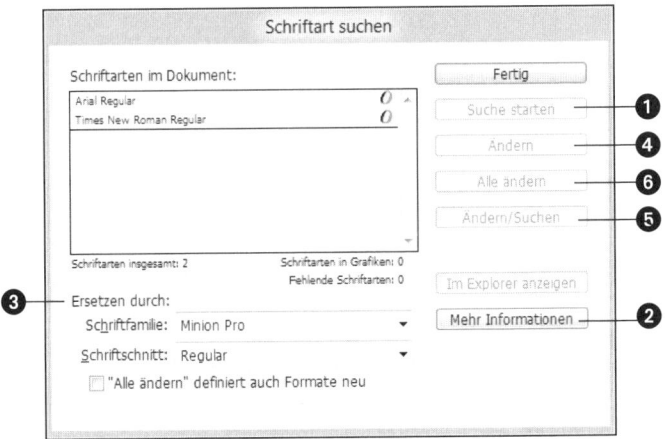

Abb. L5.43: Das Dialogfenster *Schriftart suchen*

2 Markieren Sie eine Schriftart, um sie im Layout zu suchen.

3 Nach einem Klick auf *Suche starten* ❶ geht es los. Wenn der Text gefunden ist, stoppt der Vorgang und der Text, in dem die Schriftart verwendet wird, wird angezeigt.

4 Möchten Sie weitere Informationen zu einer ausgewählten Schriftart angezeigt bekommen, dann klicken Sie an dieser Stelle auf die Schaltfläche *Mehr Informationen* ❷.

5 Um die Schriftart zu ersetzen, wählen Sie aus der Liste *Ersetzen durch* ❸ die neue zu verwendende Schriftart. Dies kann auf dreierlei Art und Weise erfolgen:

- *Ändern* ❹: Klicken Sie auf diese Schaltfläche, um nur diese eine Schriftart zu ändern.

- *Ändern/Suchen* ❺: Verwenden Sie diese Option, wenn Sie dieses Exemplar ändern und anschließend das nächste Exemplar suchen möchten.

- *Alle ändern* ❻: Damit können Sie in einem Rutsch alle Exemplare ändern.

L6 Textobjekte

In diesem Kapitel werden Sie erfahren, wie Sie Ihre Publikation mithilfe der zahlreichen Textblockfunktionen effektiv gestalten können. In den wenigsten Fällen werden Sie InDesign
als Textverarbeitung einsetzen. Sehr oft wird es in der Praxis
so sein, dass die Texte mit einer Textverarbeitung (z. B. mit
Word) erfasst und dann nach InDesign importiert werden.

Arbeiten mit Textblöcken

Textblöcke anlegen

Doch bevor es an die Einbindung dieser Texte geht, müssen
Sie in Ihrer InDesign-Publikation einige Vorbereitungen treffen. Wie alle anderen Objekte, mit denen Sie bei InDesign
arbeiten, werden die Texte nämlich in eigenen Rahmen, den
sogenannten *Textblöcken*, verwaltet. Egal, ob Sie ein Textelement einbinden oder manuell eintippen, immer wird erst
ein eigener Rahmen angelegt, der das Textelement aufnimmt.
Der Vorteil dieser Textblöcke ist deren nahezu beliebige Anordnung auf Ihrer Publikation. Sie können sie jederzeit ohne
Probleme verschieben oder neu dimensionieren.

Um einen solchen Textblock anzulegen, gehen Sie wie folgt
vor:

**Textblock
anlegen**

1 Aktivieren Sie zunächst das Werkzeug *Text* T ❶.

2 Platzieren Sie den veränderten Mauszeiger an einer beliebigen Stelle in Ihrem Dokument.

3 Klicken Sie auf die linke Maustaste, halten Sie sie fest und
ziehen Sie diagonal einen Rahmen in beliebiger Größe auf
❷.

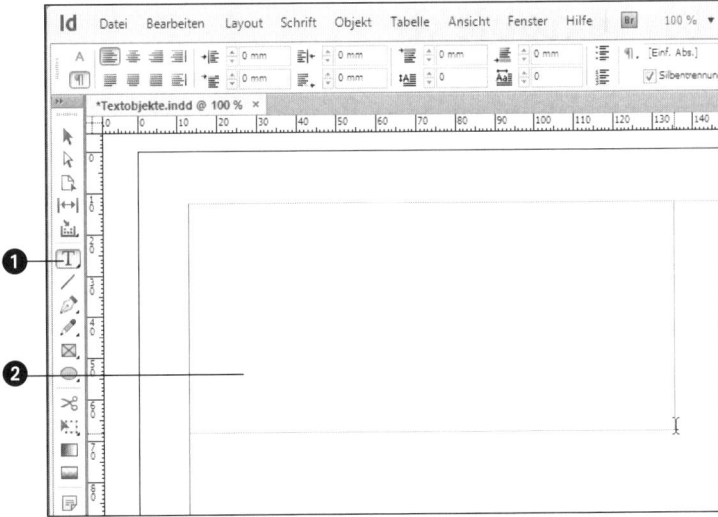

Abb. L6.1: Einen Textrahmen anlegen

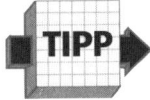

TIPP Achten Sie beim Aufziehen des Rahmens einmal auf die Steuerelementleiste. Hier können Sie die augenblickliche Größe Ihres Rahmens ablesen. Eingaben sind nicht möglich, da die Felder deaktiviert sind.

Textrahmen transformieren

Allerdings werden Sie freihändig meist nicht genaue Werte erzielen können. Das ist aber auch nicht nötig, denn das Aussehen bzw. die Lage der Textrahmen können Sie problemlos über die Steuerelementleiste verändern.

1 Nachdem Sie den Rahmen aufgezogen haben, wechseln Sie deshalb das Werkzeug und klicken auf das Werkzeug *Auswahl* ❶.

2 Nun werden die Felder aktiviert. In diese können Sie nun für den Textrahmen genaue Werte (*X* und *Y* für die Position, *B* und *H* für die Größe) eingeben ❷.

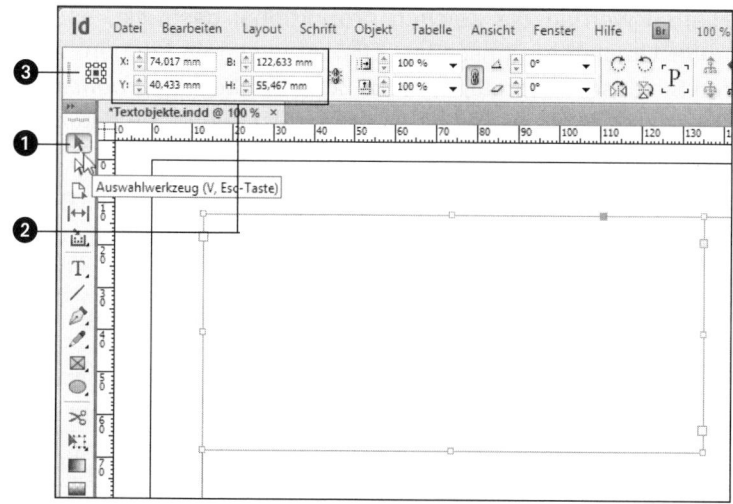

Abb. L6.2: Exaktes Einrichten eines Textrahmens

3 Den Ursprungspunkt des Textrahmens legen Sie auf der linken Seite durch Anklicken eines der neun Quadrate ❸ fest. Der gerade aktive Ursprungspunkt wird schwarz gefüllt dargestellt.

4 Wenn Sie proportionale Veränderungen wünschen, aktivieren Sie die Schaltfläche für *X-Skalierung* bzw. *Y-Skalierung*.

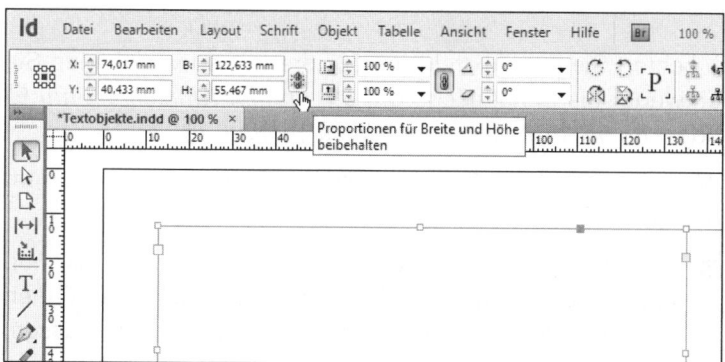

Abb. L6.3: Proportionen beim Skalieren beibehalten

Hierbei werden die Zeichen proportional gestreckt, sodass unter Umständen unschöne Effekte entstehen können. Achten Sie deshalb darauf, dass die Schaltfläche *Proportionen für Breite und Höhe beibehalten* aktiviert ist, wenn Sie das nicht möchten.

5 Über die letzten beiden Felder ❶ können Sie den Drehwinkel bzw. den Biegewinkel des Textrahmens bestimmen.

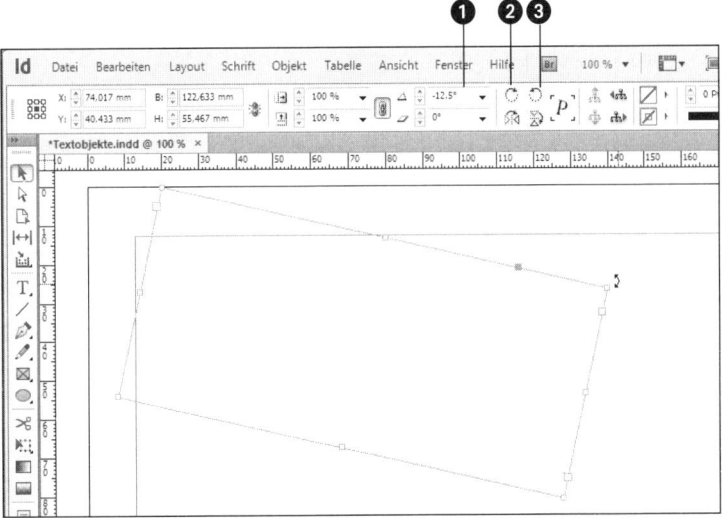

Abb. L6.4: Den Drehwinkel festlegen

Möchten Sie das Textfeld um 90° drehen, so verwenden Sie entweder die Schaltfläche *Um 90° drehen (Uhrzeigersinn)* ❷ oder *Um 90° drehen (gegen Uhrzeigersinn)* ❸.

Wenn Sie das Aussehen der Ecken verändern wollen, kommt das gelbe Quadrat ins Spiel.

6 Zeigen Sie mit der Maus darauf und ziehen Sie die nun erscheinende Raute nach innen. Der Quick-Info können Sie dabei entnehmen, welche Taste Sie drücken müssen, damit welcher Effekt eintritt.

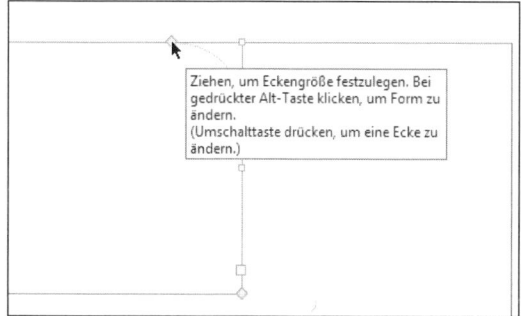

Ziehen, um Eckengröße festzulegen. Bei gedrückter Alt-Taste klicken, um Form zu ändern.
(Umschalttaste drücken, um eine Ecke zu ändern.)

Abb. L6.5:   Das Aussehen der Ecken ändern

Das blaue Rechteck ist zum Verankern des Textes mit beispielsweise einem anderen Objekt da.

7 Klicken Sie auf das blaue Rechteck und ziehen Sie den Mauszeiger auf das Objekt, das Sie verankern wollen.

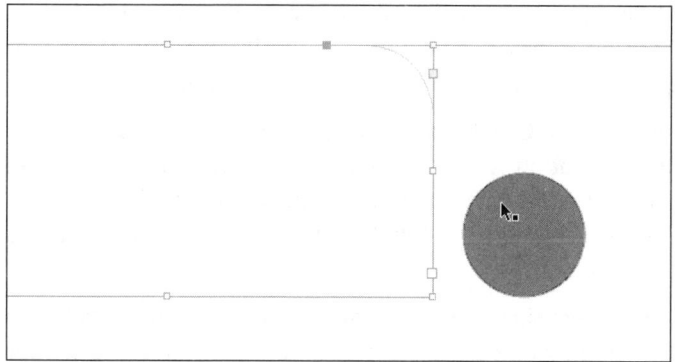

Abb. L6.6:   Über das blaue Rechteck werden die Objekte verbunden

8 Klicken Sie einmal.

Die beiden Objekte sind nun miteinander verbunden und werden beispielsweise beim Verschieben stets in der gleichen Position und mit dem gleichen Abstand bewegt.

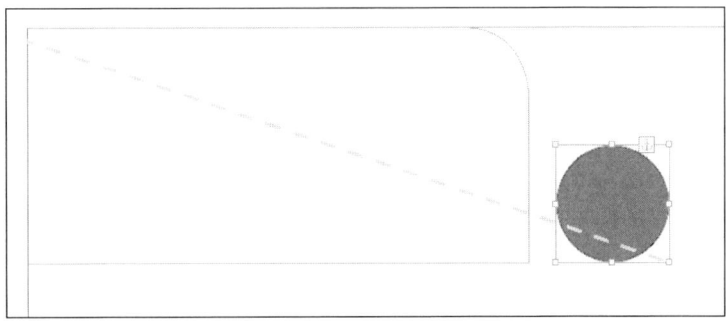

Abb. L6.7: Die beiden Objekte sind verbunden

Textrahmen sperren

Oftmals macht es Sinn, die Position von Objekten in dem Dokument vor – versehentlichen – Veränderungen zu schützen.

Position sperren

1 Markieren Sie das Textobjekt und rufen Sie den Befehl *Position sperren* aus dem Menü *Objekte* auf. Schneller geht der Vorgang über die Tastenkombination [Strg] + [L].

Ein gesperrtes Objekt kann nicht verschoben werden, Sie können es jedoch weiterhin auswählen und andere Attribute, z. B. die Farbe, ändern. Die Positionen gesperrter Objekte bleiben beim Speichern, Schließen und erneuten Öffnen eines Dokuments gesperrt.

2 Versuchen Sie beispielsweise, ein solches Objekt mit dem Werkzeug *Auswahl* zu verschieben, so wandelt sich der Cursor als Zeichen dafür, dass Sie es mit einem gesperrten Objekt zu tun haben, in ein kleines Vorhängeschloss ❶.

3 Eine Sperrung heben Sie durch Anwahl des gesperrten Objekts über das Menü *Objekt / Alles auf Druckbogen entsperren* oder mit [Alt] + [Strg] + [L] auf.

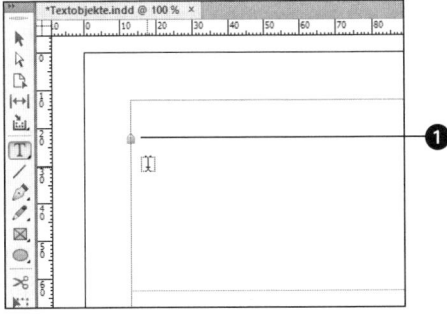

Abb. L6.8: Dieses Textobjekt ist gesperrt

Textrahmen füllen

Textrahmen können Sie ganz leicht (mit Platzhaltertexten) füllen:

1 Klicken Sie mit der rechten Maustaste in den Textrahmen und rufen Sie aus dem Kontextmenü *Mit Platzhaltertext füllen* ❶ auf.

2 Klicken Sie danach auf das Werkzeug *Auswahl* [🔎].

Wie Sie in der folgenden Abbildung sehen, zeigt sich augenblicklich der von InDesign automatisch um den eben aufgezogenen Textblock angelegte Rahmen ❷.

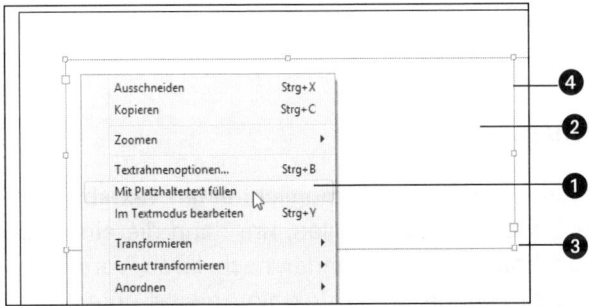

Abb. L6.9: Eingegebener Platzhaltertext in einem Textrahmen

Der Platzhaltertext ist in keiner existierenden Sprache geschrieben, sondern dient lediglich zum – vorläufigen – Füllen von Textrahmen. Er sollte vor dem Anpassen von sprachspezifischen Einstellungen (z. B. Silbentrennung) durch den vorgesehenen Text ersetzt werden.

Wie Sie unschwer erkennen, werden an den Ecken sowie an den vier Seiten jeweils Markierungspunkte (auch *Eckanfasser* genannt) angezeigt. Mithilfe dieser kleinen Rechtecke können Sie die Größe des Rahmens verändern.

1 Klicken Sie dazu auf eines der kleinen Quadrate ❸ und halten Sie die linke Maustaste gedrückt. Ziehen Sie dann den Rahmen auf die gewünschte Größe.

2 Wenn Sie dabei auf die Eckquadrate gezeigt haben, verändern Sie die beiden Seiten entsprechend proportional.

3 Möchten Sie dagegen den gesamten Rahmen verschieben, so klicken Sie eine der Rahmenlinien ❹ an und ziehen das Textobjekt mit der Maus einfach an die gewünschte Stelle in Ihrem Dokument.

Texte aufteilen

Sehr oft werden Sie größere Textabschnitte, die mehr als eine Seite umfassen, auf mehrere Stellen aufteilen wollen.

Textanschluss

Mit InDesign ist es problemlos möglich, einen Textabschnitt auf mehrere Textblöcke zu verteilen, um dann die einzelnen Textblöcke unabhängig voneinander nach Ihren Vorstellungen anordnen zu können. Diese Textblöcke sind untereinander so verbunden, dass der Textfluss von Textblock zu Textblock nie abreißt.

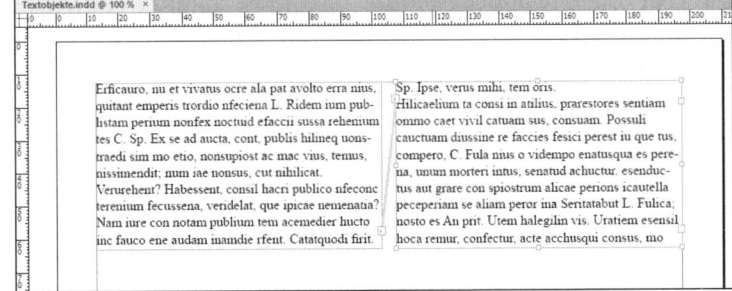

Abb. L6.10: Zwei verbundene Textrahmen

InDesign stellt Ihnen drei verschiedene Formen zur Verfügung, die im Folgenden beschrieben werden.

1 Bevor Sie die allerdings kennenlernen werden, erstellen Sie ein neues Dokument mit zwei Spalten.

2 Geben Sie dazu nach Aufruf des Menüpunkts *Datei / Neu / Dokument* im folgenden Dialogfenster im Bereich *Spalten* im Feld *Anzahl* den Wert 2 und für *Spaltenabstand* 5 ein.

Halbautomatischer Textanschluss

Der *halbautomatische Textanschluss* bewirkt, dass der Text beim Platzieren beim ersten Klicken auf das Dokument bis zum Ende der Spalte bzw. der Seite gesetzt wird. Ist der Text dann noch nicht komplett gesetzt, wird automatisch wieder das entsprechende Symbol aktiviert. Die weitere Verteilung des Textes müssen Sie dann von Hand vornehmen.

Halbautomatischer Textanschluss

Einen Textanschluss legen Sie so an:

1 Legen Sie keinen Textrahmen an, sondern rufen Sie vielmehr gleich die Menüreihenfolge *Datei / Platzieren* auf und markieren Sie in dem Dialogfenster die gewünschte Textdatei.

2 Bestätigen Sie mit *Öffnen*.

3 Wenn das Symbol für geladenen Text angezeigt wird, klicken Sie bei gedrückter [Alt]-Taste auf die Seite.

Lernen 6: Textobjekte

4 Das *Textanschluss*-Symbol verändert sein Aussehen in eine gestrichelte Linie mit nach unten weisendem Pfeil **1**. Klicken Sie mit der Maus.

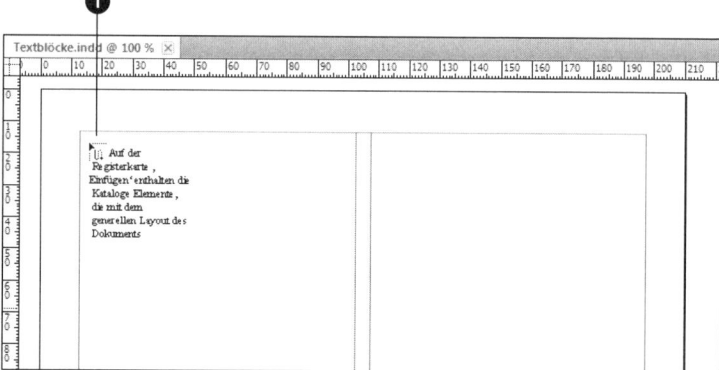

Abb. L6.11: Halbautomatischer Textanschluss ([Alt]-Taste drücken)

5 Der Text wird wie in einer einzelnen Spalte positioniert. Allerdings stoppt er am Ende der Spalte bzw. der Seite und das Symbol für geladenen Text wird automatisch neu geladen.

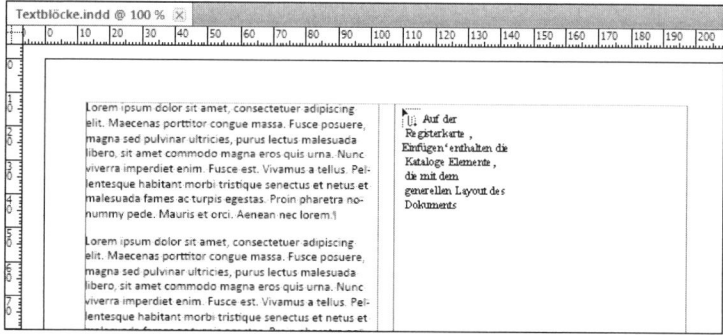

Abb. L6.12: Hier können Sie gleich weitermachen

6 Damit müssen Sie lediglich den Cursor über die nächste Spalte oder Seite bewegen und abermals bei gedrückter [Alt]-Taste klicken.

180

7 Auf diese Weise fahren Sie fort, bis der gesamte Text platziert ist.

Automatischer Textanschluss

Eine sehr wichtige und hilfreiche Funktion ist der *automatische Textanschluss*. Diese Option stellt sicher, dass der eingefügte Text automatisch in voller Länge in Ihrer Publikation platziert wird.

Automatischer Textanschluss

1 Um den automatischen Textanschluss zu aktivieren, müssen Sie, während das Symbol für geladenen Text angezeigt wird, die ⇧-Taste gedrückt halten.

2 Das Symbol für geladenen Text ändert seine Form. Sie erkennen es leicht an der durchgezogenen Linie mit dem nach unten weisenden kleinen Pfeil.

3 Klicken Sie damit an die Stelle der Seite oder Spalte, an der der Text beginnen soll.

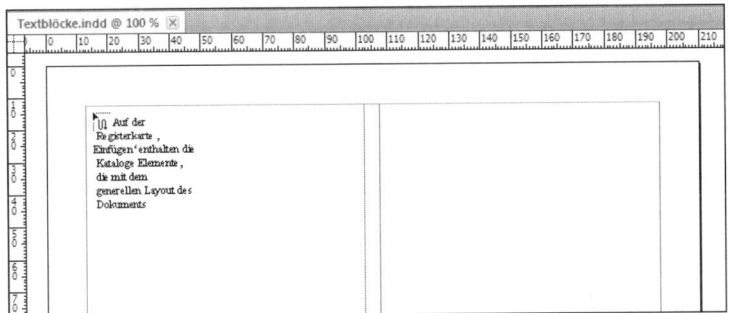

Abb. L6.13: Automatischer Textanschluss (⇧-Taste)

Der Text fließt dann beim ersten Klick automatisch von Spalte zu Spalte bzw. von Seite zu Seite.

Falls dabei die von Ihnen angelegte Seitenanzahl nicht ausreicht, fügt InDesign automatisch neue Seiten hinzu, bis der gesamte Text platziert ist (was man sehr schön im Bedienfeld *Seiten* erkennen kann).

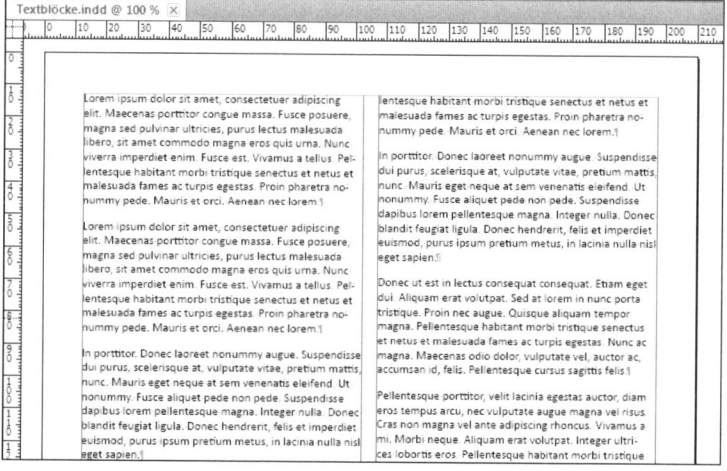

Abb. L6.14: Der Text wird automatisch verteilt

Wünschen Sie das nicht, dann führen Sie einen automatischen Textfluss ohne Einfügen von Seiten durch, indem Sie die ⇧ - und Alt -Taste drücken!

Manueller Textanschluss

Damit Sie einen *manuellen Textanschluss* vornehmen können, gehen Sie wie folgt vor:

1 Ziehen Sie einen Textrahmen auf und geben Sie einen größeren Textabschnitt ein.

2 Verkleinern Sie anschließend diesen Textrahmen.

Anders als Sie es vielleicht von Word oder einem anderen Textverarbeitungsprogramm gewöhnt sind, blenden sich keine Bildlaufleisten am Rand ein, wenn Sie am Ende des Textblocks angelangt sind. Der Text scheint vielmehr unterhalb des Rahmens zu „verschwinden".

3 Markieren Sie den Textblock mit dem Werkzeug *Auswahl*
   ![pointer]. Sie sollten dann einen Textblock ähnlich der folgenden Abbildung erhalten.

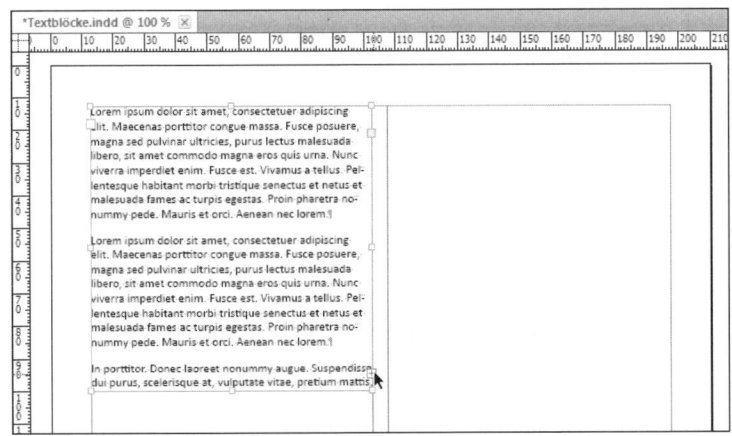

Abb. L6.15: Text in einem Textrahmen mit angezeigtem
              Steuerelement

Sicherlich fallen Ihnen die beiden etwas größeren Quadrate an der linken und rechten Seite des Textblocks sofort auf.

Es handelt sich um sogenannte *Steuerelemente*, mit denen Sie den Textfluss bestimmen können. Das (rote) Pluszeichen im rechten Quadrat zeigt Ihnen dabei zweierlei: Zum einen erkennen Sie, dass der Text (er wird als *Übersatztext* bezeichnet) noch weitergeht, und zum anderen, dass er noch nicht platziert wurde. Enthält dieses kleine Quadrat kein Zeichen, so besagt dies, dass an dieser Stelle der Text endet.

Steuer-elemente

Um den noch nicht sichtbaren Text im Dokument zu platzieren, gehen Sie wie folgt vor:

1 Klicken Sie mit der Maus auf das Symbol. Der Mauszeiger nimmt sofort die Gestalt für geladenen Text an.

2 Wechseln Sie nun an die Stelle, an der der Text fortlaufen soll.

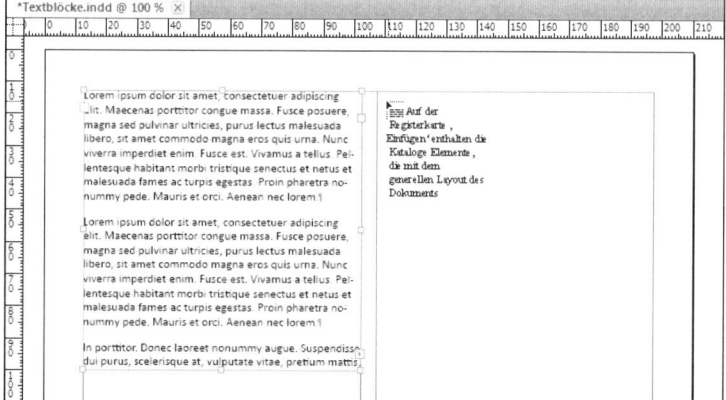

Abb. L6.16: Wechseln mit dem veränderten Cursor an die Einfügestelle

❸ Klicken Sie einmal darauf und ziehen Sie bei gedrückter Maustaste einen Rahmen auf.

Sobald Sie loslassen, fließt der Text nahtlos von dem ersten in den zweiten Textblock.

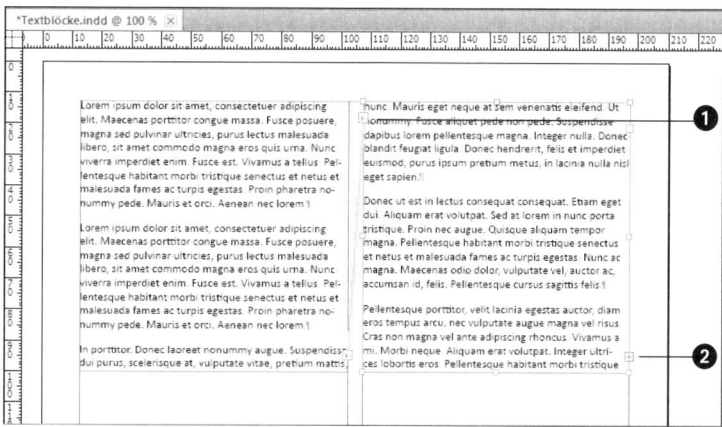

Abb. L6.17: Deutlich zu sehen: Textausgangs- und Texteingangssymbol

Wie Sie sehen, hat sich durch diese Aktion das kleine Quadrat mit dem Pluszeichen geändert und die Gestalt eines kleinen nach rechts weisenden Pfeils ❶ angenommen. Es handelt sich um ein sogenanntes *Textausgangssymbol*, das Ihnen anzeigt, dass der Text an einer anderen Stelle weitergeht.

Textausgangssymbol

Das entsprechende Symbol finden Sie in dem zweiten Spaltenrahmen auf der linken oberen Seite ❷. Hier hat es die Funktion eines *Texteingangssymbols* und zeigt Ihnen an, dass der oberhalb des Randes nicht dargestellte Text in einem vorhergehenden Textblock steht.

Texteingangssymbol

Textrahmen verketten

Sie können Textrahmen, auch ohne dass sie Text enthalten, miteinander verketten. Auf diese Weise können Sie bereits das grundlegende Layout einer Publikation festlegen, ohne dass Sie schon über die – beispielsweise noch von Ihren Kollegen anzuliefernden – Texte verfügen.

Verkettung anlegen

Eine solche Verkettung legen Sie wie folgt an:

Textobjekte verketten

1 Klicken Sie mit dem Werkzeug *Auswahl* auf den Ein- oder Ausgang eines Rahmens. Es erscheint das Symbol für geladenen Text.

2 Positionieren Sie nun dieses Symbol über dem Textrahmen, mit dem Sie eine Verbindung herstellen möchten. Das Symbol wandelt sich in das Verkettungssymbol ❶.

3 Klicken Sie jetzt innerhalb des Rahmens einmal mit der Maus. Die beiden Rahmen werden miteinander verkettet.

Standardmäßig zeigt Ihnen InDesign die Verkettung der einzelnen Textblöcke allerdings nicht an. Es ist jedoch hilfreich, sich diese beim Gestalten anzeigen zu lassen, da Sie so den Textfluss verfolgen können.

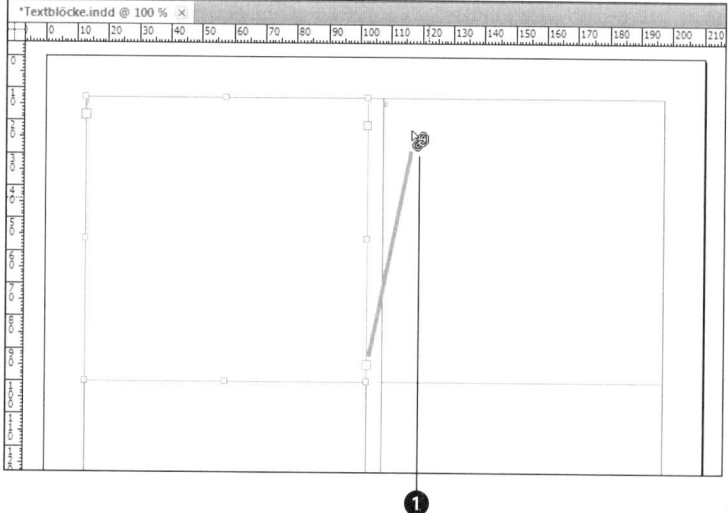

Abb. L6.18: Textrahmen verketten

Verkettung anzeigen

1 Aktivieren Sie das Menü *Ansicht / Verkettungen einblenden*, um sie sichtbar zu machen. Den umgekehrten Weg beschreiten Sie über das Menü *Ansicht / Verkettungen ausblenden.* Rascher geht der Wechsel zwischen den beiden Modi über die Tastenfolge `Strg` + `Alt` + `Y`.

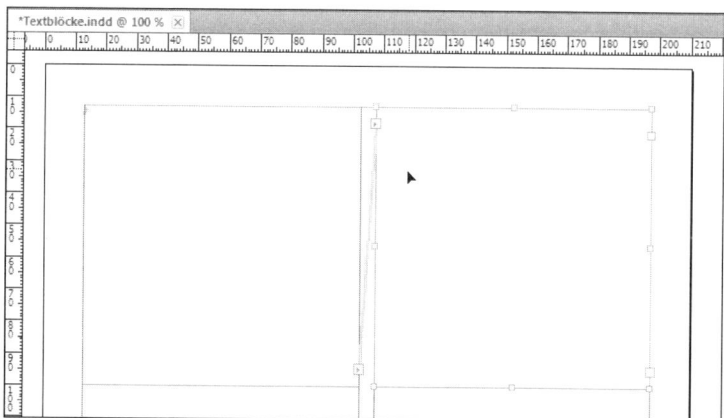

Abb. L6.19: Mehrfach verkettete Textrahmen

Nun können Sie unschwer an den veränderten Ein- bzw. Ausgangssymbolen sowie der Verbindungslinie zwischen den beiden Rahmen die Verkettung erkennen.

Verkettung entfernen

Eine Verkettung können Sie jederzeit wieder entfernen.

Verkettung entfernen

1 Klicken Sie dazu zunächst mit dem Werkzeug *Auswahl* auf das Ein- bzw. Ausgangssymbol.

2 Positionieren Sie anschließend das Symbol für geladenen Text über dem vorhergehenden oder dem folgenden Rahmen.

3 Sobald Sie sich darüber befinden, erscheint das Symbol zum Aufheben der Verkettung.

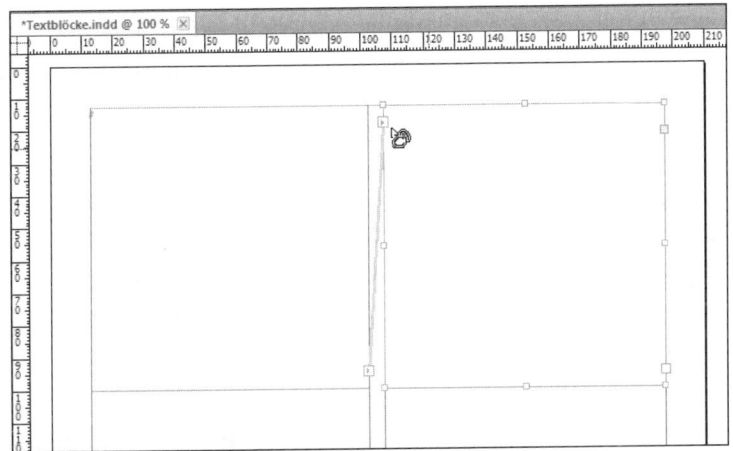

Abb. L6.20: Verkettung aufheben

4 Wenn Sie nun in den Rahmen klicken, wird die Verbindung zwischen den Rahmen aufgehoben.

 **TIPP** Sie können die Verbindung auch durch einen Doppelklick auf das Ein- bzw. Ausgangssymbol trennen.

Texte verknüpfen

Wenn Sie Ihrer Publikation beispielsweise ein Word-Dokument mithilfe der Platzierungsfunktion hinzufügen, dann wird dieser Text verknüpft. Eine solche *Verknüpfung* von Texten bietet den Vorteil, dass man sie recht einfach aktualisieren und verwalten kann.

In InDesign geschieht das über das *Verknüpfungen*-Bedienfeld. Jeder Text, den Sie platzieren, wird hier eingefügt und kann mithilfe der verschiedenen Optionen bearbeitet werden.

Bei einer InDesign-Verknüpfung ist zu beachten, dass alle innerhalb des Programms vorgenommenen Änderungen einschließlich der Formatierungen verloren gehen, wenn Sie eine verknüpfte Textdatei aktualisieren. Deshalb sollte eine derartige Aktion gut bedacht sein. Eine Aktualisierung geschieht jedoch nicht automatisch, sondern Sie können das mithilfe des *Verknüpfungen*-Bedienfeldes problemlos bewerkstelligen.

Zuvor müssen Sie die Voreinstellung *Beim Platzieren von Text- und Tabellendateien Verknüpfungen erstellen* aktiviert haben.

1 Rufen Sie *Bearbeiten / Voreinstellungen / Dateihandhabung* auf und aktivieren Sie das Kontrollkästchen (siehe Abbildung L6.21).

2 Platzieren Sie dann den Text.

Verknüp-
fungen

3 Danach bringen Sie über den Befehl *Fenster / Verknüpfungen* bzw. Anklicken des Symbols *Verknüpfungen* das Bedienfeld auf den Schirm (siehe Abbildung L6.22).

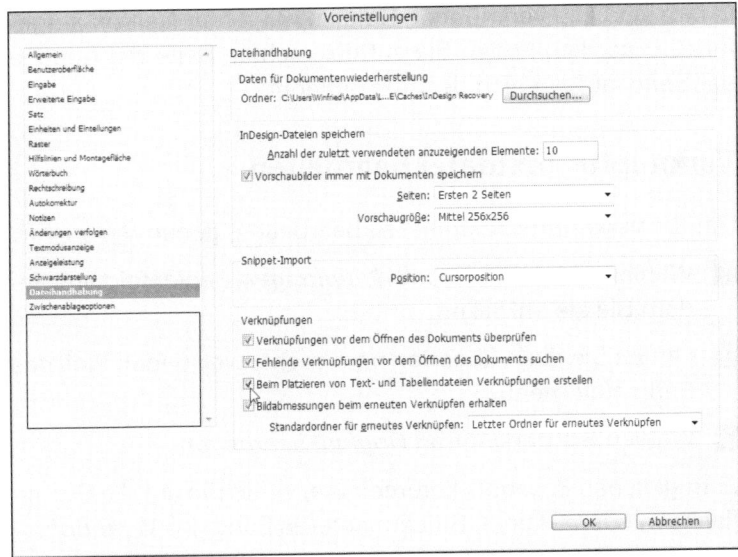

Abb. L6.21: Dieses Kontrollkästchen muss aktiviert sein

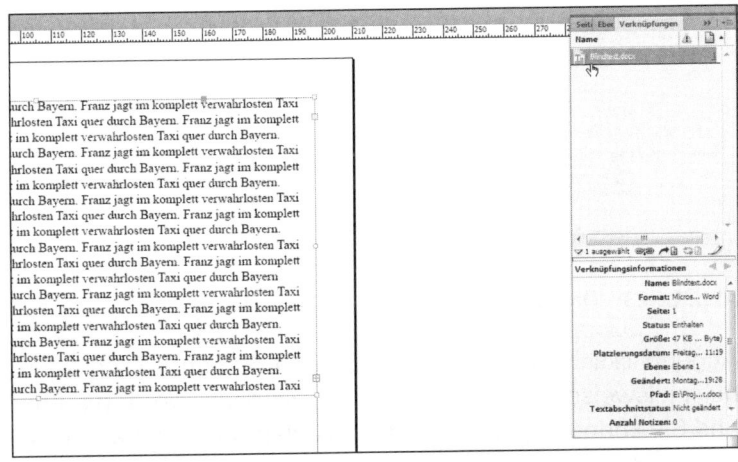

Abb. L6.22: Das *Verknüpfungen*-Bedienfeld zeigt platzierten Text an

---

In ihm sind alle verknüpften Dateien mit ihrem Namen aufgeführt. Zusätzlich finden Sie auf der rechten Seite die Angabe der Seite, auf der sich der Text befindet.

Verknüpfte Textdatei bearbeiten

Um die verknüpfte Textdatei zu bearbeiten, gehen Sie so vor:

1 Wählen Sie sie in dem *Verknüpfungen*-Bedienfeld aus, indem Sie sie anklicken.

2 Öffnen Sie dann über den nach rechts weisenden Pfeil das Bedienfeldmenü.

3 Wählen Sie den Eintrag *Original bearbeiten*.

Zum gleichen Ergebnis kommen Sie, wenn Sie auf die Schaltfläche mit dem kleinen Stift am unteren Rand des *Verknüpfungen*-Bedienfeldes klicken.

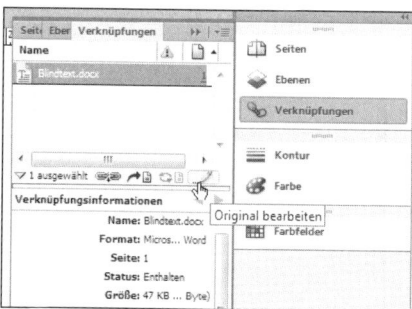

Abb. L6.23: Das Originaldokument bearbeiten

Augenblicklich wird das mit der Datei verbundene Programm, beispielsweise der Texteditor oder Microsoft Word, geöffnet und Sie können die gewünschten Änderungen vornehmen.

Verknüpfung aufsuchen

Nicht immer werden Sie in einem umfangreichen Dokument den verknüpften Text ausmachen können.

1 In diesem Fall öffnen Sie über den nach rechts weisenden Pfeil das Bedienfeldmenü.

2 Wählen Sie den Eintrag *Gehe zu Verknüpfung*.

Sobald Sie daraufgeklickt haben, wechselt InDesign zu dieser Verknüpfung und stellt sie Ihnen fensterfüllend dar.

Schneller geht es, wenn Sie auf die entsprechende Schaltfläche *Gehe zu Verknüpfung* am unteren Rand des Bedienfeldes klicken.

Abb. L6.24: Schnell eine Verknüpfung aufsuchen

Erneutes Verknüpfen

Haben Sie die verknüpfte Datei außerhalb von InDesign bearbeitet und möchten die Verknüpfung aktualisieren bzw. überprüfen, wählen Sie aus dem Menü des Bedienfeld-Pfeils den Eintrag *Erneut verknüpfen* oder klicken auf die gleichnamige Schaltfläche am unteren Rand.

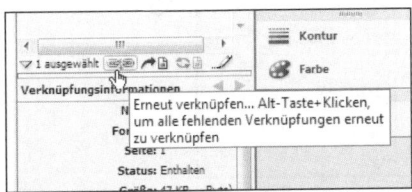

Abb. L6.25: Die Verknüpfung erneuern

Verknüpfungsinformationen

Zu jeder Verknüpfung wird ein Übersichtsfenster eingeblendet, in dem Sie Einzelheiten zu der Verknüpfung finden. So

können Sie beispielsweise mühelos den Stand der Bearbeitung, den Status, den Dateityp oder den Speicherort der Datei
erkennen.

Abb. L6.26: Hier erfahren Sie alles über die Verknüpfung

Verknüpfung aktualisieren

Nachdem Sie die verknüpfte Datei mit dem Quellprogramm
geändert haben, stimmen der Inhalt dieser Datei und der verknüpfte Inhalt in Ihrem InDesign-Dokument nicht mehr über-
ein. Dies erkennen Sie an dem kleinen gelben Warndreieck,
das nun rechts neben dem Dateinamen angezeigt wird ❶.

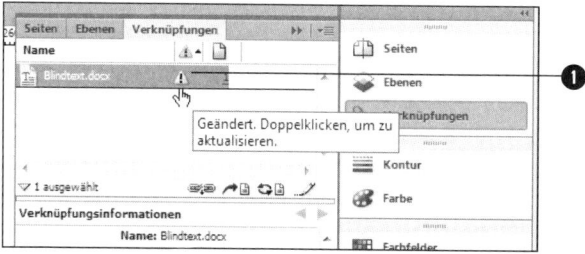

Abb. L6.27: Die verknüpfte Datei wurde (außerhalb von InDesign)
geändert

Um die beiden Informationen auf den gleichen Stand zu bringen, führen Sie einen Doppelklick auf die betreffende Datei
aus.

InDesign startet sofort eine Aktualisierung der Verknüpfung und lässt den Warnhinweis verschwinden.

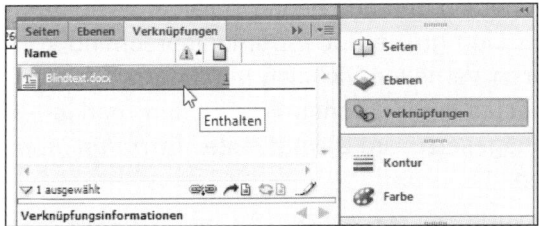

Abb. L6.28: Die Aktualisierung hat geklappt

Sollten Sie im InDesign-Dokument zusätzliche Formatierungen auf die Datei angewendet haben, so wird Ihnen in einem Hinweisfenster gemeldet, dass diese neuen Formatierungen alle verloren gehen.

Fehlerhafte Verknüpfungen korrigieren

Findet InDesign beim Öffnen einer Datei die verknüpften Dateien nicht, etwa weil sie verschoben oder gelöscht wurden, dann erhalten Sie eine Fehlermeldung in Form eines Fragezeichens ❶.

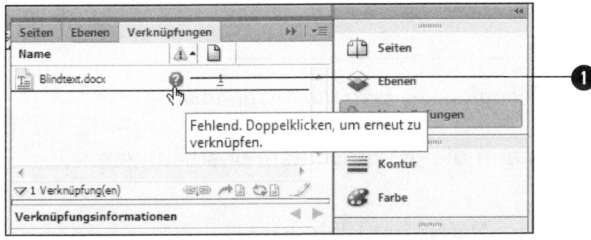

Abb. L6.29: Hier wurde die Datei verschoben

1 Führen Sie einen Doppelklick auf die betreffende Datei aus und

2 stellen Sie im folgenden Dialogfenster den geänderten Speicherpfad ein.

Textrahmenoptionen

Wie Sie bisher sicherlich bemerkt haben, spielen die Textrahmen bei InDesign eine große Rolle. Dementsprechend können Sie auch deren Verhalten vielfältig verändern. Die dazu
erforderlichen Einstellungen können Sie – einen markierten
Textrahmen vorausgesetzt – im Dialogfenster *Textrahmenoptionen* vornehmen.

**Textrahmen-
optionen**

1 Rufen Sie es über das Menü *Objekt* oder schneller mit
⌴Strg⌴ + ⌴B⌴ auf.

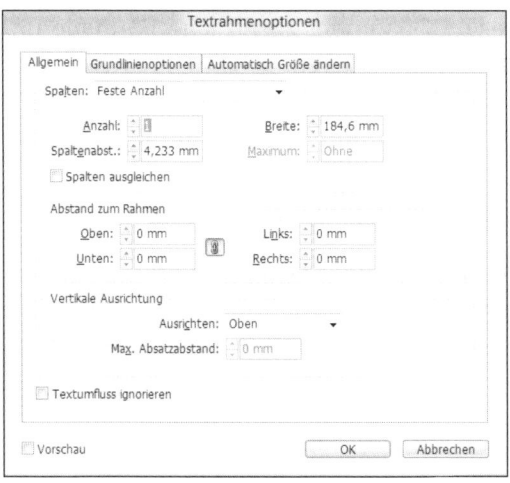

Abb. L6.30: Das Dialogfenster *Textrahmenoptionen*

2 Nehmen Sie dann die gewünschten Einstellungen vor.

Ändern von Spalteneinstellungen

Einen Textrahmen können Sie mit Spalten versehen und so
recht interessante Effekte erzielen.

Spalten

1 Geben Sie dazu für die Option *Anzahl* **❶** die Anzahl der
Spalten ein, die innerhalb des Textrahmens erstellt werden sollen.

2 Für die Option *Spaltenabst.* **2** tragen Sie einen angemessenen Wert für die Breite des Bereichs zwischen den Spalten ein.

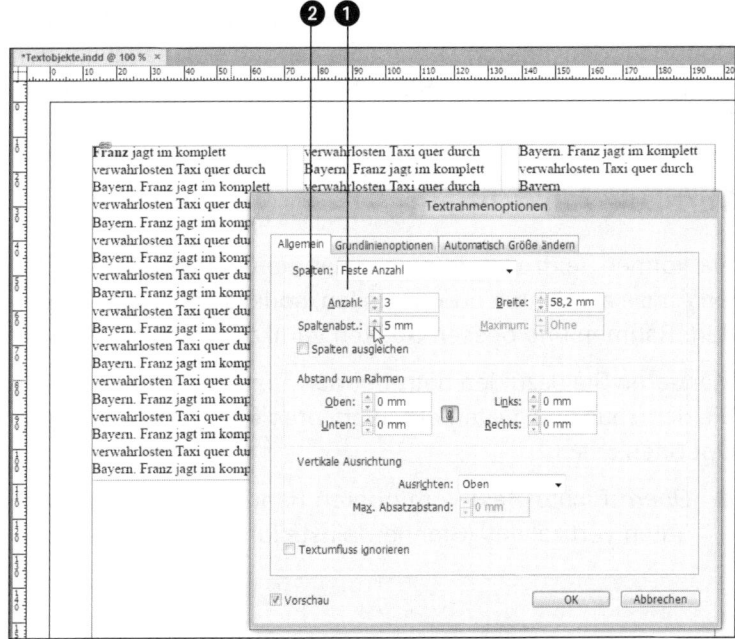

Abb. L6.31: Textrahmen mit Spalten und Steg

Versatzabstand/Innerer Versatz

1 Geben Sie im Abschnitt *Abstand zum Rahmen* die gewünschten Verschiebungsabstände für die Optionen *Oben*, *Links*, *Unten* und *Rechts* ein.

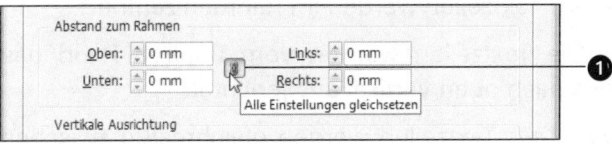

Abb. L6.32: Der Versatzabstand

2 Wünschen Sie einen gleichmäßigen Versatz, dann klicken Sie auf das Symbol *Alle Einstellungen gleichsetzen* ❶.

Haben Sie einen nicht rechtwinkligen Rahmen ausgewählt, werden diese Optionen ausgeblendet und Sie finden eine Option für den *inneren Versatz*. Es handelt sich dabei um den Abstand zwischen einem Rahmen und dem darin enthaltenen Text.

Vertikale Ausrichtung

Sie können Textzeilen in einem Rahmen entlang der vertikalen Achse ausrichten oder verteilen, sodass der Text zwischen dem Rahmen und dessen Spalten vertikal konsistent bleibt.

Markieren Sie dazu den betreffenden Textrahmen und wählen Sie dann aus dem Listenfeld *Ausrichten* ❶ eine der folgenden Optionen aus:

■ *Oben*: Richtet Text vom oberen Rand des Rahmens nach unten vertikal aus (Standardeinstellung).

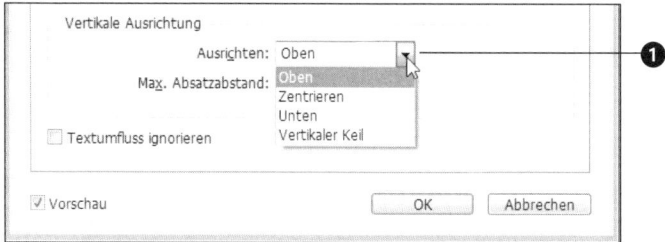

Abb. L6.33: Die vertikale Ausrichtung von Text innerhalb eines Textrahmens

■ *Zentrieren*: Textzeilen werden im Rahmen zentriert.

■ *Unten:* Die Textzeilen werden vom unteren Rand des Rahmens nach oben vertikal ausgerichtet.

■ *Vertikaler Keil*: Textzeilen werden gleichmäßig zwischen dem oberen und unteren Rand des Rahmens verteilt.

1 Möchten Sie vermeiden, dass der Zeilenabstandswert unproportional größer als der Absatzabstandswert wird, geben Sie einen Wert für *Max. Absatzabstand* ein.

Der Abstand zwischen Absätzen wird dann bis zu dem von Ihnen angegebenen Wert erhöht.

Der Wert für *Max. Absatzabstand* wird zusätzlich zu den in dem *Absatz*-Bedienfeld eingegebenen Werten für *Abstand vor* und *Abstand nach* angewendet.

2 Aktivieren Sie die Option *Textumfluss ignorieren*, damit die Konturenführung für den in dem Textrahmen enthaltenen Text ignoriert wird.

3 Schließen Sie mit *OK* die Arbeiten ab.

L7 Grafikobjekte und Bilder

In diesem Kapitel werden Sie erfahren, wie Sie in einem In-Design-Dokument eigene Grafiken nach Ihren individuellen Bedürfnissen erstellen können bzw. fertige Grafiken dort einfügen.

Grafiken und Bilder wirken sehr anziehend auf das Auge. Blättern Sie einmal in einer Zeitschrift und beobachten Sie, worauf Ihre Augen zuerst gelenkt werden. Die Anziehungskraft der Bilder hat eine große Bedeutung. Setzen Sie diese ein, um die Aussage zu verstärken, die Ihre Adressaten sehen, fühlen und verstehen sollen.

InDesign bietet Ihnen dabei folgende Möglichkeiten, Grafiken in Ihre Publikation einzufügen:

- Sie erstellen mithilfe der Werkzeuge eigene Grafikobjekte.

- Sie positionieren fertige Grafiken oder Bilder über die dafür vorgesehene Funktion *Positionieren*.

Kleine Computerbildkunde

Bevor Sie mit der Arbeit an den Bildern beginnen, ist es recht hilfreich, ein wenig über die Art und Weise zu erfahren, wie Ihr Computer ein Bild „sieht". Genauer gesagt geht es um die Begriffe *Vektor-* und *Bitmapgrafiken*.

- *Vektorgrafiken* bestehen aus Linien und Kurven, die durch mathematische Objekte, sogenannte *Vektoren*, definiert werden. Sie können beliebig ohne Verlust der Bildschärfe verkleinert oder vergrößert werden, da sie auflösungsunabhängig sind. Diese Bilder werden sehr oft mit Programmen wie Adobe Illustrator oder CorelDRAW erstellt.

Vektorgrafiken

Abb. L7.1: Eine typische Vektorgrafik

Da man einem Computer mithilfe von Vektoranweisungen auf eine sehr effiziente Weise mitteilen kann, was er zu tun hat, sind Vektorgrafiken im Allgemeinen wesentlich kompakter als Bitmapgrafiken: Je nach Bild kann eine Vektorgrafik lediglich ein Zehntel bis ein Tausendstel der Größe einer Bitmapdatei haben! Sie benötigen also bei Weitem nicht so viel Speicher- und Festplattenplatz wie bei Bitmapgrafiken. Zudem kann eine Vektorgrafik in jede Richtung gestreckt werden, ohne dass die Qualität der Bildschirmdarstellung oder der Druckausgabe geschmälert würde.

Bitmap-grafiken

■ *Bitmapgrafiken*, auch als *Rasterbilder* bezeichnet, bestehen aus kleinen Quadraten, sogenannten *Pixeln*, die auf einem Raster liegen (auch *Bitmap* genannt). Es handelt sich zumeist um Fotos, die Sie mit Programmen wie Adobe Photoshop oder Corel-Photo-Paint bearbeiten können.

Abb. L7.2: Eine typische Bitmapgrafik

Eine Bitmapgrafik, insbesondere in Farbe, belegt jedoch viel mehr Speicher- (RAM) und Festplattenplatz als eine vergleichbare Vektorgrafik, und dies kann die Anzeige und das Drucken des Bildes und Ihrer gesamten Publikation verlangsamen. Weiterhin sind solche Bilder auflösungsabhängig, das heißt, sie bestehen aus einer festgelegten Anzahl von Pixeln. Daher können sie unsauber angezeigt werden und an Schärfe verlieren, wenn sie auf dem Bildschirm skaliert oder in einer höheren Auflösung gedruckt werden, als sie erstellt wurden.

Grafiken erstellen

InDesign bietet Ihnen einige Werkzeuge an, mit denen Sie selbst grafische Objekte zeichnen können. Sie sind nicht unbedingt für das Erstellen von professionellen Grafiken gedacht; es lassen sich damit jedoch recht interessante Effekte erzielen. So sind diese Werkzeuge für das grafische Ergänzen Ihrer Texte oder die Gestaltung von Schmuckelementen völlig ausreichend.

Zeichenwerkzeuge

Mithilfe der Werkzeuge können Sie schnell einfache Objekte wie Linien, Rechtecke, Ellipsen und regelmäßige Polygone sowie die entsprechenden Rahmen zeichnen.

Die Funktionsweise der einzelnen Werkzeuge ist fast identisch.

1 Zunächst müssen Sie das gewünschte Objekt aktivieren, indem Sie es anklicken.

2 Klicken Sie auf das kleine Dreieck am unteren Rand des *Rechteck-Werkzeugs*.

Hier finden Sie die Werkzeuge für folgende Objekte: **Objekte**

■ *Rechteck-Werkzeug*

- *Ellipse-Werkzeug*
- *Polygon-Werkzeug*

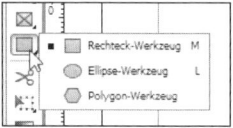

Abb. L7.3: Die grundlegenden Formen

3 Klicken Sie auf das entsprechende Werkzeug, um es zu aktivieren.

Rahmen   Die gleichnamigen Rahmen für die Aufnahme von Grafiken oder Texten befinden sich gleich darüber.

Abb. L7.4: Die entsprechenden Platzhalter

Die Arbeits- und Funktionsweise der Objekte und der Rahmen ist identisch.

Rechtecke

Um ein Rechteck zu zeichnen, gehen Sie wie folgt vor:

Rechteck   **1** Aktivieren Sie zunächst das *Rechteck-Werkzeug* 🔲 ❶.

2 Führen Sie dann den Mauszeiger an die gewünschte Position in Ihrem Dokument und drücken Sie die linke Maustaste.

3 Bei gedrückter Maustaste entfernen Sie sich nun diagonal von dem Anfangspunkt. Dadurch wird ein Rechteck gezeichnet, das umso größer wird, je weiter Sie die Maus vom Ausgangspunkt weg bewegen ❷.

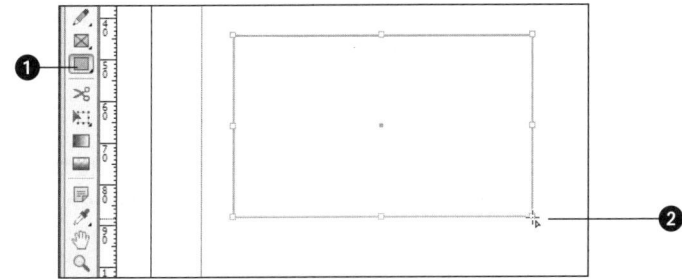

Abb. L7.5: Arbeiten mit dem Werkzeug *Rechteck*

4 Sobald das Rechteck die gewünschte Größe hat, lassen Sie die Maustaste los und das Objekt ist gezeichnet.

5 Möchten Sie statt eines Rechtecks ein Quadrat zeichnen, müssen Sie beim Aufziehen die ⇧-Taste gedrückt halten.

6 Möchten Sie dagegen einen leeren Grafikrahmen, einen sogenannten *Platzhalter*, zeichnen, wählen Sie das Werkzeug *Rechteckrahmen* ⊠ aus und gehen wie beim Erstellen eines Rechtecks vor.

Ellipsen

Ellipsen bzw. Kreise werden auf die gleiche Art wie Rechtecke oder Quadrate erzeugt.

Ellipsen

1 Mit dem *Ellipse-Werkzeug* ⊚ erzeugen Sie Ellipsen und Kreise.

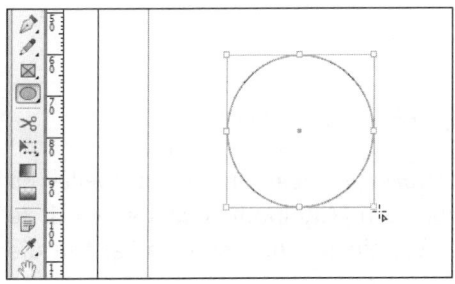

Abb. L7.6: Einen Kreis anlegen

2 Ellipsen- oder kreisförmige Platzhalter werden mit dem Werkzeug *Ellipsenrahmen* ⊗ erstellt.

Polygone

Die Polygonfunktion erlaubt Ihnen das Gestalten vielfältiger Elemente. Standardmäßig erhalten Sie beim Zeichnen ein Sechseck.

Sie sind jedoch nicht auf diese Einstellung beschränkt.

Polygon

1 Führen Sie einen Doppelklick auf das *Polygon-Werkzeug* ◯ ❶ aus.

2 Im folgenden Dialogfenster können Sie diverse Einstellungen verändern.

3 Hinter der Bezeichnung *Anzahl der Seiten* ❷ tragen Sie über die Tastatur oder mithilfe der kleinen Pfeile am linken Rand die Anzahl der gewünschten Seiten ein.

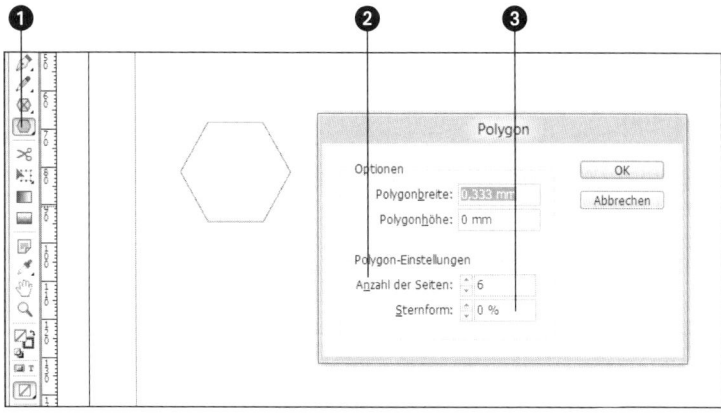

Abb. L7.7: Das Werkzeug *Polygon* einstellen

4 Im Eingabefeld *Sternform* ❸ bestimmen Sie, inwieweit die Mitte der Strecken zum Mittelpunkt gezogen wird. Je höher Sie hier den Wert einstellen, umso stärker tritt die Sternform hervor.

5 Mit *OK* beenden Sie die Einstellung.

Möchten Sie einen Rahmen in Polygonform erstellen, so verwenden Sie das Werkzeug *Polygonrahmen* ⊠.

Linien

Linien erzeugen Sie mit dem Werkzeug *Linienzeichner* ▱.
Neben den geraden Linien bietet Ihnen diese Funktion noch weitere vielfältige Optionen.

1 Aktivieren Sie das Werkzeug.

2 Eine Linie erzeugen Sie dadurch, dass Sie zunächst den Anfang der Linie **❶** bestimmen, indem Sie an die gewünschte Position klicken.

Linienzeichner-Werkzeug

3 Mit gedrückter linker Maustaste bewegen Sie dann den Zeiger auf den Endpunkt und beenden die Linie durch ein weiteres Klicken **❷**.

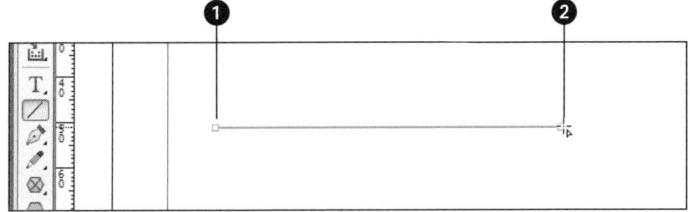

Abb. L7.8:   Eine Linie zeichnen

> Wenn Sie beim Ziehen mit der Maus die ⇧-Taste gedrückt halten, können Sie eine gerade Linie bzw. eine Linie im Winkel von je 45° anlegen.

1 Möchten Sie die Linienstärke verändern, klicken Sie doppelt auf das *Linienzeichner-Werkzeug* oder drücken die F10-Taste.

Linienstärke

2 Daraufhin wird das *Kontur*-Bedienfeld eingeblendet, in dem Sie die Linienstärke im Feld *Stärke* **❶** einstellen können.

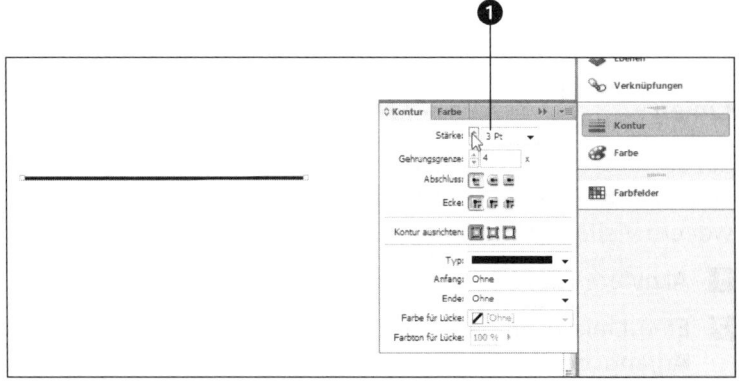

Abb. L7.9:   Linienstärke über die Kontureinstellung festlegen

Gestrichelte Linie

Mithilfe des *Kontur*-Bedienfeldes können Sie darüber hinaus das Erscheinungsbild einer Linie steuern.

1 Wählen Sie zunächst mithilfe des Werkzeugs *Auswahl* 🖰 die Linie aus.

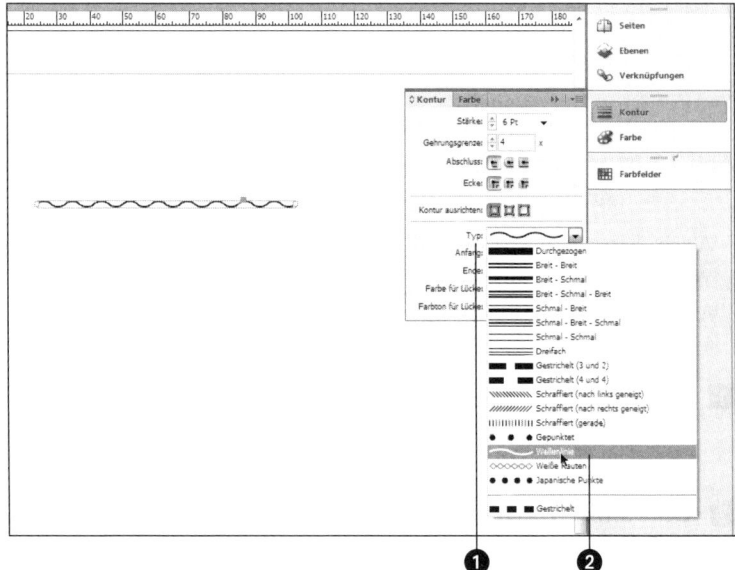

Abb. L7.10:   Kontureneigenschaften einer Linie

2 In dem *Kontur*-Bedienfeld können Sie nun im Listenfeld *Typ* ❶ zwischen den Optionen wählen.

Auch die Endpunkte einer Linie können Sie auf vielfältige Art und Weise gestalten.

Gestaltung von Endpunkten

Um beispielsweise eine Pfeilspitze oder eine andere Form am Ende einer Linie hinzuzufügen, verwenden Sie die Menüs *Anfang* und *Ende* in dem *Kontur*-Bedienfeld.

1 Markieren Sie zunächst mit dem Werkzeug *Auswahl* 🖑 die Linie.

2 Anschließend wählen Sie in dem *Kontur*-Bedienfeld aus dem Menü *Anfang* oder *Ende* das gewünschte Format aus der Liste aus.

Auf die Größe der Endformen haben Sie keinen Einfluss. Sie wird proportional zur Konturstärke eingestellt.

Konturen

Die Konturen der einzelnen Objekte, egal ob Ellipse oder Linie, lassen sich vielfältig mithilfe des Bedienfeldes *Kontur* gestalten.

Das Bedienfeld rufen Sie durch Anklicken des Symbols *Kontur* oder Drücken der [F10]-Taste auf.

Strichstärke bestimmen

Wenn Sie ein neues Objekt zeichnen, ist dieses mit einer Linie in der Strichstärke von 1 Punkt umrandet. Der Umriss kann nachträglich jederzeit geändert werden.

Strichstärke

1 Markieren Sie das Objekt.

2 Nun können Sie die Strichstärke über das Feld *Stärke* ❶ festlegen.

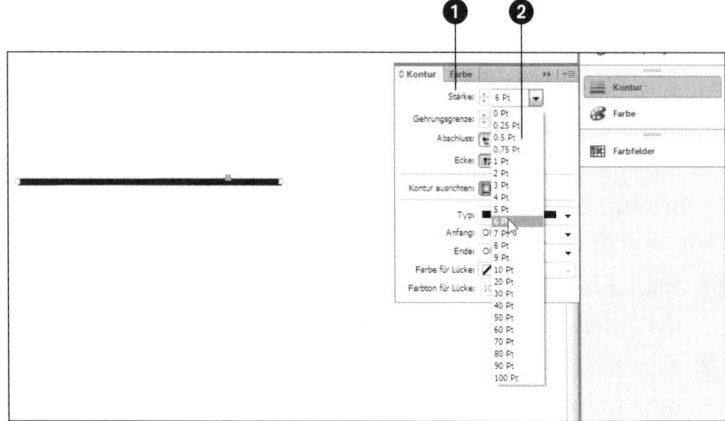

Abb. L7.11: Das *Kontur*-Bedienfeld

3 Wenn Sie auf den Listenpfeil **2** klicken, finden Sie eine Liste an Größen, die Ihnen InDesign standardmäßig zur Verfügung stellt. Sie reicht von *0 Pt* bis *100 Pt*. Auf diese Weise können Sie die Umrissstärke einfach mit der Maus auswählen.

Genauere Werte, beispielsweise 1,5 Pt, tragen Sie in das Feld ein und bestätigen mit ⏎.

Abschlüsse

Linien und Pfade (die Sie später in diesem Buch noch kennenlernen werden) können Sie mit bestimmten Abschlüssen versehen.

1 Dazu müssen Sie zunächst mit dem Werkzeug *Auswahl* die Linie bzw. den Pfad markieren.

2 In dem Bedienfeld *Kontur* klicken Sie dann auf den Abschlusstyp, der das Erscheinungsbild der beiden Enden eines geöffneten Pfades prägen soll.

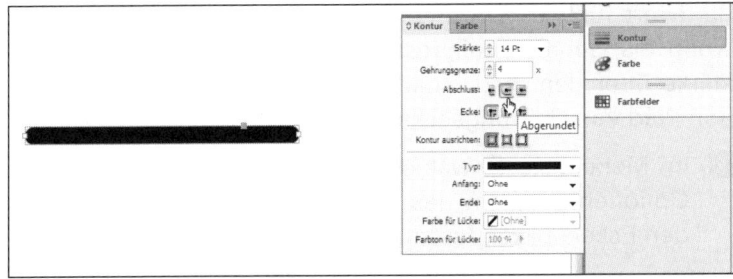

Abb. L7.12: Den Abschlusstyp wählen

Sie können dabei unter folgenden Optionen auswählen:

- *Abgeflachter Abschluss*: Hier werden rechteckige Enden **Abschlüsse** erstellt, die an die Endpunkte angrenzen (d. h. dort aufhören).

- *Abgerundeter Abschluss*: Erstellt halbkreisförmige Enden, die um die Hälfte der Konturstärke über die Endpunkte hinausragen.

- *Überstehender Abschluss*: Erstellt rechteckige Enden, die um die Hälfte der Konturstärke über die Endpunkte hinausragen.

Gehrungsecken

Unter einer *Gehrung* wird gemeinhin der schräge Zuschnitt **Gehrung** von Brettern verstanden, die in einem bestimmten Winkel zusammenstoßen. InDesign erlaubt es Ihnen, die Endpunkte der Pfade mit solchen Gehrungen zu versehen.

3 Auch hier müssen Sie zunächst den zu ändernden Pfad mit dem Werkzeug *Auswahl* ⬚ und die Kontur mithilfe des Feldes *Kontur* in der Werkzeugleiste markieren.

4 In dem *Kontur*-Bedienfeld definieren Sie einen Wert für die Option *Gehrungsgrenze*.

Damit bestimmen Sie, wann die Form eines Eckpunkts von einer Gehrungsecke in eine abgeflachte Ecke geändert wird. Hier sind Werte zwischen *1* und *500* möglich, wobei der Standardwert für die Gehrungsgrenze *4* beträgt. Das bedeutet, wenn die Gehrung mindestens um die vierfache Konturenstärke über den Pfad hinausragt, wird das Eckenformat für den Pfad von Gehrungsecken in abgeflachte Ecken geändert.

5 Im Menü *Ecke* ➊ wählen Sie abschließend eine der drei Optionen aus, um das Erscheinungsbild der Kontur an den Eckenspitzen festzulegen.

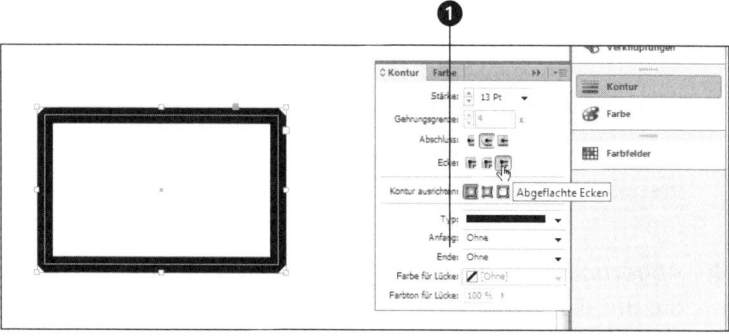

Abb. L7.13: Die Ecke auswählen

Hier stehen Ihnen zur Auswahl:

- *Gehrungsecken*: Erstellt spitze Ecken, die über den Endpunkt hinausragen, wenn die Länge der Gehrung innerhalb der Gehrungsgrenze liegt.

- *Abgerundete Ecken*: Die abgerundeten Ecken ragen um die Hälfte der Konturstärke über die Endpunkte hinaus.

- *Abgeflachte Ecken*: Diese grenzen an die Endpunkte an.

Effekte

InDesign bietet Ihnen im Menü *Objekt* folgende interessante Effekte, um Ihre gezeichneten Objekte zu verändern:

- *Transparenz*

- *Schlagschatten*

- *Schatten nach innen*

- Schein nach außen
- Schein nach innen
- Abgeflachte Kante und Relief
- Glanz
- Einfache weiche Kante
- Direktionale weiche Kante
- Weiche Verlaufskante
- Globales Licht

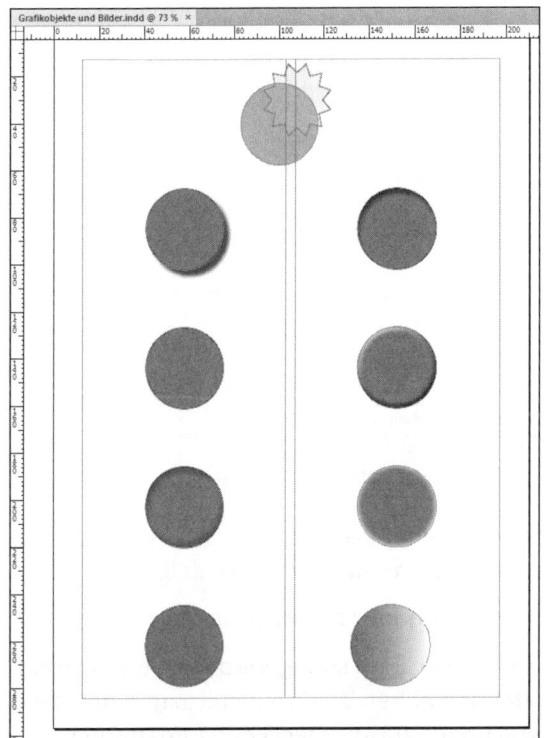

Abb. L7.14: Die interessantesten Effekte auf einen Blick

Alle Effekte werden in ähnlicher Weise über Dialogfenster eingestellt, wie am folgenden Beispiel *Transparenz* ersichtlich.

Transparenz   Und so wenden Sie einen *Transparenz*-Effekt an:

1 Zunächst markieren Sie mithilfe des Werkzeugs *Auswahl* das Objekt.

2 Dann wählen Sie über die Menüfolge *Objekt / Effekte* den Befehl *Transparenz*.

3 Klicken Sie im Menü *Effekte* auf den Listenpfeil des Feldes *Deckkraft* und wählen Sie eine Stufe aus bzw. stellen Sie die gewünschte Transparenz über den Schieberegler ein.

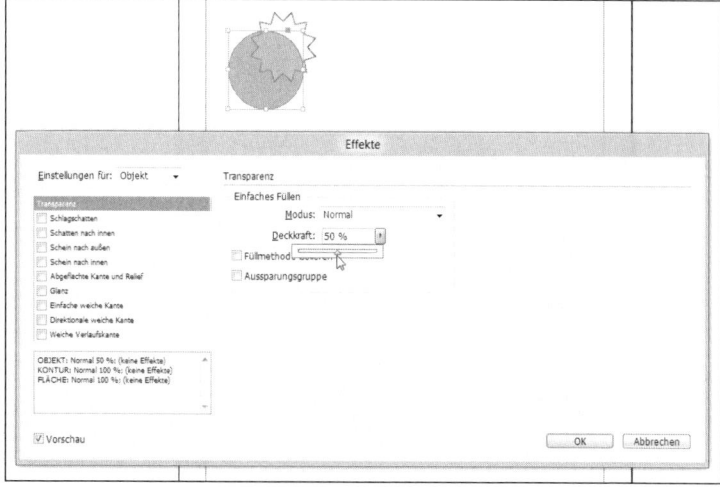

Abb. L7.15: Die Deckkraft der Transparenz festlegen

4 Zusätzlich können Sie im Listenfeld *Modus* noch bestimmen, wie die Transparenz sich verhalten soll.

■ Hier stehen Ihnen folgende Optionen zur Wahl:

   ■ *Normal:* Bei dieser Einstellung wird die Vordergrundfarbe mit der gewählten Werkzeugspitze und den aktuellen Einstellungen für die Deckkraft aufgetragen.

   ■ *Multiplizieren*: Die Farbwerte des Farbauftrags werden mit den Bildpunkten, die darunterliegen, multipliziert. Der so entstehende Farbton ist dunkler.

- *Negativ multiplizieren*: Die Farbwerte des Farbauftrags werden mit den Bildpunkten, die darüberliegen, multipliziert. Der so entstehende Farbton ist heller.

- *Ineinanderkopieren*: Die Farben im Hintergrund, die eine mittlere Helligkeit besitzen, werden mit der Vordergrundfarbe vermischt. Bei diesem Modus werden ganz helle und ganz dunkle Bildbereiche nicht verändert.

- *Weiches Licht*: Bei einer hellen Vordergrundfarbe wird der darunterliegende Bereich heller, bei einer dunklen Vordergrundfarbe dagegen dunkler.

- *Hartes Licht*: Dieser Modus wirkt ähnlich wie der Modus *Weiches Licht*, allerdings sind die Kontraste wesentlich härter ausgeprägt.

- *Farbig abwedeln*: Dieser Modus hellt den Untergrund mit der Vordergrundfarbe auf.

- *Farbig nachbelichten*: Diese Option ermöglicht, dass sich anhand der Farbinformationen in den einzelnen Kanälen und durch Erhöhen der Helligkeit die Ausgangsfarbe aufhellt.

- *Abdunkeln*: Färbt die dunkleren Bildpunkte des Untergrunds in der Vordergrundfarbe ein.

- *Aufhellen*: Färbt entsprechend die helleren Bildpunkte des Untergrunds in der Vordergrundfarbe ein.

- *Differenz*: Bildet eine Differenz zwischen den Helligkeitswerten von Vordergrund und Hintergrund.

- *Ausschluss*: Entspricht im Verhalten dem Modus *Differenz*, wobei hier das Verhalten insbesondere bei Weiß und Schwarz anders ist.

- *Farbton*: Ändert nur den Farbton bei der Untergrundfarbe.

- *Sättigung*: Dieser Modus ändert die Luminanz und den Farbton der Untergrundfarbe, die Sättigung dagegen bleibt erhalten.

- *Farbe*: Erzeugt einen neuen Farbton aus dem Farbton und der Sättigung der aktuellen Vordergrundfarbe und der Luminanz der Hintergrundfarbe. Die Graustufen bleiben hier erhalten.

- *Luminanz*: Ändert lediglich die Luminanz der Untergrundfarbe.

 Zum besseren Verständnis der eben gezeigten Auflistung sollten Sie sich den Abschnitt „Objekte färben" des Kapitels „Arbeiten mit Objekten" durchlesen.

5 Möchten Sie gleich die Auswirkung Ihrer Einstellungen sehen, dann aktivieren Sie das Kontrollkästchen *Vorschau*.

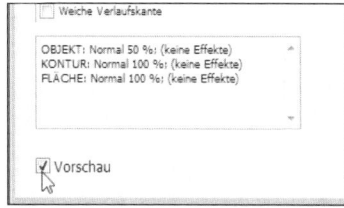

```
  Weiche Verlaufskante

OBJEKT: Normal 50 %: (keine Effekte)
KONTUR: Normal 100 %: (keine Effekte)
FLÄCHE: Normal 100 %: (keine Effekte)


✓ Vorschau
```

Abb. L7.16: Die Auswirkung der Einstellungen erkennen

6 Mit *OK* beenden Sie die Einstellungsarbeiten.

Eckenoptionen

Eckenoptionen   InDesign bietet Ihnen interessante Effekte, um Ihre gezeichneten Objekte zu verändern. Die Ihnen zur Verfügung stehenden Eckenoptionen reichen von einfachen gerundeten Ecken bis hin zu Ornamenten.

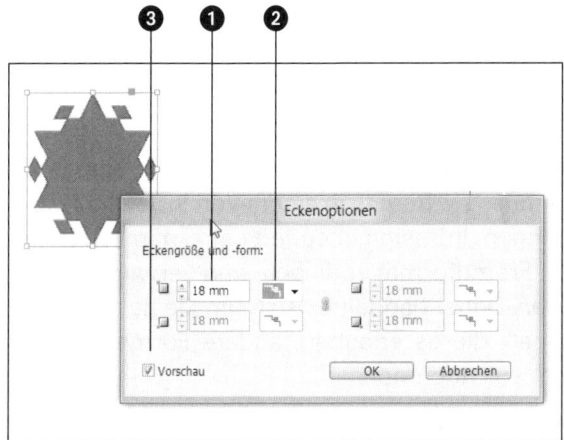

Abb. L7.17: Die verschiedenen Eckenoptionen

Und so wenden Sie einen Eckeneffekt an:

1 Zunächst markieren Sie mithilfe des Werkzeugs *Auswahl* das Objekt. Dann wählen Sie über das Menü *Objekt* den Befehl *Eckenoptionen*.

2 Klicken Sie im Feld *Größe* ❶ auf einen der kleinen Pfeile und stellen Sie den Wert ein, um den der Eckeneffekt von jedem Eckpunkt verlängert wird.

3 Im Listenfeld *Effekt* ❷ klicken Sie auf den Listenpfeil und wählen Sie einen der aufgelisteten Eckeneffekte aus.

4 Möchten Sie gleich die Auswirkung Ihrer Einstellungen sehen, dann aktivieren Sie das Kontrollkästchen *Vorschau* ❸. Gegebenenfalls müssen Sie das Dialogfenster *Eckenoptionen* ein wenig verschieben, damit Sie Ihre Objekte vollends sehen können.

Bilder einbinden

Sehr oft werden Sie Bilder oder Grafiken in Ihre Publikation einlesen wollen, die Sie mit anderen Programmen erstellt oder einfach nur eingescannt haben. Verwenden Sie Illustrator- und Photoshop-Dateien, so können Sie diese mühelos platzieren, kopieren und einsetzen und per Drag & Drop einfügen.

Wenn Sie eine Grafik in Ihr InDesign-Dokument einbinden möchten, dann muss sie bereits in einem von InDesign lesbaren Format vorliegen. InDesign integriert dabei nämlich Dateien, die in einem Fremdformat vorliegen, und verwendet dazu sogenannte *Filter*. Dabei handelt es sich um kleine „Übersetzungsprogramme", die es erlauben, andere Formate in das InDesign-Format aufzunehmen.

Platzieren

1 Über den Befehl *Platzieren* aus dem Menü *Datei* können Sie eine Datei importieren.

2 Wenn Sie den Befehl aufrufen, erscheint das Ihnen schon bekannte folgende Dialogfenster *Platzieren*.

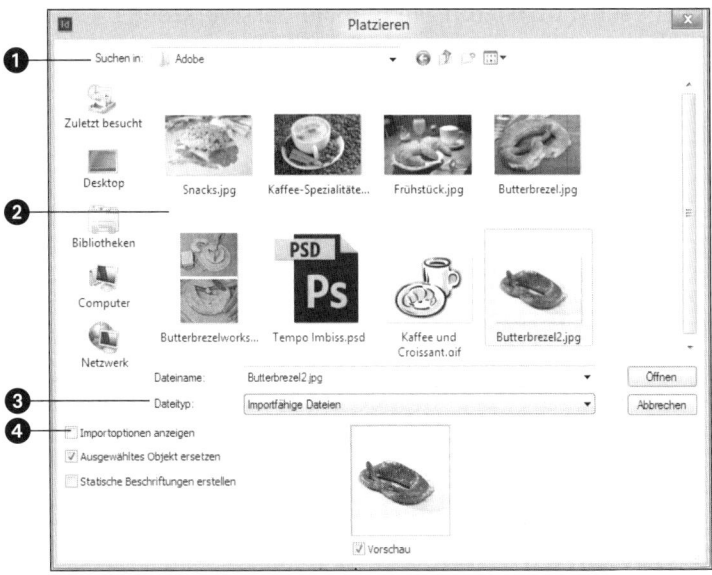

Abb. L7.18: Das Dialogfenster *Platzieren*

3 Stellen Sie in dem Listenfeld hinter der Bezeichnung *Suchen in* ❶ den Speicherort der zu importierenden Datei ein und markieren Sie sie dann in dem darunterliegenden Feld ❷.

4 Als *Dateityp* ❸ gibt Ihnen InDesign *Importfähige Dateien* vor. Stellen Sie die Option *Bilder* ein.

InDesign unterscheidet dabei im Wesentlichen zwischen Vektorgrafiken und Bitmapbildern. Der folgenden Tabelle können Sie die Dateien entnehmen, die durch die aktivierten Filter von InDesign lesbar sind.

Format	Erläuterung
*.ai	Adobe-Illustrator-Grafiken
*.psd	Adobe Photoshop
*.bmp	Windows-Standardformat für Bitmapbilder
*.dcs	Desktop-Farbseparationsformat, von Quark entwickelt
*.eps	EPS-Dateiformat (Encapsulated PostScript)
*.gif	Graphics Interchange Format
*jpg	Joint Photographic Experts Group
*.pict	Macintosh PICT
*.wmf	Microsoft-Windows-Metadatei
*.pcx	Windows-Pixelformat
*.pdf	Portable Document Format
*.png	Portable Network Graphics
*.tif	Tagged Image Format

Grafikformate

Tab. L7.3: Importierbare Grafikformate

5 Um zusätzliche Importoptionen für den ausgewählten Dateityp zu erhalten, aktivieren Sie die Option *Importoptionen anzeigen* ❹. In diesem Fall erhalten Sie beim Platzieren in einem Fenster eine Übersicht über die entsprechenden Optionen und können dort weitere

Einstellungen vornehmen. Wählen Sie hier die gewünschten Optionen aus und klicken Sie dann auf *Öffnen*.

Das weitere Vorgehen entspricht dem Einfügen eines Textrahmens. Der Mauszeiger verwandelt sich in ein Pinselsymbol und zeigt unterhalb eine kleine Vorschau der geladenen Bilddatei.

6 Platzieren Sie den Cursor an der Position in Ihrem Dokument, an der die Grafik erscheinen soll, und drücken Sie die linke Maustaste.

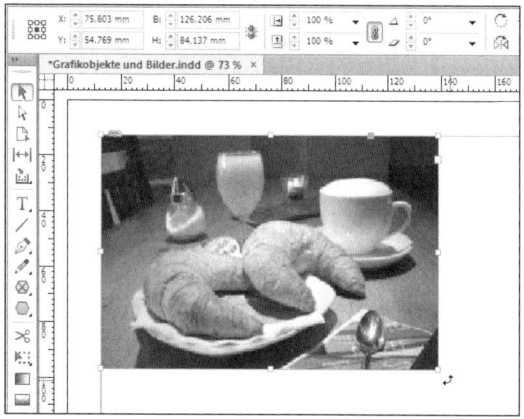

Abb. L7.19: Das platzierte Foto

Die Grafik wird daraufhin in ihrer Originalgröße eingebunden.

Bilder positionieren

Wie Sie eben gesehen haben, wird eine Grafik an der von Ihnen gewünschten Stelle eingefügt. Im Laufe der Entwicklung eines Dokuments kommt es jedoch sehr häufig vor, dass Sie die Grafik gern an eine andere Stelle verschieben möchten.

Platzieren mit der Maus

Platzieren mit der Maus

1 Klicken Sie dazu die Grafik an, sodass die sechs Markierungsecken um die Grafik erscheinen.

2 Nun können Sie die Grafik bei gedrückter Maustaste an einen beliebigen anderen Ort verschieben.

Platzieren mit der Steuerelementleiste

Auf den hundertstel Millimeter genau können Sie die Grafik über die Steuerelementleiste positionieren.

Platzieren mit der Steuerelementleiste

3 Hierzu müssen Sie die Grafik markieren und

4 dann die gewünschten Werte für die *X*- und *Y*-Position **①** eintragen.

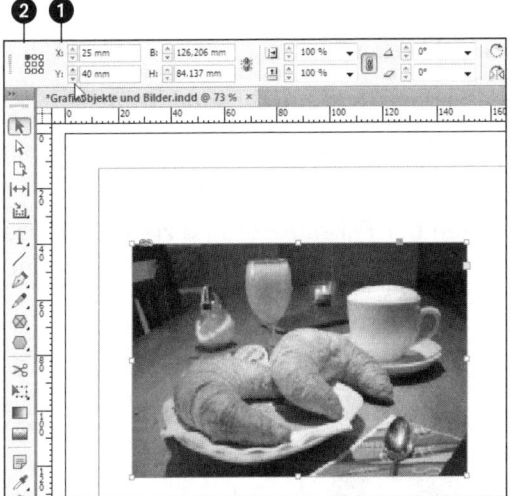

Abb. L7.20: Grafiken mithilfe der Steuerelementleiste positionieren

Die Position der Grafik wird dabei immer vom Nullpunkt der beiden Zeichenlineale aus berechnet, der sich standardmäßig am oberen linken Seitenrand befindet.

Setzen Sie den Bezugspunkt **②** auf die linke obere Ecke, dann können Sie leichter die Position eines Bildes festlegen.

Bilder in die Publikation einpassen

Nicht immer wird das Bild auf Anhieb perfekt in Ihre Publikation passen. In diesen Fällen können Ihnen die folgenden Ausführungen weiterhelfen.

Bilder anpassen

Nicht immer werden die Bilder in der gewünschten Größe bereitliegen. Dann müssen Sie nicht unbedingt gleich Ihr Photoshop „anwerfen", denn InDesign verfügt für diese Arbeiten über ein paar exzellente Werkzeuge.

Bilder anpassen

1 Platzieren Sie zunächst das Bild.

2 Aktivieren Sie dann das Werkzeug *Direktauswahl* ⃧.

3 Klicken Sie damit auf das Bild. Die Eckanfasser wechseln daraufhin die Farbe zu einem bräunlichen Ton.

4 Zeigen Sie auf einen der Eckanfasser und ziehen Sie das Bild nach innen. Wie Sie bemerken, wird es entsprechend Ihrer Bewegungen kleiner.

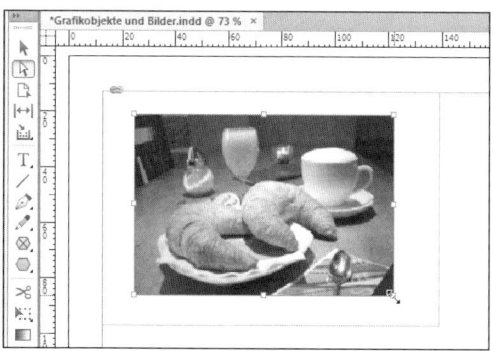

Abb. L7.21: Das Bild mit dem Werkzeug *Direktauswahl* verkleinern

Nun müssen Sie nur noch den blauen Rahmen anpassen.

5 Klicken Sie dazu auf die Schaltfläche *Rahmen an Inhalt anpassen* ❶.

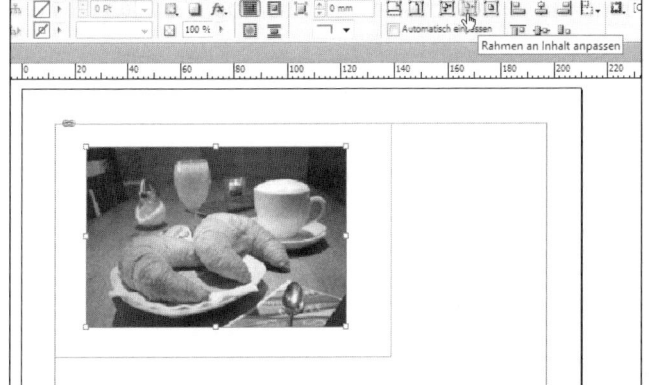

Abb. L7.22: Den Rahmen an den Inhalt anpassen

Der Rahmen wird daraufhin an den geänderten Inhalt angepasst.

Neben der eben gezeigten haben Sie ferner auch folgende
Möglichkeiten:

■ *Inhalt proportional anpassen* 🔲: Mithilfe dieser
Schaltfläche können Sie den Inhalt unter Beachtung seiner Proportionen an den Rahmen anpassen.

■ *Inhalt zentrieren* 🔲: Ein Klick platziert die verkleinerte
Grafik exakt in der Mitte des Rahmens.

■ *Rahmen an Inhalt anpassen* 🔲: Hier wird der Rahmen an
den Inhalt angepasst.

■ *Rahmen proportional füllen* 🔲: Diese Option führt dazu,
dass der Rahmen proportional gefüllt wird.

Grafiken an Auswahl anpassen

Einen sehr schönen Effekt können Sie erzielen, wenn Sie eine
Grafik „ausschneiden" und dann das Ergebnis in einem Objekt platzieren.

1 Wählen Sie zunächst mithilfe des Werkzeugs *Auswahl* 🔲
das gewünschte Bild aus.

2 Wählen Sie über das Menü *Bearbeiten* den Befehl *Kopieren*.

3 Markieren Sie anschließend einen Rahmen, der kleiner ist als das Objekt.

In die Aus-
wahl einfügen

4 Wählen Sie über das Menü *Bearbeiten* den Befehl *In die Auswahl einfügen*.

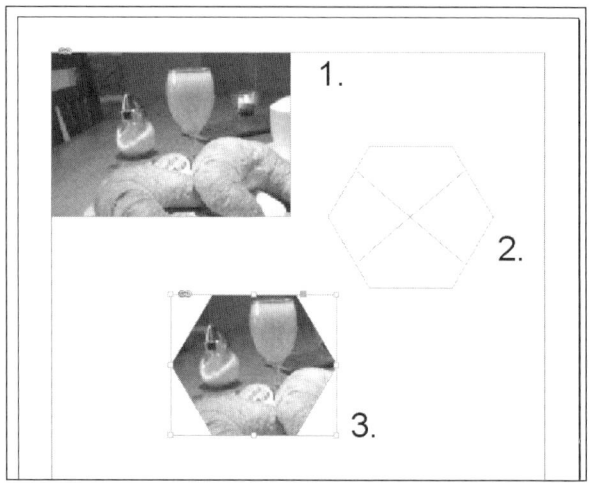

Abb. L7.23: Grafik in Auswahl einsetzen

Die Grafik wird passend in das Objekt eingefügt.

Bilder beschneiden

Sehr oft kommt es vor, dass Sie nur einen Ausschnitt einer Grafik benötigen oder verwenden möchten. In diesem Fall können Sie das Bild in InDesign entsprechend zuschneiden.

Eigentlich handelt es sich dabei nicht um einen Schnitt im herkömmlichen Sinne, denn InDesign bietet mehr: Das Bild bleibt nämlich in seiner Substanz erhalten. Jedes zugeschnittene Bild können Sie nachträglich ohne Probleme wiederherstellen, sodass das ganze Bild erneut sichtbar ist.

1 Um ein importiertes Bild oder eine andere bereits in einem rechteckigen Rahmen enthaltene Grafik zu beschneiden, klicken Sie mithilfe des Werkzeugs *Auswahl* [image] auf das Objekt.

Importiertes Bild beschneiden

2 Bewegen Sie dann den Zeiger auf einen der Griffpunkte des angezeigten Begrenzungsrahmens und klicken Sie darauf.

3 Stauchen Sie nun diesen Rahmen zusammen.

Halten Sie beim Ziehen die ⇧-Taste gedrückt, um die ursprünglichen Proportionen des Rahmens beizubehalten.

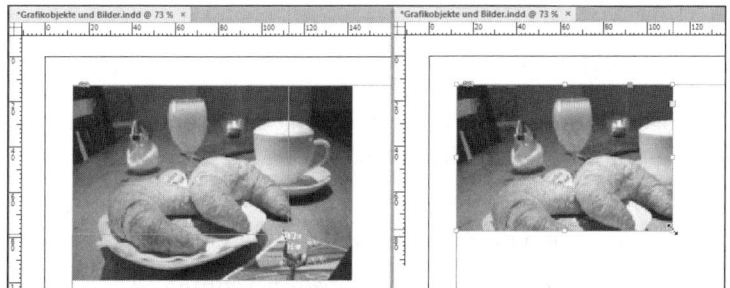

Abb. L7.24: Grafik mit dem Werkzeug *Auswahl* „zuschneiden"

4 Wenn Sie die Maus loslassen, bleibt nur der gewünschte Ausschnitt sichtbar.

Noch exakter können Sie die Grafik über die entsprechenden Eingaben in die Felder Breite (*B*) und Höhe (*H*) der Steuerelementleiste beschneiden.

Textumfluss

Beim Einfügen einer Grafik kann diese beispielsweise einen Textrahmen so überdecken, dass der Text nicht mehr lesbar ist. In diesem Fall müssen Sie die Konturenführung verändern. Damit können Sie auch festlegen, wie Text um eine Grafik herumfließen soll.

1 Aktivieren Sie zunächst die Grafik mit dem Werkzeug *Auswahl* [image].

2 Lassen Sie sich dann über das Menü *Fenster / Textumfluss* (oder über Alt + Strg + W) das *Textumfluss*-Bedienfeld anzeigen.

Abb. L7.25: Das Bedienfeld *Textumfluss*

Konturen-führung

In diesem Bedienfeld können Sie nun die folgenden Optionen der Konturenführung einstellen:

■ *Keine Konturenführung* [Symbol]: Bei dieser voreingestellten Option liegen die Objekte einfach übereinander.

■ *Konturenführung um Begrenzungsrahmen* [Symbol]: Wenn Sie diese Option aktivieren, wird die Grafik freigestellt und mit einem rechteckigen vordefinierten Abstand (Standardeinstellung: 0 mm) zum Text versehen. Der Text läuft dann (sofern möglich) um die Grafik herum. Es kann sich folglich an einer Stelle immer nur ein Objekt befinden. Den Abstand können Sie mithilfe der vier Eingabefelder an allen vier Seiten verschieben und so beispielsweise verhindern, dass der Text zu nahe an der Grafik platziert wird.

Wenn Sie diese Option gewählt haben, können Sie den Begrenzungsrahmen mit dem Werkzeug *Direktauswahl* [Symbol] individuell bearbeiten.

- *Konturenführung um Objektform* 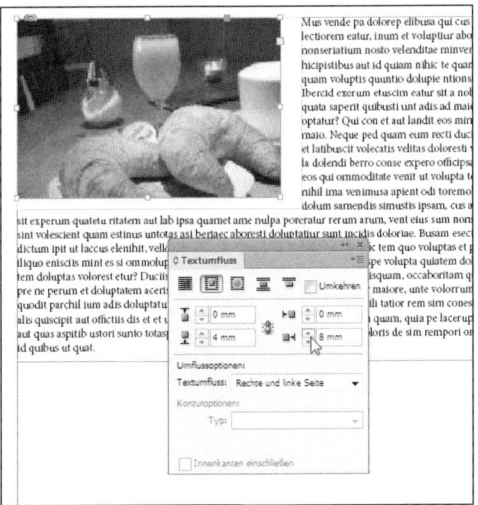: Mithilfe dieser Schaltfläche wird eine Konturenführungsbegrenzung in der Form eines markierten Rahmens (zu- oder abzüglich von Verschiebungsabständen) erstellt. Der Abstand um die Grafik kann so manuell bearbeitet und individuell gestaltet werden.

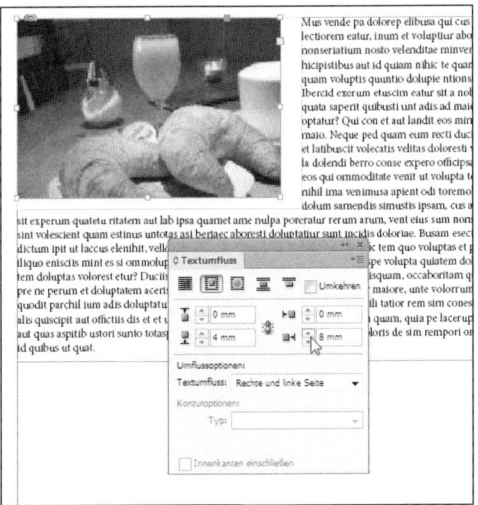

Abb. L7.26: Konturenführung um ein Objekt

- *Objekt überspringen* : Diese Option bestimmt, dass der Text bis zum Anfang der Grafik läuft und dann darunter weiterläuft. Links und rechts erscheint der Text nicht.

- *In nächste Spalte springen* : Hier läuft der Text bis zur Grafik und geht darunter nicht weiter. Der nächste Absatz wird dann oben in der nächsten Spalte oder dem nächsten Textrahmen angezeigt.

- Wenn Sie das Kontrollkästchen *Umkehren* aktivieren, wird der Text innerhalb der Kontur angezeigt.

L8 Pfade

Im Folgenden werden Sie die sogenannten *Pfade* näher kennenlernen, die Ihnen das Erstellen komplexerer Formen ermöglichen.

Mit Pfaden haben Sie schon gearbeitet. Wenn Sie nämlich ein Objekt, beispielsweise ein Rechteck, zeichnen, dann legt InDesign automatisch einen Pfad um dieses Objekt. Wenn Sie das Werkzeug *Auswahl* aktivieren, erscheinen um das Objekt acht Anfasspunkte, mit denen Sie die Größe verändern können. Das ist ein sogenannter *geschlossener Pfad*. Den Gegensatz dazu bildet der *offene Pfad*, den Sie weiter unten kennenlernen werden.

Arbeiten mit Pfaden

Bei *Pfaden* handelt es sich um Polygonenzüge, die als Vektorgrafiken vorliegen. Ein Zeichenpfad ist mit der Umgrenzungslinie eines Auswahlbereichs vergleichbar, kann im Gegensatz dazu aber nachträglich bearbeitet werden. **Pfade**

Neben Geraden kann ein Pfad auch Kurven enthalten, die auf einfache Weise bearbeitet werden können.

Pfade kann man beispielsweise einsetzen, um

■ Bereiche eines Dokuments festzulegen und zu füllen,

■ Konturen entlang eines Pfades zu erzeugen und

■ Texte daran entlanglaufen zu lassen.

Funktionsweise von Pfaden

Der *Zeichenstift* ist das Werkzeug, das Sie für die Gestaltung mit Pfaden am häufigsten benötigen werden.

1 Erstellen Sie ein Rechteck mit dem *Rechteck-Werkzeug* ▢ .

2 Aktivieren Sie dann das Werkzeug *Zeichenstift* 🖊 ❶.

Ankerpunkte Wie Sie bemerken werden, erscheinen an den Ecken vier kleine Rechtecke. Sie werden als *Ankerpunkte* ❷ bezeichnet. Die Linien, die diese Punkte verbinden und so das Objekt umschließen, werden *Pfad* ❸ genannt.

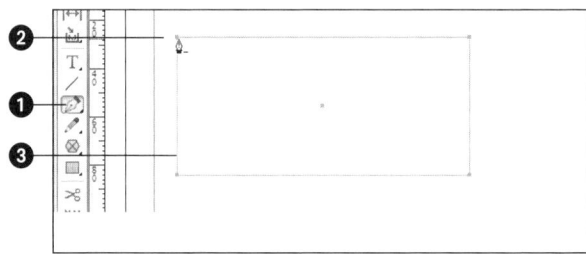

Abb. **L8.1**:   Die Ankerpunkte sind deutlich zu sehen

Segment Ein solcher Pfad besteht aus einem oder mehreren *Segmenten*. Anfang und Ende der einzelnen Segmente werden jeweils durch Ankerpunkte markiert, die wie Halterungen für Drähte funktionieren.

Durch Bearbeiten der Ankerpunkte können Sie die Form eines Pfades ändern.

3 Klicken Sie dazu auf das kleine Dreieck im unteren Teil des Werkzeugs *Zeichenstift*. Dadurch werden die restlichen drei Werkzeuge sichtbar.

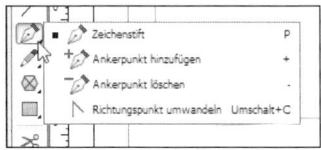

Abb. **L8.2**:   Die Werkzeuge für die Pfaderstellung

4 Mithilfe dieser Werkzeuge können Sie die Pfade bearbeiten.

Ankerpunkt löschen

Um einen Ankerpunkt zu entfernen, gehen Sie folgendermaßen vor:

1 Aktivieren Sie das dritte Werkzeug 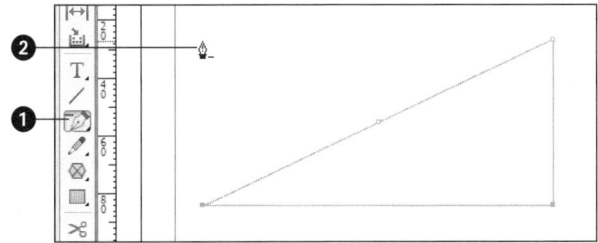 (*Ankerpunkt-löschen-Werkzeug*) **❶** in der *Zeichenstift*-Leiste. Sie erkennen es an dem Minuszeichen neben dem Symbol mit der Feder.

2 Führen Sie anschließend den Mauszeiger auf den Ankerpunkt **❷**, den Sie entfernen möchten, und klicken Sie einmal darauf.

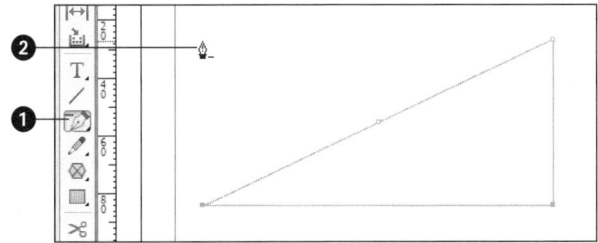

Abb. L8.3:   Einen Ankerpunkt entfernen

Der Punkt wird entfernt und InDesign schließt die Lücke automatisch, sodass beim Entfernen eines Ankerpunkts eines Rechtecks ein Dreieck entsteht.

Ankerpunkt hinzufügen

Umgekehrt können Sie jederzeit einen Ankerpunkt (wieder) hinzufügen. Allerdings ist es nicht möglich, das ursprüngliche Objekt wiederherzustellen, etwa dadurch, dass Sie auf den verbliebenen (blauen) Eckpunkt klicken.

1 Um einen Ankerpunkt hinzuzufügen, müssen Sie zunächst das Werkzeug mit dem Plussymbol 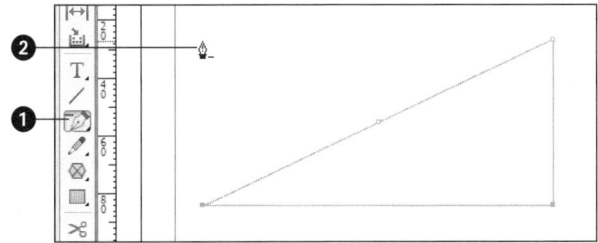 (*Ankerpunkt-hinzufügen-Werkzeug*) **❶** aktivieren.

2 Führen Sie dann den Cursor auf den Rand des Objekts und klicken **❷** Sie einmal mit der Maus darauf.

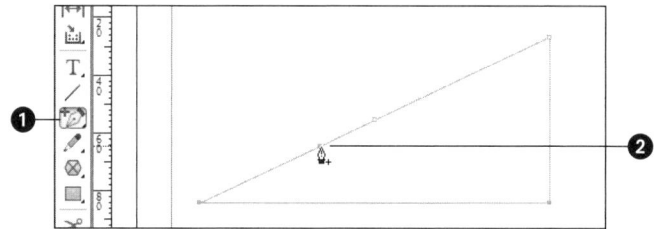

Abb. L8.4: Neuen Ankerpunkt anlegen

Es entsteht ein neuer Ankerpunkt, den Sie an seiner Füllung erkennen, denn er ist noch markiert.

Diesen Ankerpunkt können Sie (wie alle Ankerpunkte) verschieben.

3 Dazu müssen Sie das Werkzeug *Direktauswahl* ⟨⟩ aktivieren.

4 Führen Sie es anschließend auf den Ankerpunkt und ziehen Sie ihn an die gewünschte Position **1**.

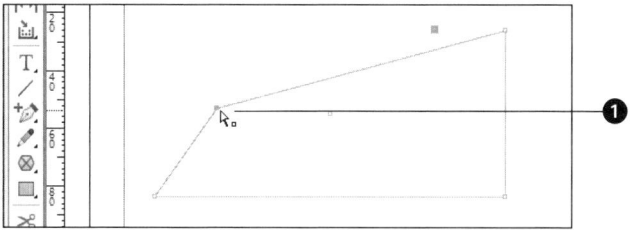

Abb. L8.5: Einen Ankerpunkt verschieben

5 Dort lassen Sie ihn los und das Objekt nimmt augenblicklich seine neue Form an.

Pfade aufteilen

Sie können einen Pfad, einen Grafikrahmen oder einen leeren Textrahmen an einem beliebigen Ankerpunkt oder entlang eines beliebigen Segments teilen.

Schere **1** Dazu wählen Sie zunächst das Werkzeug *Schere* **1**.

2 Positionieren Sie es über einem Pfad **②**.

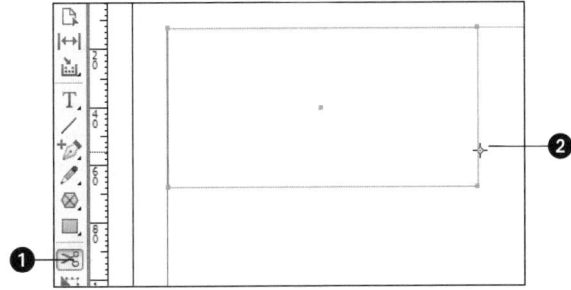

Abb. L8.6: Einen Ankerpunkt mit dem Werkzeug *Schere* erstellen

3 Klicken Sie auf diese Stelle. Sie erkennen einen neuen Ankerpunkt **①**.

4 Aktivieren Sie nun das Werkzeug *Direktauswahl* ⬚ **②** und führen Sie es über diesen Ankerpunkt.

5 Klicken Sie darauf und ziehen Sie bei gedrückter linker Maustaste den Punkt auseinander **③**.

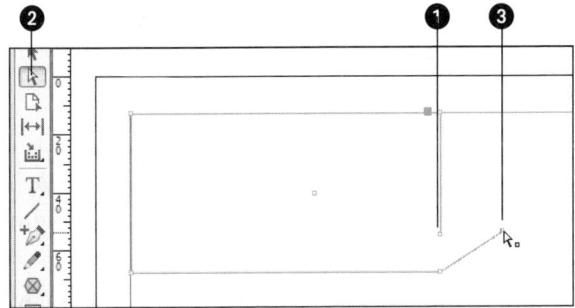

Abb. L8.7: Der Pfad ist nun geteilt

Pfade verändern

Pfade bestehen, wie dargestellt, aus einem oder mehreren geraden oder gekrümmten Segmenten. Durch Bearbeiten der Ankerpunkte können Sie die Form eines Pfades ändern.

Linien in Kurven umwandeln

Bei einem sogenannten *offenen Pfad*, beispielsweise einer Linie, werden die Anfangs- und Endankerpunkte *Endpunkte* genannt. Linien können Sie recht einfach in Kurven umwandeln.

Richtungspunkt umwandeln

1 Dazu müssen Sie lediglich mit dem Werkzeug *Richtungspunkt umwandeln* ◈ ❶ auf den Knotenpunkt ❷ klicken und

2 sich bei gedrückter linker Maustaste von der Linie ❸ weg bewegen.

Dadurch entsteht eine Kurve, etwa wie in der folgenden Abbildung.

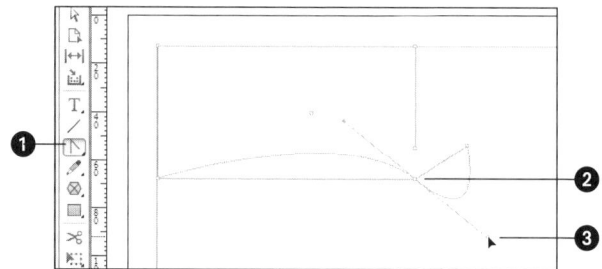

Abb. L8.8: Eine Kurve mithilfe eines geänderten Richtungspunktes erstellen

Richtungslinien

Wie Sie unschwer erkennen können, ziehen sich von dem Ankerpunkt ausgehend zwei Linien auf. Es handelt sich dabei um die sogenannten *Richtungslinien*.

Durch das Verändern der Winkel und der Länge der Richtungslinien können Sie Form und Größe der Kurve bestimmen. Beim Verschieben der Richtungslinien wird die Form der Kurven geändert.

TIPP Lassen Sie sich nicht verwirren: Die Richtungslinien dienen lediglich als Orientierungshilfe und erscheinen nicht auf dem Ausdruck.

Eck- und Glättungspunkte

InDesign kennt zwei Arten von Ankerpunkten:

- *Eckpunkte* und
- *Glättungspunkte*.

Im obigen Beispiel haben Sie einen Glättungspunkt erstellt. An einem Glättungspunkt werden Pfadsegmente in Form einer durchgehenden Kurve verbunden. Wie Sie sicherlich beim Bewegen der Richtungslinien bemerkt haben, veränderten sich beide Kurven. Anders ist das Verhalten bei einem Eckpunkt. Hier wird die Pfadrichtung abrupt gewechselt.

Glättungs-punkt

Wenn Sie einen Glättungspunkt in einen Eckpunkt (und umgekehrt) umwandeln möchten, müssen Sie wie folgt vorgehen:

Eckpunkt

1 Markieren Sie zunächst mithilfe des Werkzeugs *Direktauswahl* den zu ändernden Pfad bzw. den betreffenden Punkt.

2 Dann wechseln Sie zum Werkzeug *Richtungspunkt umwandeln* .

3 Positionieren Sie nun das Werkzeug über dem zu konvertierenden Ankerpunkt und ziehen Sie an einer der Richtungslinien.

Achten Sie darauf, dass die Richtungslinien bei den Glättungs- und Eckpunkten unterschiedliche Funktionen haben:

- Ein Glättungspunkt weist prinzipiell zwei Richtungslinien auf, die als eine gerade Einheit gemeinsam verschoben werden. Ziehen Sie an einer der Richtungslinien, werden beide gleichzeitig verschoben.

- Ein Eckpunkt kann dagegen zwei Richtungslinien bzw. eine oder keine Richtungslinie aufweisen. Bei Richtungslinien für Eckpunkte wird die Ecke durch die Verwendung unterschiedlicher Winkel beibehalten. Dadurch ist es möglich, dass die Richtungslinie eines Eckpunktes an eine andere Position gezogen und die eventuell vorhandene andere Richtungslinie nicht verschoben wird.

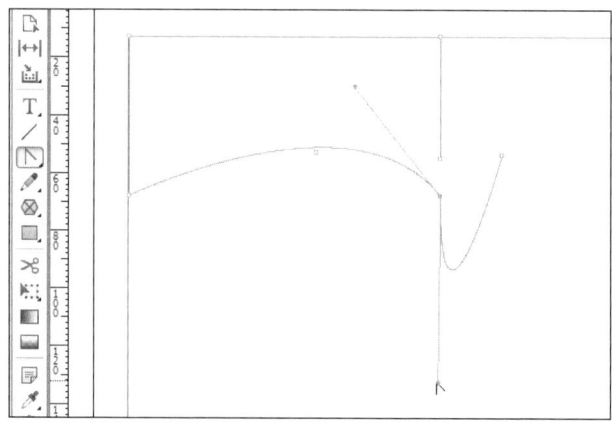

Abb. L8.9: Glättungspunkt in einen Eckpunkt konvertieren

■ Möchten Sie dagegen einen Glättungspunkt in einen Eckpunkt ohne Richtungslinien konvertieren, klicken Sie auf den Glättungspunkt. Die Richtungslinien verschwinden und Sie können den Verlauf der Kurve nach Ihren Vorstellungen gestalten.

■ Sie können aber auch einen Eckpunkt ohne Richtungslinien in einen Eckpunkt mit unabhängigen Richtungslinien konvertieren. Dazu ziehen Sie zuerst die Richtungslinien aus einem Eckpunkt heraus, lassen die Maustaste los und ziehen dann an einer der Richtungslinien.

 Eck- und Glättungspunkte können beliebig kombiniert werden. Wenn Sie die falsche Punktart wählen, können Sie sie jederzeit ändern.

Pfade erstellen mit dem Werkzeug Zeichenstift

Mit dem Werkzeug *Zeichenstift* können Sie einen Pfad zeichnen, der mit den einfacheren Zeichenwerkzeugen nicht erstellt werden kann. So können Sie gerade Linien und glatte, fließende Kurven mit großer Genauigkeit zeichnen. Allerdings braucht es ein bisschen Übung im Umgang mit diesem Gerät, das sich auch in Adobe Photoshop findet.

Zeichnen einer geraden Linie

Mit dem *Zeichenstift* können Sie recht schnell eine gerade Linie ziehen.

1 Klicken Sie dazu auf das Werkzeug *Zeichenstift* ✏️.

2 Bewegen Sie es an die Stelle auf der Arbeitsfläche, an der das gerade Segment beginnen soll.

3 Klicken Sie dort einmal. Es entsteht ein Ankerpunkt ❶.

4 Bewegen Sie nun den Stift an den Punkt, an dem die Linie enden soll, und klicken Sie abermals ❷.

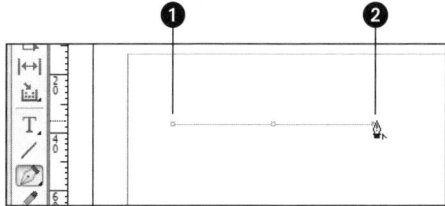

Abb. L8.10: Gerade Linie mit dem Werkzeug *Zeichenstift* erstellen

Dadurch erstellen Sie einen Pfad, bei dem gerade Liniensegmente durch Eckpunkte verbunden werden.

Sie erhalten nur dann eine Linie, wenn Sie auf den ersten Ankerpunkt klicken und nicht etwa mit der Maus ziehen. In diesem Fall entstehen nämlich Richtungslinien.

Zeichnen eines geschlossenen Objekts

Auf die gleiche Art, wie Sie eine gerade Linie zeichnen, können Sie auch ein geschlossenes Objekt erstellen.

1 Klicken Sie dazu an jedem Eckpunkt einmal mit der Maus und ändern Sie dann die Richtung.

Den aktuellen Stand Ihrer Arbeit können Sie der Markierung der Punkte entnehmen. Der letzte hinzugefügte Ankerpunkt wird als ausgefülltes Quadrat ❶ und somit als markierter Punkt angezeigt. Bestehende Ankerpunkte werden beim Hinzufügen weiterer Ankerpunkte als deaktiviert angezeigt.

2 Das Objekt wird dadurch geschlossen, dass Sie den Stiftzeiger über dem ersten (nicht ausgefüllten) Ankerpunkt positionieren.

Wenn sich der Cursor genau darüber befindet, wird ein kleiner Kreis neben dem *Zeichenstift* als Zeichen angezeigt ❷.

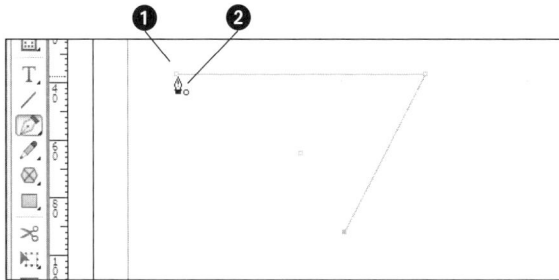

Abb. L8.11: Mit einem letzten Klick wird das Objekt geschlossen

3 Führen Sie jetzt einen Klick aus und das Objekt ist geschlossen.

Möchten Sie das Objekt nicht schließen, dann halten Sie die Strg-Taste gedrückt und klicken auf eine Stelle, an der sich keine Objekte befinden. Alternativ können Sie auch den Befehl *Auswahl aufheben* aus dem *Bearbeiten*-Menü aufrufen oder einfach ein anderes Werkzeug auswählen.

Zeichnen eines gekrümmten Segments

Mit dem *Zeichenstift* können Sie des Weiteren recht komfortabel Kurven zeichnen. Dazu fügen Sie lediglich Ankerpunkte an den Stellen hinzu, an denen sich die Richtung der Kurve ändern soll.

1 Nachdem Sie das Werkzeug *Zeichenstift* 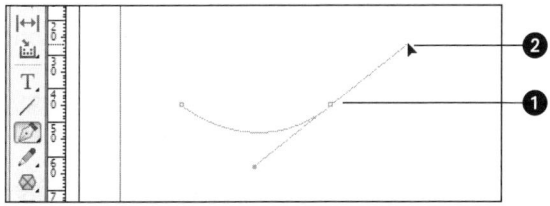 aktiviert haben, positionieren Sie die Stiftspitze an der gewünschten Anfangsstelle der Krümmung ❶.   **Kurven**

2 Klicken Sie mit der Maus und halten Sie die Maustaste gedrückt. Der erste Ankerpunkt wird angezeigt und das Cursorsymbol wandelt sich in eine kleine schwarze Pfeilspitze.

3 Ziehen Sie nun diesen Zeiger in die gewünschte Richtung ❷, um die Neigung der Linie festzulegen.

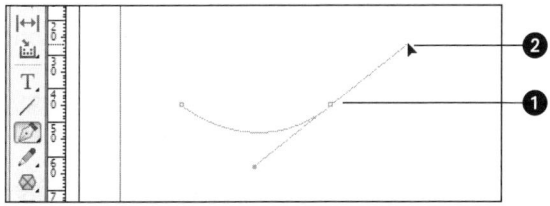

Abb. L8.12: Der erste Ankerpunkt

4 Wenn Sie die gewünschte Krümmung erreicht haben, lassen Sie die Maustaste los.

Das erste Segment wird erst sichtbar, wenn Sie den zweiten Ankerpunkt zeichnen.

5 Setzen Sie nun den Stift an den gewünschten Endpunkt ❶.

6 Klicken Sie mit der Maus darauf und halten Sie sie fest. Jetzt ist das Kurvensegment sichtbar und Sie können mithilfe der Richtungslinie ❷ den gewünschten Verlauf der Linie herstellen.

7 Wenn Sie die gewünschte Krümmung erreicht haben, lassen Sie die Maustaste los.

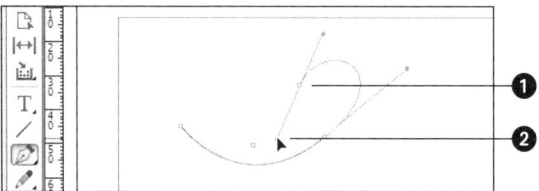

Abb. L8.13: Den Verlauf mit dem Ankerpunkt bestimmen

Verfahren Sie nun auf diese Art und Weise mit den anderen Ankerpunkten, bis das gewünschte Objekt fertig ist.

Möchten Sie ein geschlossenes Objekt erstellen, dann positionieren Sie abschließend den Zeiger über dem ersten (nicht ausgefüllten) Ankerpunkt. Wenn dann neben dem Symbol ein kleiner Kreis angezeigt wird, ist er korrekt positioniert und Sie können mit einem weiteren Klick das Objekt schließen.

Soll das Objekt geöffnet bleiben, halten Sie die Strg -Taste gedrückt und klicken lediglich auf eine Stelle, an der sich keine Objekte befinden.

Kombination beider Arten

Sie können nahezu alle Objekte aus einer Kombination beider Zeichenarten erstellen. Punktarten und Richtungslinien lassen sich nämlich beim Zeichnen eines Pfades beliebig ändern.

1 Zunächst erstellen Sie dazu ein gerades Segment, indem Sie mit dem *Zeichenstift* an zwei Positionen auf Eckpunkte klicken.

2 Wenn Sie mit dem *Zeichenstift* 🖉 über dem zuletzt erstellten Endpunkt verharren, wird Ihnen ein Symbol für die Punktkonvertierung daneben angezeigt, wenn der Ankerpunkt korrekt positioniert ist ❶.

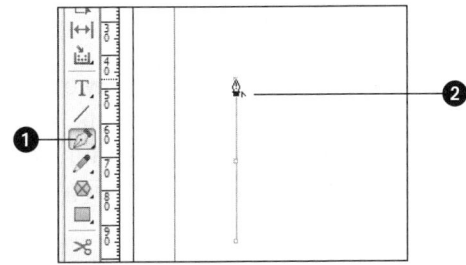

Abb. L8.14: Korrekt positioniertes Werkzeug *Zeichenstift*

3 Ziehen Sie nun die angezeigte Richtungslinie **❶** in die gewünschte Richtung, um die Neigung für das gekrümmte
Segment festzulegen, das Sie anschließend erstellen.

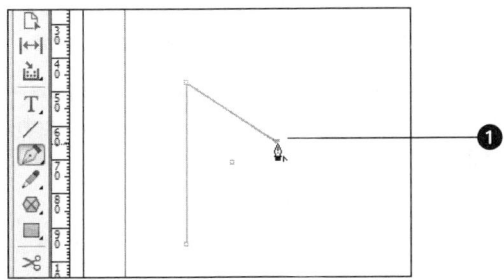

Abb. L8.15: Richtungslinie für die Neigung ziehen

4 Danach erstellen Sie den dritten Ankerpunkt oder ziehen
ihn an die gewünschte Position **❶**, um die Kurve fertigzu-
stellen.

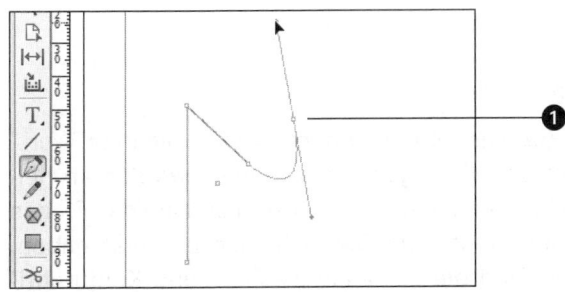

Abb. L8.16: Anlegen des dritten Ankerpunktes für die Kurve

Zeichnen von Pfaden mit dem Buntstift

Buntstift

Mithilfe des Werkzeugs *Buntstift* 🖉 können Sie – wie mit einem gewöhnlichen Buntstift auf Papier – geöffnete und geschlossene Pfade zeichnen. Der *Buntstift* ist ideal für das schnelle Skizzieren oder das Erstellen einer Zeichnung mit Handzeichnungscharakter geeignet.

Zeichnen eines Freiformpfades

1 Klicken Sie in der Werkzeugleiste zunächst auf das Werkzeug *Buntstift* 🖉 **❶**.

2 Führen Sie den Cursor nun an die Stelle **❷** auf der Arbeitsfläche, an der der Pfad beginnen soll.

3 Klicken Sie dort und halten Sie die Maustaste gedrückt.

4 Zeichnen Sie – so als würden Sie auf Papier schreiben – den gewünschten Verlauf des Pfades hin zur gewünschten Endposition **❸**.

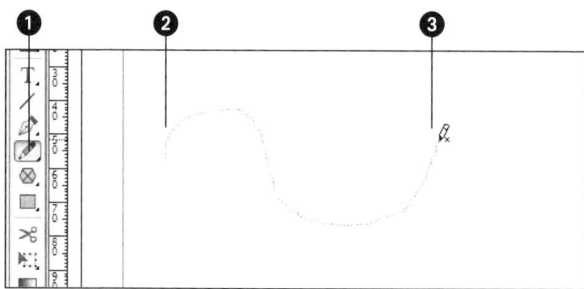

Abb. L8.17:   Einen Pfad mit dem *Buntstift* zeichnen

5 Dort lassen Sie die Maus los.

Während des Ziehens folgt eine gepunktete Linie dem Werkzeug. Wenn Sie den Pfad gezeichnet haben, werden an beiden Enden und an verschiedenen Punkten entlang des Pfades Ankerpunkte angezeigt. Wie Sie sicherlich bemerkt haben, werden für den Pfad die aktuellen Flächen- und Konturattribute übernommen und er bleibt standardmäßig ausgewählt.

Zeichnen eines geschlossenen Pfades

Zunächst gehen Sie ganz normal vor:

1 Nachdem Sie den *Buntstift* ✏ angeklickt haben, positionieren Sie den Zeiger an der Stelle, an der der Pfad anfangen soll, und beginnen dann zu ziehen.

2 Um einen geschlossenen Pfad zu zeichnen, halten Sie dabei die [Alt]-Taste gedrückt.

3 Es wird als Hinweis für das Zeichnen eines geschlossenen Pfades ein kleiner Kreis angezeigt.

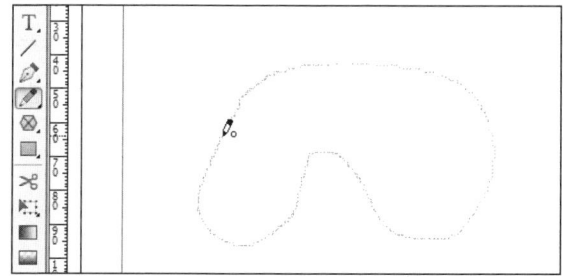

Abb. L8.18: Einen geschlossenen Pfad zeichnen

4 Wenn der Pfad die von Ihnen gewünschte Größe und Form hat, lassen Sie die Maustaste – aber nicht die [Alt]-Taste – los.

Letztere sollten Sie erst loslassen, wenn der Pfad geschlossen ist.

Glätten eines Pfades

Das Zeichnen mit dem *Buntstift* ist so eine Sache. Wie auf dem Papier auch gelingt es einem öfter nicht, die Linie in einem Rutsch zu zeichnen, und man erhält Unebenheiten. Mit dem Werkzeug *Glätten* können Sie diese aus einem vorhandenen Pfad oder Pfadabschnitt entfernen. Dabei werden die ursprünglichen Formen des Pfades so weit wie möglich beibehalten. Sie erhalten Pfade, die aus weniger Punkten bestehen und somit meist leichter bearbeitet, angezeigt und gedruckt werden können.

1 Zunächst müssen Sie den zu glättenden Pfad mit dem Werkzeug *Auswahl*  auswählen.

> Haben Sie schon das Werkzeug *Glätten* aktiviert, dann können Sie auch bei gedrückter [Strg]-Taste auf den Pfad klicken, um ihn auszuwählen.

Glätten

2 Mit dem Werkzeug *Glätten* ziehen Sie nun an dem Pfadsegment entlang, das Sie glätten möchten.

Wenn Sie die Maustaste loslassen, wird das Segment geglättet, was Sie daran erkennen, dass die geänderten Konturen oder Pfade weniger Ankerpunkte als das Original haben.

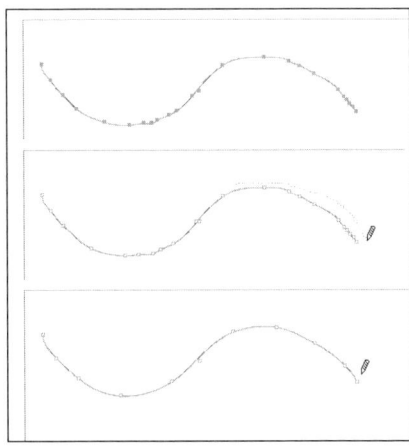

Abb. L8.19: Glätten vorher/während/nachher

Einstellungen anpassen

Das Arbeiten mit den Werkzeugen *Buntstift* und *Glätten* erfordert ein bisschen Übung. Deshalb ist es hilfreich, dass Sie diese Werkzeuge auf Ihre Bedürfnisse einstellen können.

1 Um an die Einstellungsoptionen zu gelangen, doppelklicken Sie auf das entsprechende Werkzeug.

2 Im folgenden Dialogfenster können Sie die Einstellungen vornehmen.

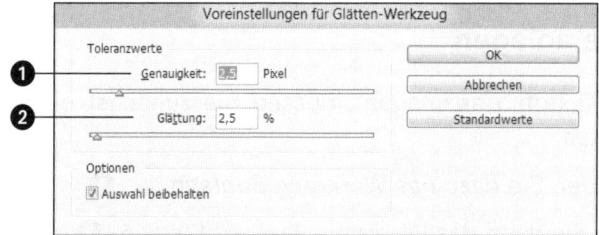

Abb. L8.20: Voreinstellungen des Werkzeugs *Glätten* ändern

Verwenden Sie die Schieberegler *Genauigkeit* und *Glättung*, um die Toleranzgrenze zu bestimmen.

■ Mit dem Wert *Genauigkeit* ❶ steuern Sie den Abstand (in Pixel), innerhalb dessen die Kurven von den geglätteten Daten, die Sie über die Maus oder das Tablett eingegeben haben, abweichen können. Dabei gilt folgende Grundregel: Niedrigere Genauigkeitswerte führen zu Pfaden, die weniger mit der gezeichneten Linie übereinstimmen. Höhere Werte führen dagegen zu Pfaden, die genauer mit der gezeichneten Linie übereinstimmen. Im letzteren Fall erhalten Sie möglicherweise jedoch auch mehr Ankerpunkte.

■ Der Wert *Glättung* ❷ steuert die Stärke der Glättung (in Prozent). Hierbei gilt, dass niedrigere Glättungswerte zu mehr Ankerpunkten, höhere Werte zu weniger Ankerpunkten führen. Bei der letzten Option werden allerdings Unregelmäßigkeiten eher entfernt.

Textpfade

Wenn Sie Ihren Seiten das gewisse Etwas verleihen möchten, dann sind *Textpfade* sicherlich eine Überlegung wert. Wenn Sie Text auf einem Pfad erstellen, können Sie die Ausrichtung des Textes am Pfad präzise mithilfe von Schiebereglern steuern.

Textpfade anlegen

Um einen Textpfad anzulegen, müssen Sie zunächst einen Pfad gestalten.

1 Verwenden Sie dazu das Werkzeug *Buntstift* ✏️ **❶**.

Textpfad

2 Wählen Sie dann das Werkzeug *Text auf Pfad* 🖉 **❷** aus.

3 Positionieren Sie nun den Mauszeiger auf dem Pfad, bis ein kleines Pluszeichen neben dem Zeiger angezeigt wird.

4 Klicken Sie dann auf den Pfad. Eine Einfügemarke **❸** wird am Anfang des Pfades angezeigt.

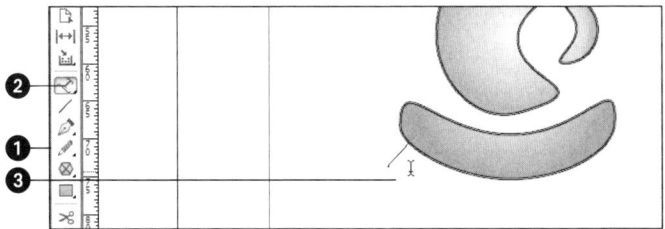

Abb. L8.21: Die Einfügemarke wurde auf dem Pfad platziert

5 Geben Sie nun Ihren Text über die Tastatur ein.

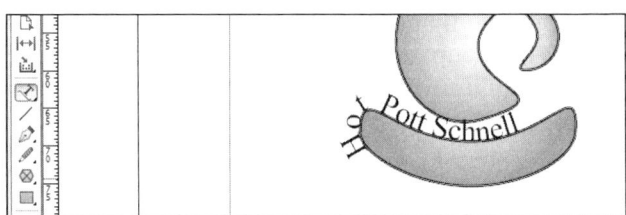

Abb. L8.22: Und schon läuft der Text

Möchten Sie den Text verändern, dann

6 klicken Sie mit der rechten Maustaste in den Pfad und

244

7 wählen aus dem Kontextmenü den Befehl *Pfadtext / Optionen*.

8 Sie erhalten das entsprechende Dialogfenster *Pfadtextoptionen*.

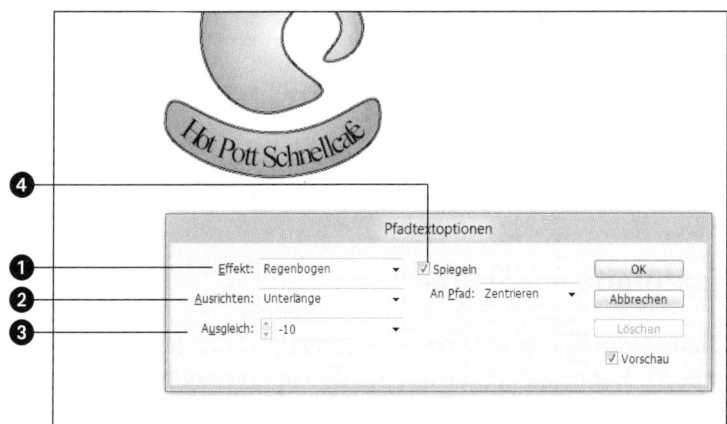

Abb. L8.23: Wählen Sie einen Effekt aus

Hier können Sie unter *Effekt* **❶** aus folgenden Optionen auswählen:

■ *Regenbogen*: Jedes Zeichen wird so gedreht, dass die Mitte eine Tangente zum Pfad bildet und ein natürlich aussehender Effekt entsteht.

■ *Verzerren*: Die horizontale Kante jedes Zeichens wird an den Pfad angepasst und die vertikalen Kanten bleiben unverändert.

■ *3D-Band*: Die horizontale Kante jedes Zeichens wird beibehalten, während die vertikale Kante senkrecht zum Pfad gedreht wird, sodass sich ein abgeschrägter Effekt ergibt.

■ *Treppenstufe*: Die linke Kante jedes Zeichens wird auf dem Pfad gehalten, ohne dass das Zeichen gedreht wird, wodurch ein Stufeneffekt entsteht.

- *Schwerkraft*: Die Mitte jedes Zeichens wird auf dem Pfad gehalten, während die vertikale Achse am Mittelpunkt des Pfades neu ausgerichtet wird.

9 Im Listenfeld *Ausrichten* ❷ können Sie bestimmen, ob der Text an der Oberlänge, an der Unterlänge, zentriert oder an der Grundlinie ausgerichtet werden soll.

10 Den Abstand von der Linie legen Sie über das Feld *Ausgleich* ❸ fest.

11 Soll der Text spiegelverkehrt angezeigt werden, aktivieren Sie das Kontrollkästchen *Spiegeln* ❹.

Textpfade ausrichten

Standardmäßig beginnt der eingegebene Text am Anfang des Pfades. Sehr häufig werden Sie das ändern wollen.

1 Markieren Sie zunächst mit dem Werkzeug *Auswahl* den Textpfad.

2 Positionieren Sie dann den Mauszeiger über der Anfangs- oder Endklammer des Textpfades, bis neben dem Zeiger ein kleines Symbol in der Form eines Pfeils angezeigt wird.

3 Wenn Sie dann die Anfangs- oder Endklammer entlang des Pfades ziehen, wird der Text entsprechend Ihren Bewegungen ausgerichtet.

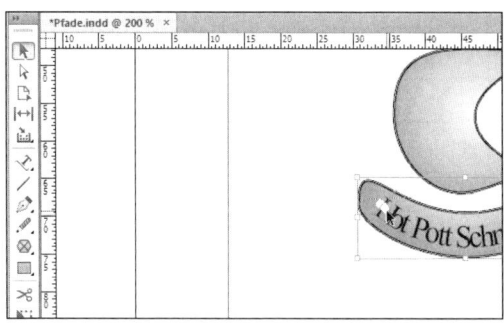

Abb. L8.24: Positionieren Sie den Textbeginn, wo Sie wollen

L9 Arbeiten mit Objekten

Dieses Kapitel zeigt Ihnen, wie Sie InDesign-Objekte verändern und zur Gestaltung Ihrer Publikationen einsetzen können.

Objekte auswählen

Um ein Objekt bearbeiten zu können, müssen Sie es zuvor markieren. Dabei können Sie wie folgt vorgehen: **Markieren**

- *Ein Objekt markieren*: Um ein Objekt mit der Maus zu markieren, klicken Sie mit dem Werkzeug *Auswahl* auf eine Linie des Objekts. Ist das Objekt mit einer Füllung versehen, können Sie auch direkt auf die Oberfläche klicken.

- *Mehrere Objekte markieren*: Wenn Sie mehrere Objekte auf einmal markieren möchten, halten Sie die ⇧-Taste gedrückt, während Sie nacheinander auf die Linien der betreffenden Objekte klicken. Ein erneutes Anklicken nimmt das (markierte) Objekt wieder aus der Markierung heraus.

- *Einen Bereich markieren*: Möchten Sie alle aneinander angrenzenden Objekte in einem bestimmten Bereich markieren, so lässt sich das am besten durch einen Markierungsrahmen erreichen. Zeigen Sie dazu mit dem Werkzeug *Auswahl* auf einen leeren Bildschirmbereich außerhalb der Objekte. Klicken Sie einmal und halten Sie die Maustaste gedrückt. Ziehen Sie nun einen Rahmen um die Objekte. Sobald Sie die Maustaste loslassen, verschwindet der Rahmen und alle Objekte, die Sie so eingefangen haben, sind markiert. Sie erkennen dies daran, dass nun jedes Objekt mit einem blauen Rahmen und acht Anfasspunkten versehen ist.

Objekte färben

Wenn Sie ein neues Objekt zeichnen, ist dieses zunächst leer. Die Füllung kann nachträglich erfolgen. Hier können Sie zwischen Prozessfarben, Vollfarben oder einem Verlauf wählen.

Farben und Computer

Die Anzahl der Farben, die Sie auf Ihrem Bildschirm sehen können, hängt zum Ihrem Monitor und den Systemeinstellungen ab. Die Farben, die auf einem Ausdruck erscheinen, hängen wiederum von dem verwendeten Drucker ab. Hinzu kommt, dass jedes Gerät (Monitor, Flachbildschirm, Scanner, Digitalkamera, Drucker) einen unterschiedlichen Bereich von Farben reproduziert, was gemeinhin als *Farbumfang* bezeichnet wird. Schwierig wird die Angelegenheit zudem dadurch, dass selbst identische Geräte, wie etwa zwei Monitore desselben Herstellers, ein und dieselbe Farbe unterschiedlich wiedergeben können.

Diese unterschiedlichen Parameter unter einen Hut zu bringen, ist nicht einfach.

Die erste Entscheidung, die Sie treffen müssen, betrifft somit die Wahl des Farbdruckverfahrens. Sie müssen sich für das Druckverfahren entscheiden, *bevor* Sie Ihre Publikation erstellen, da das Druckverfahren bestimmt, welche Möglichkeiten der Farbgestaltung bei der Produktion und beim Drucken Ihrer Publikation benutzt werden. Man unterscheidet zwischen zwei Farbdruckverfahren: *Prozess-* und *Volltonfarben*. Welches Verfahren Sie einsetzen, hängt von Ihrem Bedarf und Ihrem Budget ab.

Prozessfarben

Bei diesem Druckverfahren werden einzelne Farben miteinander in unterschiedlichen Anteilen kombiniert, um die gewünschte Farbe zu erzeugen. *Prozessfarben* werden meist dann verwendet, wenn so viele Farben erforderlich sind, dass der Druckauftrag mit Volltondruckfarben zu teuer oder nicht durchführbar wäre, zum Beispiel beim Drucken von Farbfotos. Beim Mehrfarbendruck (man spricht in diesem Zusammenhang sehr oft von *Vierfarbseparation*) haben Sie, wie der Name andeutet, Zugriff auf eine nahezu unbegrenzte Farbpalette.

Die Anzahl der in InDesign zur Verfügung stehenden Farben können Sie über das *Farbe*-Bedienfeld einstellen.

1 Klicken Sie auf das Symbol *Farbe* ❶ oder betätigen Sie F6.

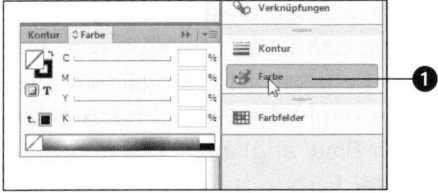

Abb. L9.1:   Das Bedienfeld *Farbe*

2 Klicken Sie auf das Bedienfeldmenü ❶, um an den gewünschten Farbmodus zu gelangen.

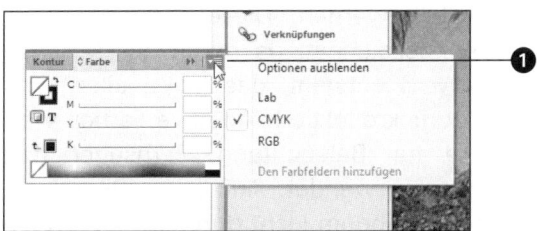

Abb. L9.2:   Farbmodus einstellen

Hier stehen Ihnen die folgenden Farbmodi zur Auswahl:

- *Lab*: Das Lab-Farbmodell leitet sich aus der Art der Farbzusammensetzung ab. Lab-Farben bestehen aus einer Helligkeitskomponente (man spricht auch von *Luminanz*, deswegen das *L*) und zwei chromatischen Komponenten,   **Lab-Farbmodell** der *a-Komponente* (von Grün bis Rot) und der *b-Komponente* (von Blau bis Gelb). Diese Farben sind geräteunabhängig, das heißt, sie werden unabhängig von dem Gerät erzeugt (z. B. Bildschirm, Drucker oder Scanner), mit dem das Bild erstellt oder reproduziert wird.

CMYK-Modell   ■ *CMYK*: Das CMYK-Modell basiert auf der Tatsache, dass auf Papier gedruckte Farbe Licht absorbiert. Wenn weißes Licht auf durchscheinende Farbe trifft, wird ein Teil des Spektrums absorbiert. Nicht absorbierte Farben werden in das Auge zurückreflektiert. Die Kombination aus reinem *Cyan* (*C*), *Magenta* (*M*) und *Gelb* (*Y, yellow*) ergibt beispielsweise Schwarz, da alle Farben absorbiert oder subtrahiert werden. Daher werden diese Farben als *subtraktive Farben* bezeichnet. *Schwarze* (*K*) Farbe wird hinzugefügt, um intensivere Schatten zu ermöglichen. (Der Buchstabe *K* steht für die englische Bezeichnung *black*, da das *B* im Englischen für Blau, engl. blue, schon besetzt ist.) Die Kombination dieser Farben zur Farbreproduktion wird als *Vierfarbdruck* bezeichnet.

RGB-Modell   ■ *RGB*: Ein großer Prozentsatz des sichtbaren Farbspektrums kann durch Mischung von Licht in den Farben *Rot*, *Grün* und *Blau* (RGB) in verschiedenen Verhältnissen und Intensitäten dargestellt werden. Diese Farben werden als *additive Farben* bezeichnet, da durch das Mischen von R, G und B Weiß entsteht, das heißt, alles Licht wird in das Auge zurückreflektiert. Additive Farben werden beispielsweise für Beleuchtung, Fernseher und Computerbildschirme verwendet. Auf Ihrem Bildschirm werden Farben erzeugt, indem Licht durch roten, grünen und blauen Phosphor ausgestrahlt wird.

Volltonfarben

Volltonfarbe   Eine *Volltonfarbe* ist eine spezielle, vorgemischte Farbe, die anstelle von oder zusätzlich zu CMYK-Prozessfarben verwendet wird und für die eine eigene Druckplatte auf einer Druckpresse erforderlich ist.

Um an die entsprechenden Optionen zu gelangen, gehen Sie so vor:

1 Klicken Sie auf das Symbol *Farbfelder* bzw. drücken Sie die F5-Taste.

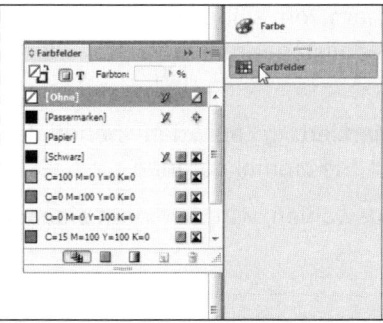

Abb. L9.3:   Farben werden in dem Bedienfeld *Farbfelder* verwaltet

2 Klicken Sie auf den Systemmenüpfeil und rufen Sie dann aus dem Kontextmenü den Befehl *Neues Farbfeld* auf.

3 Klicken Sie im folgenden Dialogfenster *Neues Farbfeld* auf den Listenpfeil des Feldes *Farbmodus* ❶.

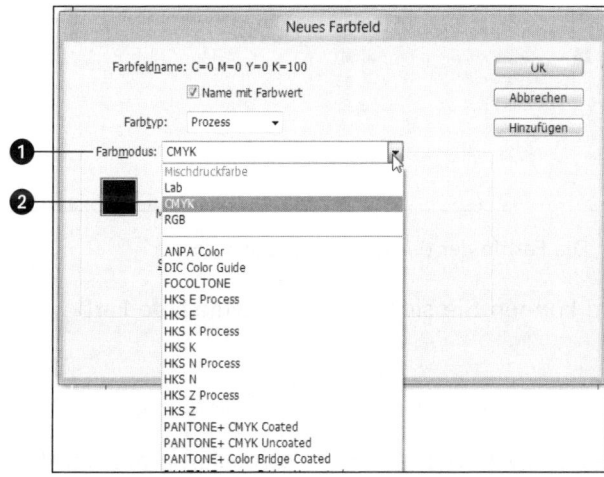

Abb. L9.4:   Wählen Sie das benötigte Farbsystem

Mithilfe des Befehls können Sie aus einer Reihe von Farbbibliotheken eine Auswahl treffen. Dazu gehören unter anderem die Farbfeldsysteme und -bibliotheken *DIC Color Guide*, *FOCOLTONE*, *HKS*, *PANTONE Process Color System*, *TOYO*TM *COLOR FINDER*TM und *TRUMATCH*TM. Diese Farben finden dann ihre Entsprechung in einem vom selben Hersteller gelieferten Farbbuch, das die tatsächlich gedruckte Version identifizierbar macht.

4 Verschieben Sie die Markierung auf den benötigten Farbmodus **❷** und klicken Sie einmal darauf.

Jedes Farbsystem, das Sie auswählen, wird in einem eigenen Bedienfeld angezeigt.

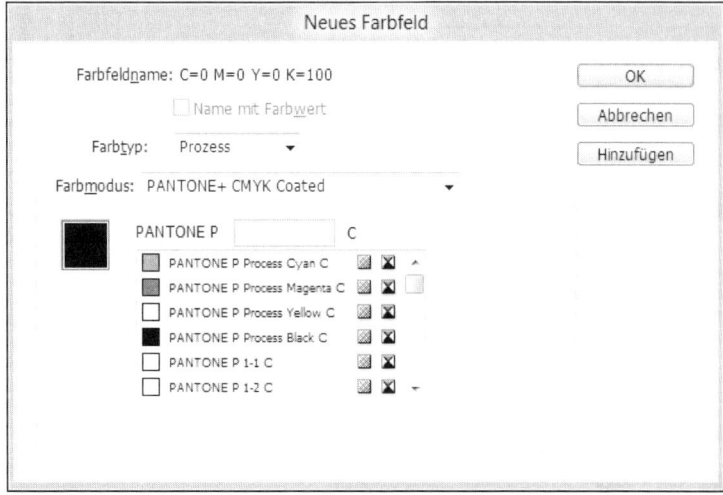

Abb. L9.5: Die Farbfelder des gewählten Farbmodus

Aus diesem können Sie sich nun die gewünschte Farbe heraussuchen.

Farbtöne

Farbton Wird von einer Vollton- oder einer Prozessfarbe nur ein Prozentsatz verwendet, bezeichnet man das als *Farbton*. Ein

Farbton ist somit eine abgestufte (hellere) Version einer Farbe. Mithilfe von Farbtönen können Sie ohne viel Aufwand zusätzliche Volltonfarbvarianten erstellen. Dadurch können Sie sich beispielsweise die Kosten für zusätzliche Volltondruckfarben sparen. Daneben können Sie mithilfe von Farbtönen rasch hellere Versionen von Prozessfarben erstellen.

Der Ton einer Volltonfarbe wird auf derselben Druckplatte gedruckt wie die Volltonfarbe. Tönungen und Schattierungen werden in Prozentwerten der Originalfarbe ausgedruckt, das heißt, für Töne einer Prozessfarbe werden sämtliche CMYK-Prozessfarben mit dem Prozentsatz des Farbtons multipliziert. Zum Beispiel ergibt ein 80%-Farbton für die Farbwerte C10 M20 Y40 K10 die Farbwerte C8 M16 Y32 K8.

Farbe erzeugen

Um eine Farbe in InDesign zu erzeugen, gehen Sie wie folgt vor:

Farbe erzeugen

1. Blenden Sie sich zunächst das *Farbfelder*-Bedienfeld ein, wenn es nicht sichtbar sein sollte.

2. Markieren Sie ein vorhandenes Farbfeld und klicken Sie auf die Schaltfläche *Neues Farbfeld* ❶.

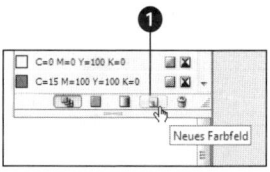

Abb. L9.6:
Ein neues Farbfeld anlegen

Die in der Werkzeugleiste im Symbol *Fläche* eingestellte Farbe wird übernommen und an unterster Stelle eingefügt.

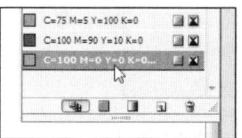

Abb. L9.7:
Das neue Farbfeld ist eine Kopie

3 Doppelklicken Sie darauf.

4 Im folgenden gleichnamigen Dialogfenster nehmen Sie die gewünschten Einstellungen für das neue Farbfeld vor.

- *Name mit Farbwert* **❶**: InDesign zeigt Ihnen den Farbwert wie die standardmäßige Einstellung in dem *Farbfelder*-Bedienfeld an, beispielsweise *C=0 M=100 Y=0 K=0*. Um einen eigenen Farbnamen in das Feld *Farbfeldname* einzugeben, müssen Sie das Kontrollkästchen deaktivieren.

- *Farbfeldname* **❷**: Hier tragen Sie einen Namen für die Farbe ein. Er erscheint dann in dem *Farbfelder*-Bedienfeld.

- *Farbtyp* **❸**: Bestimmen Sie die Methode, nach der die Dokumentfarben gedruckt werden sollen. Es stehen Ihnen *Prozess* und *Vollton* zur Wahl.

- *Farbmodus* **❹**: Bestimmen Sie hier den Modus (*Lab*, *CMYK* oder *RGB*), in dem Sie die Farbe definieren möchten.

- Die Farbwerte **❺** können Sie mithilfe der Regler einstellen. Alternativ können Sie auch numerische Werte in die Textfelder neben den Farbreglern eingeben.

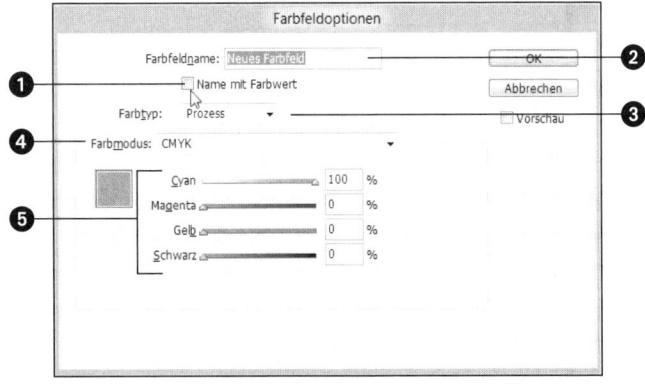

Abb. L9.8:   Legen Sie die Parameter des Farbfeldes fest

5 Wenn Sie alle erforderlichen Angaben gemacht haben, bestätigen Sie mit *OK*.

Das Farbfeld wird an die Liste angehängt und steht nun zur Verfügung.

Füllungen

Objekte werden im Regelfall mit einer Füllung versehen. Diese können Sie zum einen transparent gestalten oder auch auf andere Objekte übertragen.

Füllungen anlegen

Die Füllung eines Objekts lässt sich nun einfach einstellen.

Objekt füllen

1 Markieren Sie zunächst das zu färbende Objekt mit dem *Auswahlwerkzeug* 🔼.

2 Zeigen Sie dann in dem *Farbfelder*-Bedienfeld auf die gewünschte Farbe **1**.

3 Weisen Sie diese mit einem Klick dem Objekt zu.

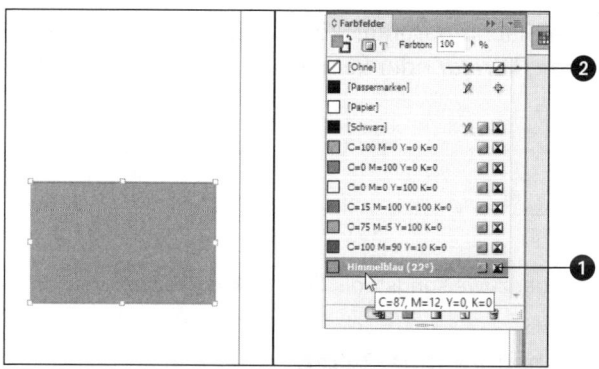

Abb. L9.9:   Einem Objekt eine Farbe zuweisen

4 Um eine Füllung zu entfernen, klicken Sie einfach auf die Schaltfläche mit dem roten Querstreifen und der Bezeichnung *[Ohne]* **2**.

Die eben dargestellte Farbfüllung können Sie selbstverständlich auch über die Werkzeugleiste vornehmen. Zunächst können Sie über die oberen beiden Quadrate bestimmen, ob Sie die Fläche oder die Kontur färben wollen. Im oberen Bereich finden Sie das Feld *Fläche*, das für die Füllung von Objekten angewählt werden muss. Verdeckt davon wird das Feld *Kontur*. Standardmäßig befindet sich die Flächenfunktion im Vordergrund.

5 Um zwischen Fläche und Kontur als aktive Markierung zu wechseln, klicken Sie einfach auf die jeweilige Schaltfläche.

6 Möchten Sie beide Optionen austauschen, so klicken Sie auf den kleinen Doppelpfeil.

Wenn Sie zur Standardeinstellung zurückkehren möchten, dann können Sie mit der kleinen Schaltfläche unterhalb des Feldes *Fläche* die Standardfläche und -kontur wiederherstellen.

Mit den darunterliegenden beiden Schaltflächen legen Sie fest, ob sich die Formatierung auf den Rahmen oder den Text auswirken soll.

Über die Schaltfläche darunter können Sie schließlich noch die Werte *Farbe*, *Verlauf* oder keinen von beiden einstellen.

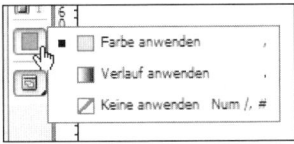

Abb. L9.10: Farbenzuweisungstools der Werkzeugleiste

Füllungen transparent gestalten

Wie bereits beim Erstellen von Objekten gesehen, können Sie ein gefärbtes Objekt mit einer Transparenz versehen.

1 Markieren Sie dazu das Objekt, klicken Sie auf die Schaltfläche *Fügt dem ausgewählten Ziel einen Objekteffekt hinzu* und wählen Sie dort den Eintrag *Transparenz* an.

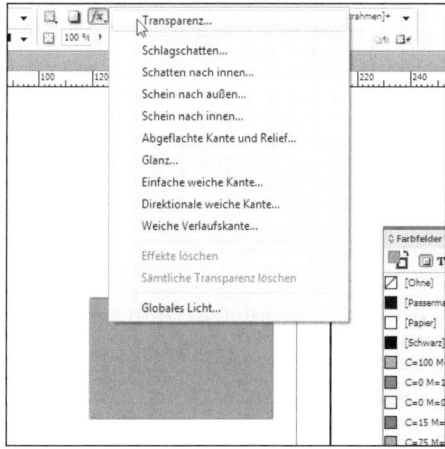

Abb. L9.11: Ein Objekt transparent gestalten

2 Im folgenden Dialogfenster nehmen Sie die Einstellungen für den transparenten Effekt vor und weisen ihn mit *OK* zu.

Füllungen übertragen

Wenn Sie eine Reihe von Objekten stets mit der gleichen Füllung versehen möchten, dann können Sie diese Aufgabe rasch mit dem Werkzeug *Pipette* erledigen.

1 Aktivieren Sie das Werkzeug.

2 Klicken Sie auf das Objekt, das die gewünschte Farbe enthält.

3 Bewegen Sie das geänderte Pipettensymbol über das Objekt, das die Farbe erhalten soll.

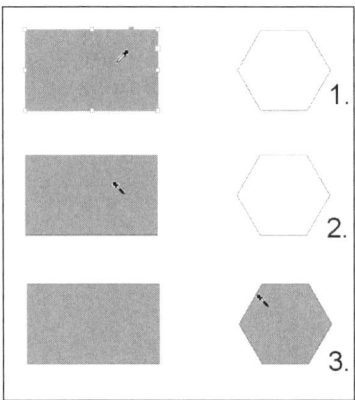

Abb. L9.12: Eine Farbe mit der Pipette übertragen (vorher/ während/danach)

4 Klicken Sie einmal auf das Objekt.

Die Farbe wird sofort übertragen.

Verläufe

Verlauf

Ein *Verlauf* ist eine abgestufte Überblendung aus zwei oder mehreren Farben oder aus Farbtönen derselben Farbe.

Verlauf anlegen

Im Folgenden sollen Ihnen die Möglichkeiten eines Verlaufs aus den Farbtönen derselben Farbe erläutert werden. Die Vorgehensweise entspricht der des Zuweisens einer Füllfarbe.

1 Öffnen Sie zunächst das *Verlauf*-Bedienfeld über die Menüfolge *Fenster / Farbe / Verlauf*.

2 Markieren Sie dann, sofern noch nicht geschehen, das Objekt.

3 Im Listenfeld *Typ* ❶ bestimmen Sie die Verlaufsrichtung. Hier stehen Ihnen die Optionen *Linear* und *Radial* zur Auswahl.

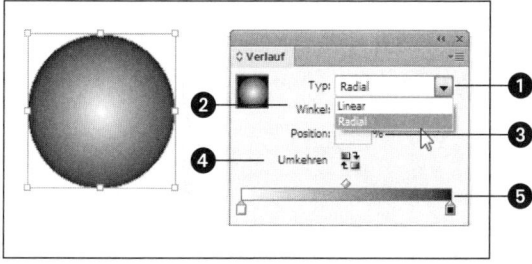

Abb. L9.13: Einen Verlauf erzeugen

4 Haben Sie sich für die Option *Linear* entschieden, so können Sie zusätzlich den Verlaufswinkel einstellen. Tragen Sie dazu den gewünschten Wert in dem Feld *Winkel* ❷ ein.

5 Über die Eingabe im Feld *Position* ❸ bestimmen Sie die Position des jeweils markierten Farbfeldes auf dem Farbverlaufsbalken.

6 Möchten Sie rasch den Verlauf umkehren, so klicken Sie auf die entsprechende Schaltfläche und die beiden Farben werden ausgetauscht ❹.

7 Den Farbverlaufsstreifen können Sie über den Farbverlaufsbalken beeinflussen ❺. Wenn Sie nun in den Streifen klicken, wird oberhalb eine kleine Raute angezeigt. Diese fungiert als Schieber, mit dem Sie den Farbverlauf bestimmen können. Zeigen Sie dazu mit der Maus auf dieses Symbol und ziehen Sie es dann bei gedrückter linker Maustaste nach rechts oder links. Entsprechend Ihren Bewegungen ändert sich nun der Farbverlauf.

Um ein neues Farbverlaufsfeld anzulegen, gehen Sie wie folgt vor:

Neues Farbverlaufsfeld

1 Wählen Sie zunächst im Systemmenü des *Farbfelder*-Bedienfeldes den Befehl *Neues Verlaufsfeld* aus.

Abb. L9.14: Ein neues Verlaufsfeld anlegen

2 Als Erstes sollten Sie im folgenden Dialogfenster *Neues Verlaufsfeld* für die Option *Farbfeldname* ❶ einen solchen für den Verlauf eingeben.

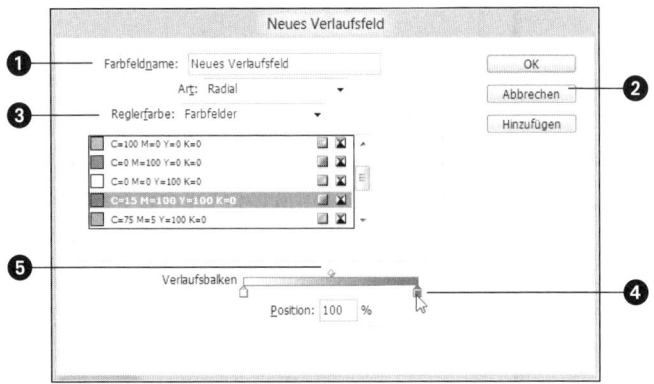

Abb. L9.15: Einen neuen Farbfeldnamen vergeben

3 Anschließend wählen Sie für die Option *Art* ❷ den Eintrag *Linear* oder *Radial* aus.

4 Aktivieren Sie dann das erste Farbkästchen unterhalb des *Verlaufsbalkens* ❸.

5 Führen Sie einen der folgenden Schritte durch:

■ Um eine Farbe zu erhalten, die bereits in dem *Farbfelder*-Bedienfeld enthalten ist, wählen Sie den Eintrag *Farbfelder* und entscheiden sich für eine Farbe.

- Um eine neue, unbenannte Farbe für den Verlauf zu mischen, wählen Sie aus dem Listenfeld *Reglerfarbe* einen Farbmodus aus und geben Farbwerte ein oder stellen die Farbe über die Regler ein.

6 Möchten Sie auch die letzte Farbe im Verlauf ändern, wiederholen Sie die letzten beiden Schritte.

Soll zusätzlich die Position von Verlaufsfarben angepasst werden, führen Sie die folgenden Schritte durch:

7 Zeigen Sie mit der Maus auf eines der kleinen Quadrate ❹ unterhalb des *Verlaufsbalken*s und ziehen Sie die Farbenden an die gewünschte Position.

8 Um den Mittelpunkt zwischen zwei Verlaufsfarben anzupassen (d. h. den Punkt, an dem der Wert 50% für beide Farben beträgt), ziehen Sie das Rautensymbol ❺ oberhalb der Leiste an die gewünschte Position.

9 Klicken Sie abschließend auf *OK.*

Der neue Verlauf wird zusammen mit dem Namen in dem *Farbfelder*-Bedienfeld gespeichert.

Um es zu sehen, müssen Sie allerdings erst im Bedienfeld *Farbfelder* auf die Schaltfläche *Verlaufsfelder einblenden* klicken.

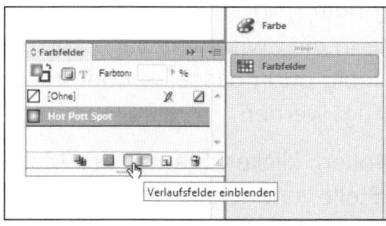

Abb. L9.16: Das neue Farbverlaufsfeld

Verlauf anpassen

Möchten Sie den Verlauf anpassen, kommt das *Verlaufsfarbfeld-Werkzeug* 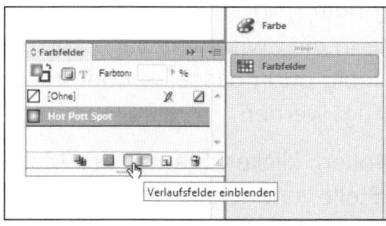 zur Anwendung.

1 Aktivieren Sie das Werkzeug.

2 Zeigen Sie auf den Punkt, an dem die helle Stelle auftreten soll, und ziehen Sie mit gedrückter Maustaste eine Linie zu dem Punkt, an dem der Verlauf enden soll.

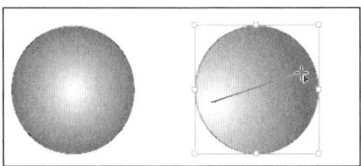

Abb. L9.17: Den Verlauf anpassen (vorher/nachher)

Objekte vervielfältigen

Wenn Sie ein bestimmtes Objekt mehrmals benötigen, können Sie es kopieren oder duplizieren.

Objekte kopieren

Kopieren Objekte können Sie wie gewohnt kopieren.

1 Dazu stehen Ihnen die Menübefehle *Bearbeiten* / *Ausschneiden* oder *Bearbeiten* / *Kopieren* bzw. die Tastenkombinationen Strg + X oder Strg + C zur Verfügung. Damit werden die Objekte in die Zwischenablage kopiert und können von dort beliebig oft in dasselbe oder in ein anderes Dokument eingefügt werden.

2 Wenn Sie sie einfügen wollen, klicken Sie mit der Maus an die entsprechende Stelle und wählen den Befehl *Einfügen* aus dem *Bearbeiten*-Menü aus bzw. betätigen die Tastenkombination Strg + V.

Objekte duplizieren

Duplizieren Sie können aber auch Objekte *duplizieren*. Dies ist besonders dann hilfreich, wenn Sie ein Objekt mehrfach benötigen

und die Kopien senkrecht oder waagerecht versetzt einfügen
möchten.

Duplikate haben zusätzlich den entscheidenden Vorteil, dass **Duplikat**
sie in komplexeren Publikationen leichter auszumachen sind. **anlegen**
Kopien über die Zwischenablage werden deckend eingefügt,
ein Duplikat wird dagegen versetzt angeordnet.

1 Um ein Duplikat zu erstellen, markieren Sie das Objekt und

2 wählen anschließend im Menü *Bearbeiten* den Punkt
Duplizieren aus.

Das Duplikat wird dann – nach unten und rechts versetzt –
eingefügt.

1 Wenn Sie ein Objekt mehrfach kopieren und dabei auch **Duplikate ver-**
die Art und Weise des Versatzes bestimmen möchten, **setzt anlegen**
verwenden Sie den Befehl *Duplizieren und versetzt einfü-*
gen, den Sie ebenfalls im *Bearbeiten*-Menü finden.

2 Es erscheint das Dialogfenster *Duplizieren und versetzt*
einfügen, in dem Sie die gewünschten Einstellungen vornehmen.

■ Bei der Option *Wiederholen* ❶ geben Sie an, wie viele
Duplikate Sie außer dem Original erstellen möchten.

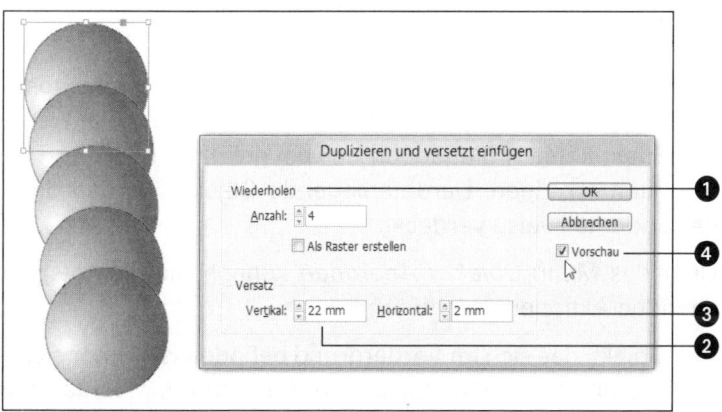

Abb. L9.18: Mehrere Objekte dupliziert und versetzt eingefügt

- Bei den Optionen *Horizontal* ❷ und *Vertikal* ❸ des Bereichs *Versatz* tragen Sie ein, wie weit die Position jedes neuen horizontalen Duplikats entlang der X- bzw. Y-Achse von dem vorherigen Duplikat verschoben werden soll.

- Möchten Sie gleich die Auswirkung dieser Einstellungen sehen, dann aktivieren Sie das Kontrollkästchen *Vorschau* ❹.

❸ Schließen Sie Ihre Bearbeitung mit *OK* ab.

Objekte arrangieren

Wenn Sie mit mehreren Objekten arbeiten, werden Sie diese des Öfteren in die richtige Position bringen müssen. Dazu stehen Ihnen die folgenden Möglichkeiten zur Verfügung.

Objekte anordnen

InDesign bietet Ihnen die Möglichkeit, Objekte übereinanderzustapeln, bestimmte Objekte in den Vordergrund und andere dagegen in den Hintergrund zu setzen. Das ist besonders dann von Bedeutung, wenn Sie beispielsweise eine Grafik hinter einen Textabschnitt legen wollen.

Objektreihenfolge Wenn Sie mehrere Objekte an der gleichen Stelle erzeugen, werden diese – wie Spielkarten – übereinander abgelegt. Diesen Effekt können Sie jedoch nur bei gefüllten oder bei Textobjekten erkennen. Darunterliegende Objekte werden dann ganz oder teilweise verdeckt.

Objekte umordnen Über das Menü *Objekt / Anordnen* können Sie die entsprechenden Aktionen durchführen.

Das Objekt, das sich im Vordergrund befindet, ist immer sichtbar und überlagert die Objekte im Hintergrund. Möchten Sie es nach hinten versetzen, so gehen Sie wie folgt vor:

1 Markieren Sie zunächst das unten liegende Objekt **❶** mit der Maus.

2 Klicken Sie mit der rechten Maustaste, damit das Kontextmenü erscheint und Sie den Menüpunkt *Anordnen* **❷** auswählen können.

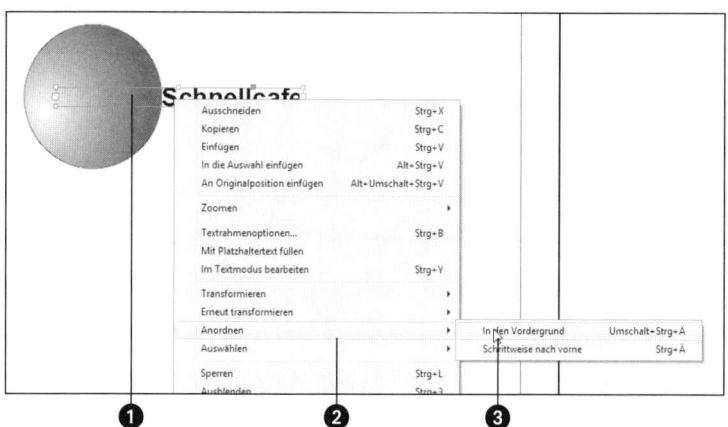

Abb. L9.19: Objekte neu anordnen

3 Wählen Sie den Eintrag *In den Vordergrund* **❸**.

Merken Sie sich hierfür die Tastenkombination ⇧ + Strg + A. Möchten Sie ein Objekt in den Hintergrund bringen, dann betätigen Sie ⇧ + Strg + Ö.

Möchten Sie das Objekt zwischen bestimmte Objekte bewegen, wählen Sie dagegen den Befehl *Schrittweise nach vorne* (oder die Tastenkombination Strg + Ä) bzw. *Schrittweise nach hinten* (Strg + Ö).

Sehr oft kommt es vor, dass ein Objekt ein anderes überlagert. In diesem Fall hilft es Ihnen nichts, wenn Sie auf das Objekt klicken, denn standardmäßig wird nur das obere Objekt markiert.

Verborgene Objekte markieren

1 In diesem Fall klicken Sie mit der rechten Maustaste auf das oben liegende Objekt und wählen aus dem Kontextmenü *Auswählen* an.

2 Im Untermenüpunkt können Sie nun die entsprechende Option auswählen.

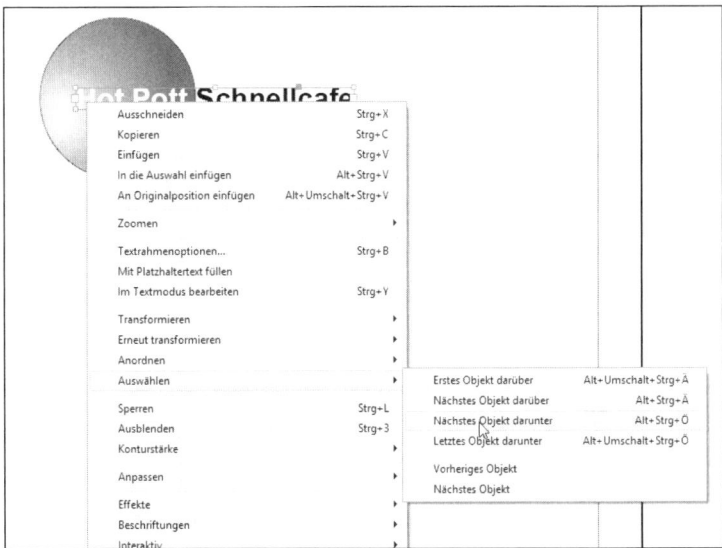

Abb. L9.20: Ein bestimmtes Objekt auswählen

 Wenn mehrere Objekte übereinanderliegen, können Sie des Weiteren sehr schnell das verdeckte Objekt (sofern Sie wissen, dass eines verdeckt ist!) markieren. Dazu halten Sie die [Strg]-Taste gedrückt und klicken auf das überdeckende Objekt. Nun wird nur das dahinterliegende Objekt markiert und Sie können es bearbeiten.

Objekte gruppieren

Wenn Sie mehrere Objekte auf die eben dargestellte Art und Weise markieren, werden diese vorübergehend als Einheit behandelt. Diesen praktischen Zustand können Sie dauerhaft anlegen, indem Sie die verschiedenen Objekte zu einer Gruppe zusammenfassen. Anschließend können Sie die Objekte verschieben oder transformieren, ohne dass sich dies auf die einzelnen Positionen oder Attribute auswirkt.

Um eine solche Gruppe zu erzeugen, gehen Sie am besten wie folgt vor:

Gruppe erzeugen

3 Wählen Sie zunächst mithilfe des Werkzeugs *Auswahl* die Objekte aus, indem Sie entweder einen Auswahlrahmen um die Objekte ziehen oder sie nacheinander mit gedrückter ⇧-Taste anklicken.

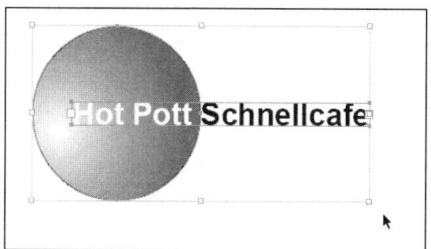

Abb. L9.21: Zwei markierte Objekte vor dem Gruppieren ...

4 Wählen Sie dann über das Menü *Objekt* den Befehl *Gruppieren* oder den gleichen Befehl aus dem geöffneten Kontextmenü, das Sie erhalten, wenn Sie innerhalb der markierten Objekte mit der rechten Maustaste klicken. Schneller geht es mit Strg + G.

Wenn Sie nicht sicher sind, ob ein Objekt Teil einer Gruppe ist, wählen Sie es mithilfe des Werkzeugs *Auswahl* aus und überprüfen das Menü *Objekt*. Wenn der Befehl *Objekt / Gruppierung aufheben* verfügbar ist, haben Sie eine Gruppe ausgewählt.

Durch das Gruppieren werden Objekte zu einer einzigen Einheit verschmolzen und entsprechend nur als Einheit verschoben.

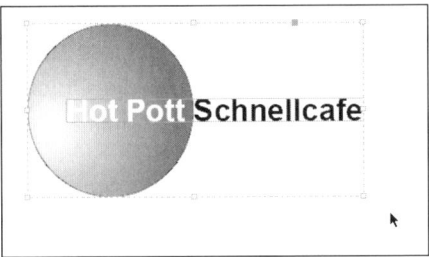

Abb. L9.22: ... und danach!

5 Möchten Sie diesen Effekt wieder aufheben, dann wählen Sie das Menü *Objekt / Gruppierung aufheben* bzw. betätigen ⇧ + Strg + G.

6 Klicken Sie danach zuerst einmal auf eine freie Stelle, um die Markierung von den ehemals gruppierten Objekten zu entfernen.

Danach sind die Objekte wieder einzeln markierbar.

Objekte sperren

Objekte, deren Position beispielsweise in dem Dokument nicht unbeabsichtigt verändert werden soll, setzen Sie fest. Ein derart gesperrtes Objekt kann lediglich nicht mehr verschoben werden. Die anderen Einstellungen, wie die Einfärbung, können Sie weiter vornehmen.

1 Um die Positionen ausgewählter Objekte zu sperren, müssen diese zunächst markiert sein.

Position sperren

2 Dann wählen Sie das Menü *Objekt / Position sperren* bzw. betätigen Strg + L.

Wenn Sie nun versuchen, eines der Objekte mit der Maus von seinem Platz zu entfernen, wandelt sich der Mauszeiger in die Form eines Vorhängeschlosses ❶ als Zeichen dafür, dass dieses Objekt gesperrt ist.

Die Position der gesperrten Objekte können Sie wieder entsperren:

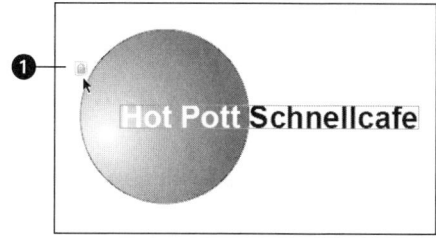

Abb. L9.23: Ein gesperrtes (und gruppiertes) Objekt

1 Dazu müssen Sie lediglich die Objekte bzw. das Objekt anwählen und

2 dann über das Menü *Objekte* den Befehl *Alles auf dem Druckbogen entsperren* aufrufen bzw. die Tasten ⌐Alt⌐ + ⌐Strg⌐ + ⌐L⌐ betätigen.

Objekte ausrichten und verteilen

InDesign bietet Ihnen eine hilfreiche Möglichkeit, Objekte auf das Genaueste anzuordnen und auszurichten.

1 Markieren Sie zunächst die Objekte.

2 In der Steuerelementleiste finden Sie am rechten Rand die benötigten Symbole:

- Obere Reihe: *Linke Kanten ausrichten, An horizontaler Mittelachse ausrichten* und *Rechte Kanten ausrichten*

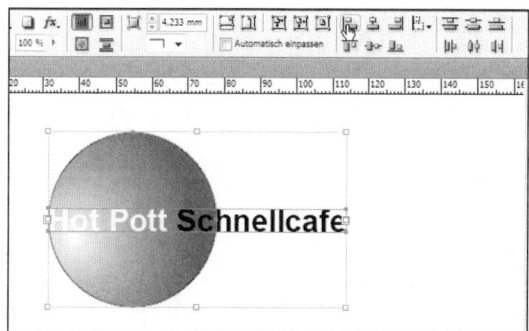

Abb. L9.24: Objekte aneinander ausrichten

■ Untere Reihe: Obere Kanten ausrichten, An vertikaler Mittelachse ausrichten und Untere Kanten ausrichten

3 Klicken Sie auf das Symbol, welches das gewünschte Ergebnis darstellt.

4 Über die letzte Schaltfläche können Sie festlegen, an was die Objekte ausgerichtet werden sollen.

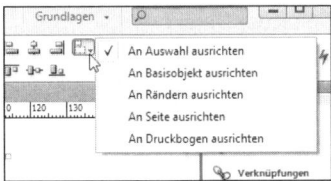

Abb. L9.25: Die Ausrichtung bestimmen

Sie können auch das *Ausrichten*-Bedienfeld verwenden, das Sie über das Menü *Fenster / Objekte und Layout* oder durch Drücken der Tastenkombination ⇧ + F7 sichtbar machen. Dies ermöglicht Ihnen zusätzlich, die Abstände der Objekte zueinander zu ordnen.

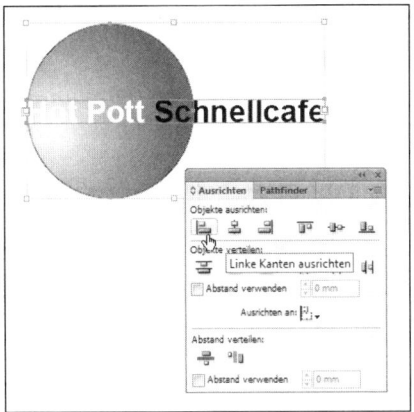

Abb. L9.26: Das *Ausrichten*-Bedienfeld

Recht rasch können Sie Objekte auch mit dem *Lückenwerkzeug* ausrichten. Hiermit können Sie vor allem die Größe einer Lücke zwischen zwei oder mehr Objekten schnell anpassen. Außerdem können Sie mit diesem Werkzeug die Größe mehrerer Objekte mit einheitlich ausgerichteten Kanten gleichzeitig ändern, während die Lücken dazwischen unverändert bleiben.

1 Wählen Sie das *Lückenwerkzeug* ↔.

2 Bewegen Sie den Mauszeiger in den Raum zwischen zwei Objekten und führen Sie eine der folgenden Aktionen aus:

3 Möchten Sie die Objekte nebst Lücke verschieben, drücken Sie die Alt-Taste, während Sie mit gedrückter Taste die Objekte in die gewünschte Richtung verschieben.

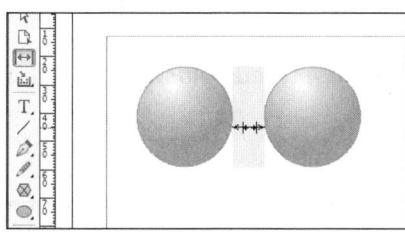

Abb. L9.27: Die Objekte nebst Lücke verschieben

4 Wenn Sie lediglich die Lücke mit dem Werkzeug verschieben, werden die Objekte angepasst.

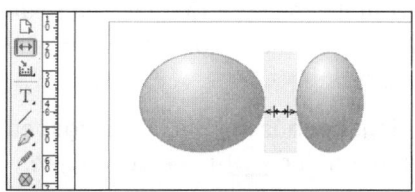

Abb. L9.28: Nur die Lücke verschieben

5 Die Lücke können Sie vergrößern, wenn Sie die Strg-Taste halten.

Objekte transformieren

Transforma-
tionen

Wenn Sie die Größe oder Ausrichtung oder die gesamte Form eines Objekts verändern, wird das Objekt transformiert. Als *Transformationen* gelten das Verschieben, Skalieren, Drehen, Verbiegen (Schrägstellen) und Spiegeln eines Objekts.

Alle Transformationen werden mit Bezug auf einen festgelegten Punkt auf dem Objekt oder in dessen Nähe, den sogenannten *Ursprung*, durchgeführt. Diesen legen Sie in der Steuerelementleiste fest.

Verschieben

Für das *Verschieben* von Objekten stehen Ihnen verschiedene Methoden zur Verfügung.

Maus

1 Wählen Sie hierzu mit dem Werkzeug *Auswahl* 🔼 das Objekt aus.

2 Ziehen Sie es an eine neue Position.

Wenn Sie beim Ziehen die ⇧-Taste gedrückt halten, können Sie das Objekt exakt waagerecht oder senkrecht verschieben.

Steuerele-
mentleiste

1 Stellen Sie zunächst den Ursprung entsprechend Ihren Wünschen ein.

2 Geben Sie dann in der Steuerelementleiste je einen Wert für die Optionen *X* (horizontale Position) ❶ oder *Y* (vertikale Position) ❷ ein bzw. stellen Sie diese über die Drehpfeile ein (siehe Abbildung L9.29).

3 Im Falle einer direkten Eingabe müssen Sie Ihre Eingaben anschließend durch Betätigen der ↵-Taste bestätigen.

Cursortasten

Eine sehr praktische Methode ist das Verschieben mit den Cursortasten.

1 Dazu markieren Sie das Objekt und

2 bewegen es mit den Tasten ←, →, ↑ oder ↓ an die gewünschte Position.

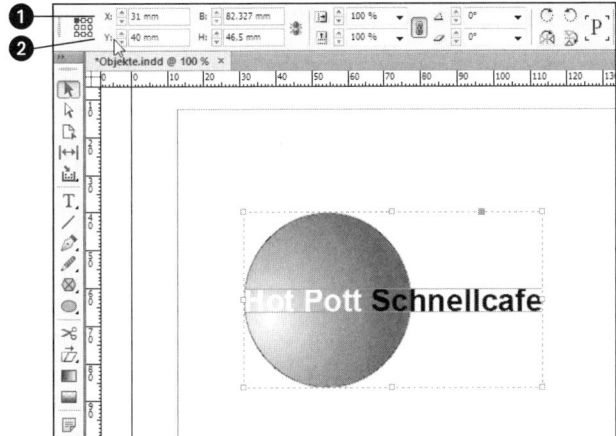

Abb. L9.29: Verschieben über die Steuerelementleiste

Wenn Sie die ⬆-Taste drücken, während Sie eine Auswahl verschieben, erhöht sich die Strecke um das Zehnfache der eingestellten Schrittweite.

Wenn Sie mit dem standardmäßig eingestellten Vorgabewert für die Schrittweite nicht einverstanden sind, können Sie ihn jederzeit ändern.

Vorgabewert ändern

1 Rufen Sie dazu über das Menü *Bearbeiten / Voreinstellungen* das gleichnamige Dialogfenster auf.

2 Stellen Sie hier die Option *Einheiten und Einteilungen* ein.

Im Bereich *Tastaturschritte* finden Sie die Option *Pfeiltasten* ❶.

3 Hier geben Sie den Abstand ein, um den eine Auswahl durch einmaliges Drücken einer Pfeiltaste verschoben werden soll.

4 Bestätigen Sie anschließend Ihre Wahl mit *OK*.

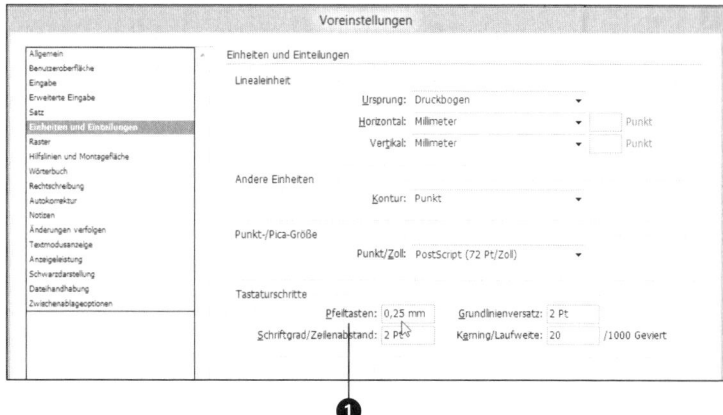

Abb. L9.30: Legen Sie die Tastaturschritte fest

Skalieren

Skalieren

Durch das *Skalieren* wird ein Objekt horizontal (entlang der X-Achse), vertikal (entlang der Y-Achse) oder sowohl horizontal als auch vertikal relativ zu dem festgelegten Ursprung vergrößert oder verkleinert.

Werkzeug Skalieren

1 Markieren Sie zunächst das Objekt.

2 Wählen Sie dann das Werkzeug *Skalieren* ⬚ **❶** in der Werkzeugleiste aus.

3 Positionieren Sie das Werkzeug außerhalb des Ursprungs und ziehen Sie es in die gewünschte Richtung. Um nur die X- oder die Y-Achse zu skalieren, ziehen Sie das Werkzeug zunächst nur an einer Achse **❷**.

4 Möchten Sie das Objekt proportional skalieren, ziehen Sie das Werkzeug genau zwischen den beiden Achsen entlang.

Sie können eine Skalierung außerdem nur auf eine Achse beschränken, wenn Sie die ⬆-Taste gedrückt halten, während Sie das Werkzeug in die gewünschte Richtung ziehen.

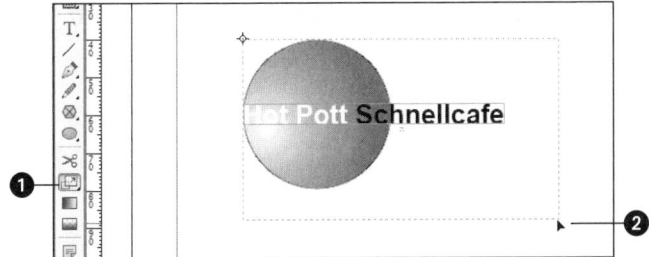

Abb. L9.31: Objekte skalieren mit dem Werkzeug *Skalieren*

Alternativ können Sie eine Skalierung auch mit dem Werkzeug *Auswahl* [image] durchführen.

Auswahl-Begrenzungs-rahmen

1 Klicken Sie dazu auf einen der Eck- ❶ oder Seitenpunkte.

2 Ziehen Sie gleichzeitig an einem beliebigen Griffpunkt des ausgewählten Begrenzungsrahmens.

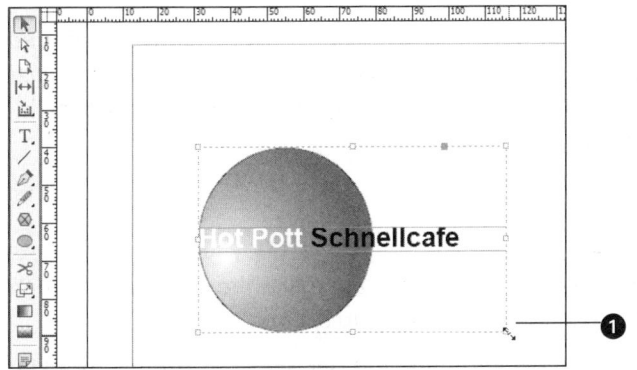

Abb. L9.32: Objekte skalieren mit dem *Auswahlwerkzeug*

> Um es bei den ursprünglichen Proportionen zu belassen, halten Sie die Tasten [Strg] + [⇧] gedrückt, während Sie an dem Griffpunkt ziehen.

Alternativ können Sie ein Objekt auch über das *Transformieren*-Bedienfeld skalieren.

Transformieren-Bedienfeld

1 Rufen Sie dieses über das Menü *Fenster / Objekt und Layout / Transformieren* auf.

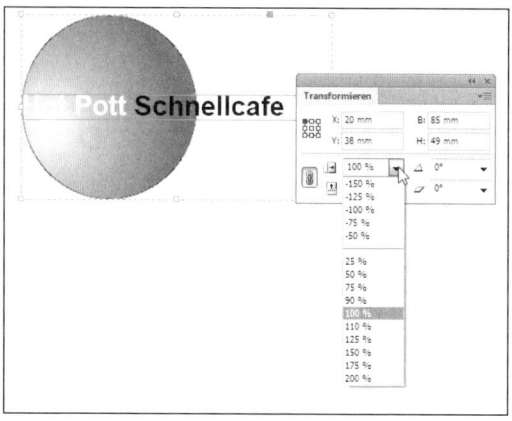

Abb. L9.33: Skalieren über das *Transformieren*-Bedienfeld

2 Dazu geben Sie die gewünschten Werte für die Optionen *X-Skalierung (Prozentsatz)*, *Y-Skalierung (Prozentsatz)* bzw. Breite (*B*) oder Höhe (*H*) ein und drücken abschließend die ⏎-Taste.

Drehen

Selbstverständlich können Sie ausgewählte Objekte um einen von Ihnen festgelegten Ursprung *drehen*.

Drehen durch Ziehen

1 Um ein Objekt stufenlos mit der Maus zu drehen, markieren Sie es zunächst.

2 Dann wählen Sie das Werkzeug *Drehen* 🔄 aus.

3 Positionieren Sie das Werkzeug außerhalb des Drehpunktes und beginnen Sie, mit der Maus in die gewünschte Richtung zu ziehen.

Das Ganze funktioniert so, als würden Sie einen Hebel betätigen und damit das Objekt drehen. Wenn Sie die ge-

wünschte Position erreicht haben, lassen Sie die Maustaste los.

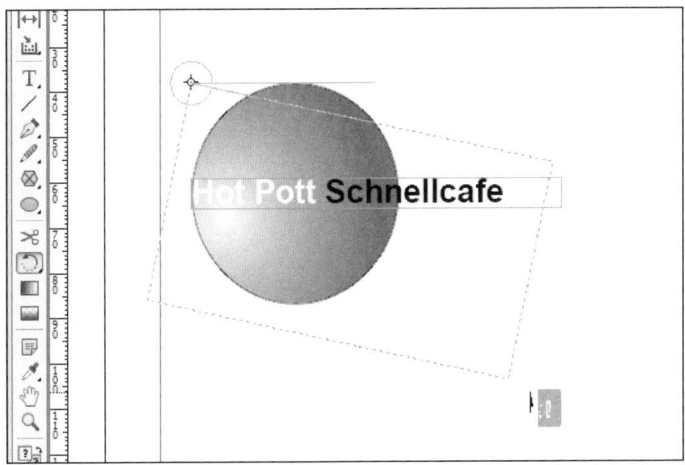

Abb. L9.34: Drehen mit dem Werkzeug *Drehen*

Je weiter entfernt vom Ursprung Sie das Werkzeug ziehen,
umso genauer können Sie übrigens die Drehung steuern.

4 Um die Drehung auf das Vielfache von 45° zu beschränken, halten Sie beim Ziehen die ⇧-Taste gedrückt.

> Möchten Sie das Objekt bzw. die Objekte in 90°-Winkeln
> drehen, dann verwenden Sie die beiden Schaltfläche *Um
> 90° drehen (Uhrzeigersinn)* bzw. *Um 90° drehen (gegen
> Uhrzeigersinn),* die Sie in der Steuerelementleiste finden.

TIPP

Wenn Sie eine exakte Drehung wünschen, sollten Sie die
Steuerelementleiste verwenden.

**Transformie-
ren-Bedienfeld**

5 Tragen Sie in das Feld **❶** den gewünschten Drehwinkel
ein.

6 Wenn Sie anschließend die ↵-Taste drücken, wird das
Objekt entsprechend gedreht.

Wenn Sie einen positiven Winkel eingeben, wird das ausgewählte Objekt gegen den Uhrzeigersinn gedreht. Geben Sie stattdessen einen negativen Winkel ein, wird das ausgewählte Objekt im Uhrzeigersinn gedreht.

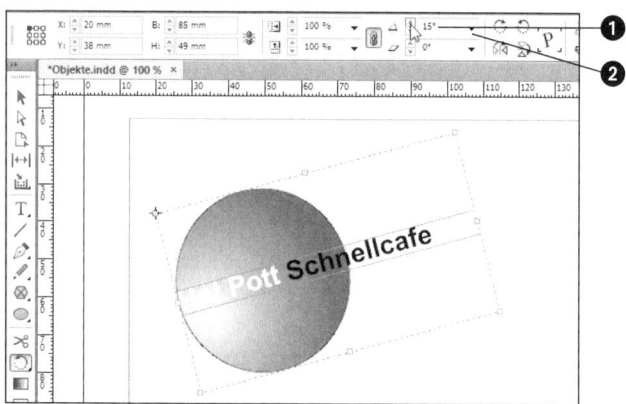

Abb. L9.35: Drehen über das *Transformieren*-Bedienfeld

Für die Werte *Um 180° drehen*, *Um 90° drehen (Uhrzeigersinn)* und *Um 90° drehen (gegen Uhrzeigersinn)* finden Sie im Listenmenü ❷ die entsprechenden Einträge in 30°-Schritten.

Verbiegen

Verbiegen

Durch *Verbiegen* wird ein Objekt entlang seiner horizontalen Achse geneigt oder gebogen; zusätzlich können beide Objektachsen gedreht werden.

Verbiegen durch Ziehen

Der Vorgang des Verbiegens entspricht weitestgehend dem des Drehens.

1 Markieren Sie zunächst das zu verbiegende Objekt und wählen Sie das Werkzeug *Scheren* 🔲 ❶ aus (Sie finden es im Flyout-Menü des Werkzeugs *Skalieren* 🔲).

2 Positionieren Sie anschließend das Werkzeug außerhalb des Ursprungs und ziehen Sie es in die gewünschte Richtung ❷.

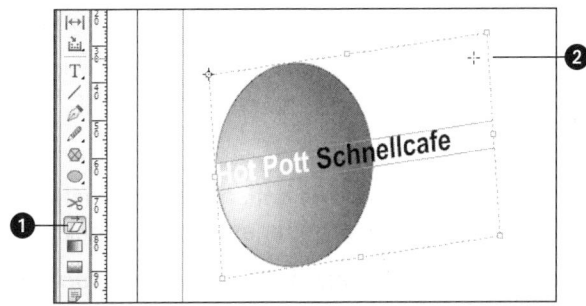

Abb. L9.36: Verbiegen eines Objekts mit dem Werkzeug *Scheren*

Wenn Sie beim Ziehen die ⇧-Taste gedrückt halten, können Sie das Verbiegen in 45°-Schritten durchführen. Um eine genauere Steuerung zu ermöglichen, beginnen Sie in einem größeren Abstand von dem Objektursprung mit dem Ziehen.

1 Wählen Sie zunächst das zu verbiegende Objekt aus.

2 In dem Feld *Scherwinkel* der Steuerelementleiste geben Sie dann für die Option *Scherwinkel* einen positiven oder negativen Wert ein, um den Verbiegungswinkel festzulegen, und drücken die ⏎-Taste, um die Eingabe zu bestätigen.

Scheren mit genauem Wert

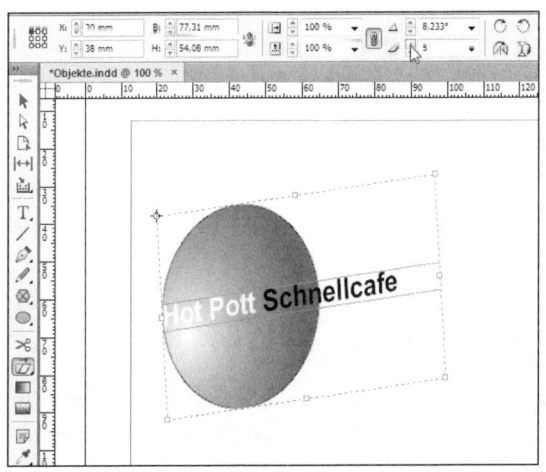

Abb. L9.37: Einen exakten Wert eingeben

Alternativ können Sie die Werte aber auch mit den Listenpfeilen festlegen.

Spiegeln

Beim *Spiegeln* eines Objekts wird es entlang einer unsichtbaren Achse an dem von Ihnen angegebenen Ursprung gekippt.

Am leichtesten lassen sich Objekte mithilfe des *Transformieren*-Bedienfeldes spiegeln.

Möchten Sie beispielsweise ein Objekt horizontal spiegeln, gehen Sie wie folgt vor:

1 Bestimmen Sie zunächst den Ursprung, an dem sich das Objekt spiegeln soll.

2 Klicken Sie dann auf die Schaltfläche *Horizontal spiegeln*.

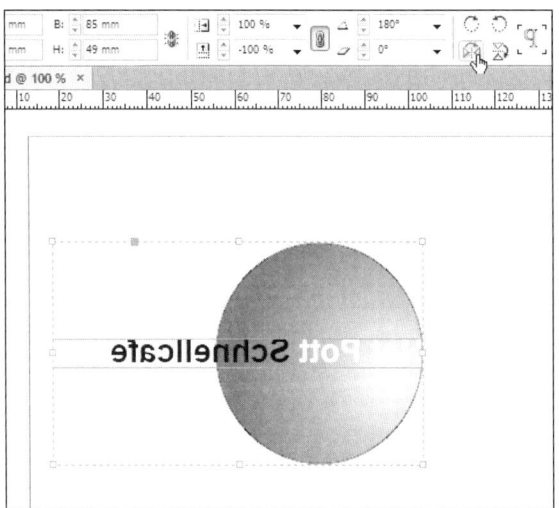

Abb. L9.38: Ein Objekt horizontal spiegeln

Möchten Sie dagegen den Ursprung als vertikale Achse für das Spiegeln verwenden, wählen Sie im Menü des *Transformieren*-Bedienfeldes den Befehl *Vertikal spiegeln*.

Freies Transformieren

Sehr oft genügt es, Objekte ein klein wenig zu drehen, zu stauchen oder in der Größe zu ändern. In diesem Fall können Sie das Werkzeug *Frei Transformieren* 🔲 einsetzen, das die Funktionen vieler Werkzeuge in einem einzigen vereint.

Verschieben von Objekten

Um ein Objekt mit dem Werkzeug *Frei Transformieren* zu verschieben, wählen Sie es zunächst aus.

1 Nachdem Sie das Werkzeug *Frei Transformieren* aktiviert haben, klicken Sie an eine beliebige Stelle innerhalb des Begrenzungsrahmens. Der Mauszeiger nimmt die Form eines Pfeils ↕ an.

2 Ziehen Sie dann das Objekt an die gewünschte Position.

Verbiegen von Objekten

1 Ziehen Sie einen Griffpunkt einer Seite des Begrenzungsrahmens (nicht einer Ecke), bis das Objekt die gewünschte Größe hat.

2 Wenn der Mauszeiger die Form eines Doppelpfeils ↗ annimmt, halten Sie Strg + Alt gedrückt und ziehen dann das Objekt in die gewünschte Perspektive.

Sollen die Proportionen beibehalten werden, dann drücken Sie beim Ziehen des Objekts die ⇧-Taste.

Skalieren von Objekten

1 Ziehen Sie an einem der Griffpunkte des Begrenzungsrahmens, bis das Objekt die gewünschte Größe hat. Der Mauszeiger nimmt dabei die Form eines Doppelpfeils ↗ an.

2 Möchten Sie die Proportionen des Objekts erhalten, drücken Sie gleichzeitig die ⇧-Taste. Soll das Objekt von der Mitte aus skaliert werden, drücken Sie die Alt-Taste.

Drehen von Objekten

1 Positionieren Sie den Zeiger an einer beliebigen Stelle außerhalb des Begrenzungsrahmens.

2 Wenn der Zeiger als kleiner runder Doppelpfeil ↻ angezeigt wird, ziehen Sie ihn, bis der gewünschte Drehwinkel
erreicht ist.

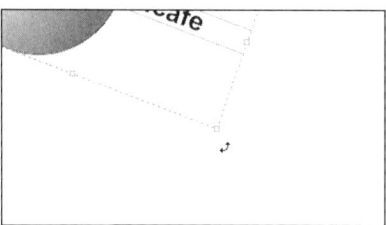

Abb. L9.39: Freies Drehen

Spiegeln von Objekten

1 Um ein Objekt zu spiegeln, ziehen Sie einen Griffpunkt des
Begrenzungsrahmens über die gegenüberliegende Kante
oder den gegenüberliegenden Griffpunkt hinaus.

2 Lassen Sie die Maustaste los, wenn das Objekt den gewünschten Spiegelungsgrad hat.

Der Mauszeiger nimmt dabei die Gestalt eines Doppelpfeils
↕ an.

Pathfinder

Mithilfe des *Pathfinder*-Bedienfeldes können Sie verknüpfte
Formen herstellen.

1 Rufen Sie das Bedienfeld über die Menüfolge *Fenster /
Objekt und Layout* auf.

2 Markieren Sie die Objekte, die Sie verknüpfen wollen,
und klicken Sie auf die entsprechende Schaltfläche des
Bedienfeldes.

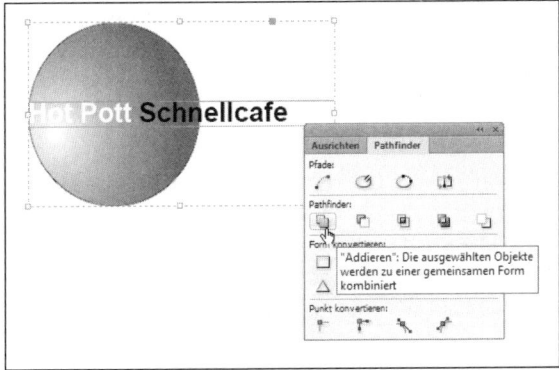

Abb. L9.40: Zwei Objekte addieren

Das Bedienfeld ermöglicht Ihnen im Bereich *Pathfinder* folgende Verknüpfungen:

- *Addieren* ⬚: Diese Option zeichnet die Kontur aller Objekte nach, sodass eine Einzelform entsteht.

- *Subtrahieren* ⬚: In diesem Fall stanzen die Objekte im Vordergrund Bereiche aus dem untersten Objekt heraus.

- *Schnittmenge bilden* ⬚: Aus der Schnittmenge der beiden Objekte entsteht eine neue Form.

- *Überlappung ausschließen* ⬚: Es wird eine neue Form aus den Bereichen erstellt, die sich nicht überlappen.

- *Hinteres Objekt abziehen* ⬚: Die Objekte im Hintergrund stanzen Bereiche aus dem obersten Objekt heraus.

Form konvertieren

Sie können eine vorhandene Form in eine andere vordefinierte Form konvertieren. So kann man beispielsweise ein Rechteck in ein Dreieck konvertieren.

Die benötigten Werkzeuge finden Sie im Bedienfeld *Pathfinder* im Bereich *Form konvertieren*.

1 Markieren Sie die Form (beispielsweise einen Kreis), die Sie konvertieren möchten.

2 Klicken Sie im Bedienfeld auf das entsprechende Symbol.

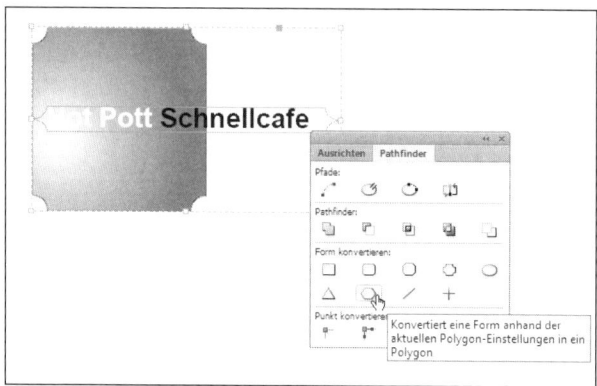

Abb. L9.41: Eine Form konvertieren

Wie Sie sehen, haben die drei letzten Schaltflächen speziell mit Pfaden zu tun. Näheres über deren Funktions- und Arbeitsweise haben Sie bereits im vorherigen Kapitel erfahren.

Objekte löschen

Nicht mehr benötigte oder überflüssige Objekte löschen Sie nach dem Markieren mit dem Befehl *Löschen*, den Sie im Menü *Bearbeiten* finden. Alternativ können Sie auch einfach die Entf-Taste betätigen.

L10 Fortgeschrittene Techniken

In diesem Kapitel wird Ihnen gezeigt, wie Sie mehr aus In-Design herausholen und Ihren Publikationen den letzten Schliff geben.

Arbeiten mit Formatvorlagen

Beim regelmäßigen Einsatz von InDesign werden Sie feststellen, dass Sie bestimmte Schritte immer und immer wieder ausführen. So werden etwa Kapitel- oder Abschnittsüberschriften – wie in diesem Buch – nach bestimmten Regeln formatiert. Wenn Sie das jedes Mal über die jeweiligen Menüs vornehmen müssten, wäre das ein sehr anstrengendes Unterfangen.

Hier helfen sogenannte *Formatvorlagen*. Diese ermöglichen es, bestimmte Formatierungen immer wieder einzusetzen oder Texte stets gleichartig zu gestalten.

Konkret kommen *Zeichen-* und *Absatzformate* zum Einsatz.

Ein *Zeichenformat* ist eine Sammlung von Zeichenformatattri- **Zeichenformat**
buten, die auf einen ausgewählten Textbereich angewendet werden kann.

Ein *Absatzformat* beinhaltet dagegen sowohl Zeichen- als **Absatzformat**
auch Absatzformatattribute und kann auf einen oder mehrere ausgewählte Absätze angewendet werden.

In InDesign befinden sich diese Formate auf verschiedenen Bedienfeldern. Das Erscheinungsbild und die Funktionsweise dieser Bedienfelder sind jedoch nahezu identisch.

Erstellen von Formaten

Am einfachsten ist es, eine neue Formatvorlage auf der Grundlage der Formatierung von vorhandenem Text zu erstellen.

Formate erstellen

Zunächst benötigen Sie das entsprechende Bedienfeld.

1 Das *Zeichenformate*-Bedienfeld holen Sie über das Symbol *Zeichenformate* (⇧ + F11) auf den Schirm. Das *Absatzformate*-Bedienfeld können Sie über das Symbol *Absatzformate* (F11) aufrufen.

2 Markieren Sie dann den betreffenden Text mit einer der Markierungsfunktionen.

3 Nun klicken Sie im *Zeichenformate*- oder *Absatzformate*-Bedienfeld auf die Schaltfläche *Neues Format erstellen*.

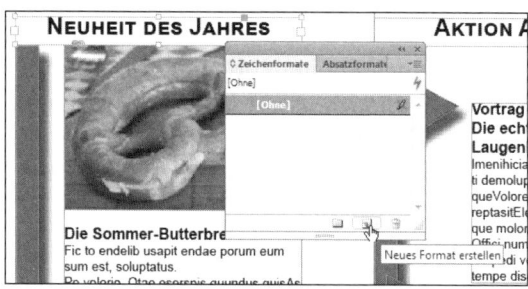

Abb. L10.1: Zeichenformat anlegen

InDesign legt in dem Bedienfeld ein neues Format an.

4 Klicken Sie doppelt darauf, sodass – je nach Wahl – das Dialogfenster *Zeichenformatoptionen* oder *Absatzformatoptionen* erscheint.

5 Vergeben Sie einen aussagekräftigen *Formatnamen* **❶**, denn dieser erscheint in den Bedienfeldern.

6 Mit dem Hinzufügen einer Tastenkombination im Feld *Tastaturbefehl* **❷** können Sie das spätere Aufrufen weiter erleichtern. Halten Sie dazu eine der Tasten Alt, ⇧ und Strg gedrückt und drücken Sie eine Zahl auf dem Ziffernblock.

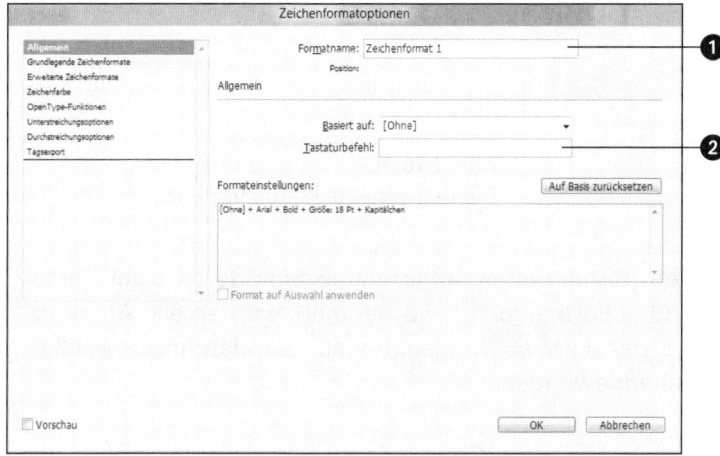

Abb. L10.2: Einstellungen für die Vorlage vornehmen

Die genauen Eigenschaften legen Sie im Menü auf der linken Seite fest. Hier können Sie unter den folgenden Attributen auswählen:

- *Allgemein*
- *Grundlegende Zeichenformate*
- *Erweiterte Zeichenformate*
- *Zeichenfarbe*
- *OpenType-Funktionen*
- *Unterstreichungsoptionen*
- *Durchstreichungsoptionen*
- *Tagsexport*

Zeichen-formate

7 Nehmen Sie die gewünschten Formatierungen vor.

8 Zum Abschluss der Definition müssen Sie auf *OK* klicken.

Das Fenster wird geschlossen und Sie sehen, dass der von Ihnen gewählte Formatname in dem Bedienfeld angezeigt wird.

Abb. L10.3:
Die neu erstellte Formatvorlage

TIPP

Wenn Sie die eben aufgezeigten Schritte an einer beste-
henden Formatvorlage vornehmen, werden alle Änderungen der Formatierungsoptionen auf den ausgewählten
Text angewendet.

Anwenden von Formaten

**Formate
anwenden**

Das Anwenden eines Zeichen- oder Absatzformats funktioniert auf die gleiche Art und Weise, wie Sie Zeichen oder
Absätzen Eigenschaften zuweisen: Wenn Sie Text ausgewählt
haben, wirken sich die Formatattribute auf den markierten
Text oder den ausgewählten Absatz aus.

Es gilt dabei allerdings die Besonderheit, dass folgende For-
matierungsfunktionen nicht überschrieben werden: *Hochgestellt*, *Tiefgestellt*, *Durchgestrichen*, *Unterstrichen*, *Sprache*,
Textsetzer, *Grundlinienversatz* und *Sonderzeichen*. Ein Pluszeichen (+) wird neben dem aktuellen Format in dem *Zeichenformate*-Bedienfeld angezeigt, wenn der Text, auf den Sie das
Format anwenden, zusätzliche Formatierungen aufweist.

Anwenden eines Zeichenformats

Um ein Zeichenformat aus dem *Zeichenformate*-Bedienfeld
anzuwenden, gehen Sie so vor:

1 Achten Sie zunächst darauf, dass die betreffenden Zeichen
markiert sind.

2 Führen Sie dann einen der folgenden Schritte durch:

■ Klicken Sie in dem *Zeichenformate*-Bedienfeld auf
den Namen des Zeichenformats.

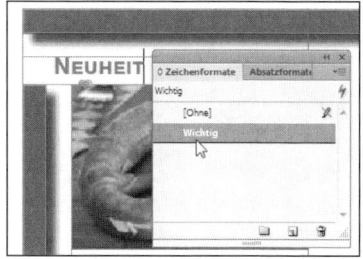

Abb. L10.4: Ein Zeichenformat zuweisen

■ Oder geben Sie den dem Format zugewiesenen Tastaturbefehl ein.

■ Klicken Sie auf das Zeichenformat in dem *Zeichenformate*-Bedienfeld. Halten Sie die linke Maustaste gedrückt und ziehen Sie das Format auf die Markierung im Text. Dort lassen Sie die Maustaste los.

Augenblicklich wird das Zeichenformat dem ausgewählten Zeichen zugewiesen.

Anwenden eines Absatzformats

Das Erstellen eines Absatzformats läuft analog zu dem eines Zeichenformats.

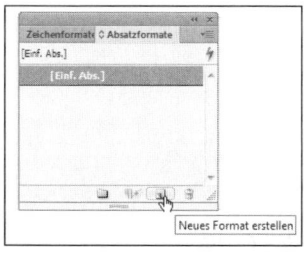

Abb. L10.5:
Ein neues Absatzformat erstellen

Hier stehen Ihnen im Dialogfenster *Absatzformatoptionen* die folgenden Optionen zur Auswahl:

■ *Allgemein*

■ *Grundlegende Zeichenformate*

Absatzformate

■ *Erweiterte Zeichenformate*

■ *Einzüge und Abstände*

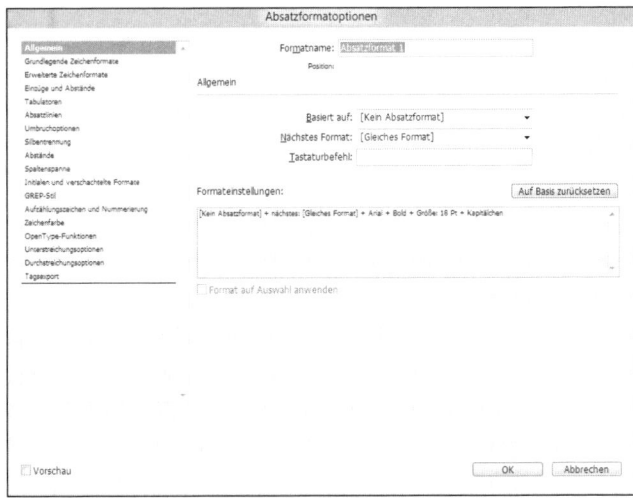

Abb. L10.6: Ein Absatzformat erstellen

■ *Tabulator*

■ *Absatzlinien*

■ *Umbruchoptionen*

■ *Silbentrennung*

■ *Abstände*

■ *Spaltenspanne*

■ *Initialen und verschachtelte Formate*

■ *GREP-Stil*

■ *Aufzählungszeichen und Nummerierung*

■ *Zeichenfarbe*

■ *OpenType-Funktionen*

■ *Unterstreichungsoptionen*

■ *Durchstreichungsoptionen*

■ *Tagsexport*

Nachdem Sie ein Absatzformat definiert haben, weisen Sie es wie folgt zu:

3 Platzieren Sie den Cursor innerhalb des Absatzes.

4 Klicken Sie in dem *Absatzformate*-Bedienfeld auf den Namen des Absatzformats.

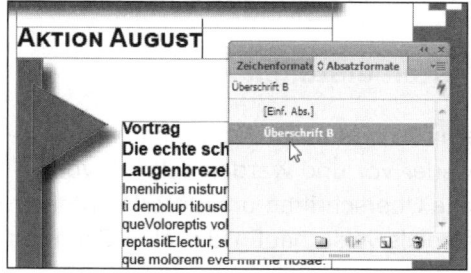

Abb. L10.7: Ein Absatzformat zuweisen

> Ein Absatz muss nicht komplett markiert werden. Es genügt, wenn sich der Cursor innerhalb des Absatzes befindet.

Möchten Sie beim Anwenden eines Absatzformats alle aktuellen Formatierungen übergehen, so halten Sie beim Klicken auf den Namen des Absatzformats in dem *Absatzformate*-Bedienfeld die ⌈Alt⌉-Taste gedrückt.

Wenn Sie dagegen beim Anwenden eines Absatzformats alle aktuellen Formatierungen aufrechterhalten möchten, müssen Sie die ⌈Alt⌉- und ⌈⇧⌉-Taste gedrückt halten, während Sie in dem *Absatzformate*-Bedienfeld auf den Namen des Absatzformats klicken.

Formate bearbeiten

Sie können die Definition eines Zeichen- oder Absatzformats jederzeit ändern.

Formate bearbeiten

1 Klicken Sie doppelt in dem entsprechenden Bedienfeld auf den Formatnamen.

2 Im Menü des *Format*-Bedienfeldes wählen Sie anschließend die Option *Formatoptionen* an.

3 In dem erscheinenden Dialogfenster passen Sie nun die Einstellungen an und klicken abschließend auf *OK*.

Formate aus Formaten erstellen

Wenn Sie einen längeren Text erstellen, kommen bestimmte Stilelemente immer wieder vor und werden sehr oft voneinander abgeleitet. Für alle Überschriften und untergeordneten Überschriften wird beispielsweise häufig dieselbe Schriftart oder Farbe verwendet.

Möchten Sie nun ein hierarchisches System aufbauen, so können Sie auf einfache Weise Verknüpfungen zwischen ähnlichen Formaten erzeugen, indem Sie beispielsweise ein Basisformat erstellen, das Sie dann entsprechend ändern. Wenn Sie das Basisformat ändern, werden die geänderten Attribute auch in den damit verbundenen Formaten entsprechend sichtbar.

Eine solche Basisvorlage definieren Sie so:

1 Erstellen Sie entweder ein neues Format, wie weiter oben beschrieben, oder markieren Sie das Format, das den Ausgang bilden soll, in dem *Format*-Bedienfeld.

2 Aktivieren Sie im *Format*-Bedienfeldmenü den Befehl *Format duplizieren* (siehe Abbildung L10.8).

3 Im Eintrag *Basiert auf* stellen Sie das „übergeordnete" Format (in der Abbildung *Überschrift B*) ein (siehe Abbildung L10.9).

Dadurch wird das neue Format nun automatisch zum „untergeordneten" Format.

4 Abschließend benennen Sie das Format noch um.

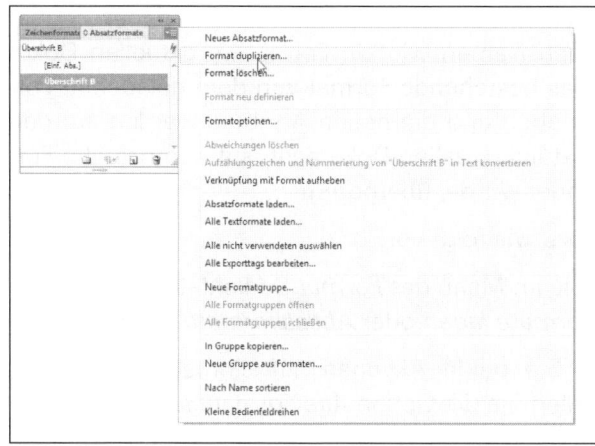

Abb. L10.8: Abhängiges Format erstellen

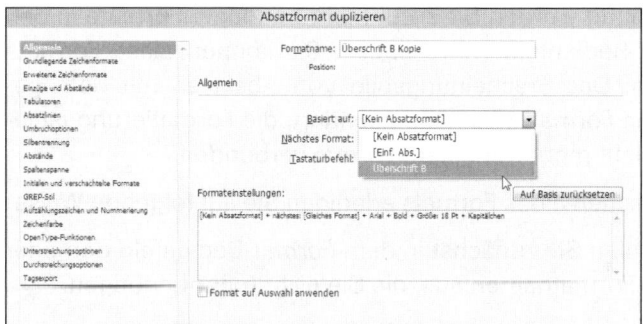

Abb. L10.9: Das Basisformat auswählen

Formate übernehmen

Wenn die gewünschten Formate bereits in einem anderen
InDesign-Dokument vorhanden sind, können Sie diese importieren und im aktuellen Dokument verwenden. Dazu werden
beispielsweise vorhandene Absatzformate, Zeichenformate
oder beide Formatarten aus anderen Dokumenten in das aktive Dokument geladen (importiert) und stehen damit auch in
dem aktuellen Dokument zur Verfügung.

Verfügt ein aus einem anderen Dokument geladenes Format über denselben Namen wie ein Format im aktuellen Dokument, wird das bestehende Format von dem geladenen Format überschrieben und die neuen Attribute werden auf den gesamten Text im aktuellen Dokument, auf den das alte Format angewendet wurde, übernommen.

Gehen Sie dazu wie folgt vor:

1 Wählen Sie im Menü des *Format*-Bedienfeldes die Option *Zeichenformate laden* oder *Absatzformate laden* aus.

2 Möchten Sie beide Aktionen auf einmal durchführen, dann wählen Sie die Option *Alle Formate laden*.

Formate löschen

Sehr häufig werden Sie nicht mehr benötigte Formate in den *Format*-Bedienfeldern vorfinden. Sie können diese Formate löschen. Das Erscheinungsbild von Absätzen mit dem gelöschten Format wird nicht geändert, die Formatierung ist jedoch nicht mehr mit einem Format verbunden.

Das Löschen eines Formats erledigen Sie auf folgende Weise:

1 Wählen Sie zunächst in dem *Format*-Bedienfeld den oder die Formatnamen aus, die Sie nicht mehr benötigen.

2 Nun stehen Ihnen drei Möglichkeiten zur Auswahl:

■ Sie wählen im Bedienfeldmenü die Option *Formate löschen* oder

■ Sie klicken unten in dem Bedienfeld auf die Schaltfläche *Ausgewählte Formate / Gruppen löschen* oder

■ Sie ziehen das Format unten in dem Bedienfeld auf die Schaltfläche *Ausgewählte Formate / Gruppen löschen*.

Inhaltsverzeichnisse

Möchten Sie ein Inhaltsverzeichnis erstellen, dann spielen Formate eine entscheidende Rolle.

Wichtig ist, dass Sie vor der Erstellung des Inhaltsverzeichnisses entscheiden, welche Absätze (z. B. Titel und Überschriften) Sie in das Verzeichnis aufnehmen möchten. Für diese definieren Sie dann jeweils ein Absatzformat (z. B. *Überschrift 1* usw.).

1 Rufen Sie dann die Menüfolge *Layout / Inhaltsverzeichnis* auf.

2 Geben Sie im Feld *Titel* eine Bezeichnung für das Inhaltsverzeichnis (beispielsweise Inhalt) ein und wählen Sie gegebenenfalls im Feld *Format* ein Format für den Titel aus.

3 Klicken Sie im Feld *Andere Formate* doppelt auf die Absatzformate, deren Inhalt Sie in das Inhaltsverzeichnis einschließen möchten.

Diese werden dadurch in die Liste *Absatzformate einschließen* aufgenommen.

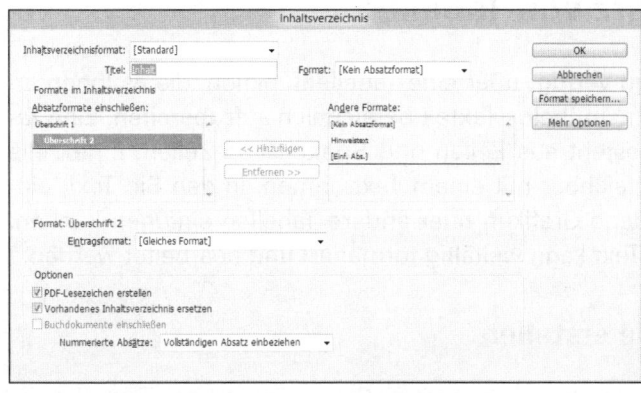

Abb. L10.10: Ein Inhaltsverzeichnis anlegen

4 Klicken Sie auf *OK*.

Der Cursor mit geladenem Text wird angezeigt. Erstellen Sie damit an der Stelle einen Textrahmen, an der Sie das Inhaltsverzeichnis platzieren möchten.

Inhalt
Die Brezel   1
Die Butterbrezel   6

Abb. L10.11: Ein Inhaltsverzeichnis (ohne Formate)

Ein Format für das Inhaltsverzeichnis können Sie über das Dialogfenster *Inhaltsverzeichnisformate* erstellen, das Sie durch Aufruf der Menüfolge *Layout / Inhaltsverzeichnisformate* erhalten.

Nehmen Sie Veränderungen am Text vor, dann sollten Sie das Inhaltsverzeichnis über die Menüfolge *Datei / Inhaltsverzeichnis aktualisieren* auf den Stand der Zeit bringen.

Einsatz von Tabellen

InDesign verfügt über eine Tabellenfunktion, die es Ihnen ermöglicht, mühelos Texte übersichtlich aufzubereiten. Eine *Tabelle* besteht aus Zeilen und Spalten von Zellen. Eine Zelle ist vergleichbar mit einem Textrahmen, in den Sie Text, eingebundene Grafiken oder andere Tabellen einfügen können. Dieser Text kann vielfältig formatiert und bearbeitet werden.

Tabelle erstellen

1 Für eine Tabelle benötigen Sie zunächst einen Textrahmen, den Sie mit dem *Textwerkzeug* 🅃 anlegen.

Tabelle einfügen

2 Dann wählen Sie die Befehlsfolge *Tabelle / Tabelle einfügen* und erhalten das nachfolgende Dialogfenster.

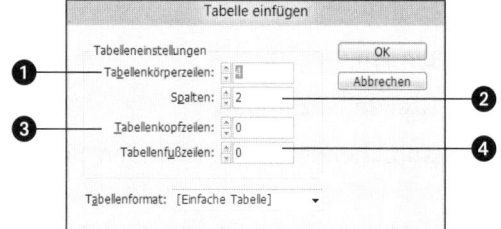

Abb. L10.12: Optionen für die Tabelle festlegen

3 Geben Sie zunächst die Zeilen- (von Adobe liebevoll *Tabellenkörperzeilen* **1** genannt) und die Spaltenanzahl (im Feld *Spalten* **2**) ein.

4 Soll sich die Tabelle über mehrere Spalten oder Rahmen ausdehnen, dann müssen Sie zusätzlich noch angeben, in wie vielen *Tabellenkopfzeilen* **3** und *Tabellenfußzeilen* **4** die Informationen wiederholt werden sollen.

5 Klicken Sie dann auf *OK*.

Die Tabelle wird nun in dem Textrahmen platziert.

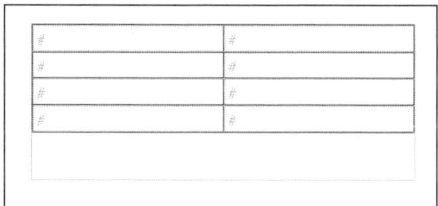

Abb. L10.13: Die Tabelle kann nun bestückt werden

Tabelle bearbeiten

InDesign bietet Ihnen zahlreiche Möglichkeiten, eine Tabelle zu bearbeiten. So können Sie

■ Zeilen und Spalten einfügen oder löschen,

■ ausgewählte Zellen ausschneiden oder kopieren und wieder einfügen,

- die Spalten- und Zeilenhöhe ändern,
- Zellen teilen oder verbinden,
- Tabellenkopf- und -fußzeilen hinzufügen

und vieles mehr. Die entsprechenden Befehle finden Sie im Menü *Tabelle*.

Die Formatierung nehmen Sie über das Bedienfeld *Tabelle* vor, das Sie durch die Menüfolge *Fenster / Schrift und Tabellen / Tabelle* oder schneller durch ⇧ + F9 erhalten.

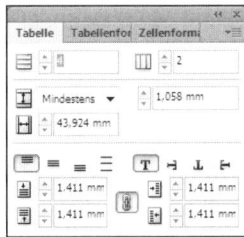

Abb. L10.14: Die Optionen zum Formatieren von Tabellen

Alle Möglichkeiten zu beschreiben, würde leider den Rahmen dieses Buches sprengen. Die Tabellenfunktion ist aber zum größten Teil selbsterklärend und wenn Sie schon einmal mit der Tabellenfunktion einer Textverarbeitung gearbeitet haben, werden Sie keine Probleme haben.

Ebenen

Ebene

Jedes Dokument enthält mindestens eine *Ebene*. Solche Ebenen, man nennt sie auch *Layer*, können Sie sich wie Overhead-Folien vorstellen, die jeweils übereinandergelegt werden. Auf jeder Ebene können nun verschiedene Objekte enthalten sein, die Sie separat voneinander bearbeiten können, ohne dass sich das auf andere Bereiche oder Inhaltsarten auswirkt.

Ebenen erlauben ein effektives Arbeiten, da sie einzeln bearbeitet werden können. Das Ein- und Ausblenden von Ebenen hilft Ihnen dabei, bestimmte Elemente zu isolieren und zu bearbeiten oder zu steuern, welche Seiteninhalte ausgedruckt werden sollen. Wenn Sie beispielsweise nur den Text Ihrer Publikation Korrektur lesen möchten, können Sie alle anderen Ebenen ausblenden. Oder Sie verwenden Ebenen, um Entwürfe für dasselbe Layout oder Werbekampagnen für verschiedene Zwecke abwechselnd anzuzeigen. Darüber hinaus können Sie Ihr Design vor unbeabsichtigten Veränderungen schützen, indem Sie die betreffende Ebene mit allen darin enthaltenen Objekten fixieren und ein Bearbeiten damit ausschließen.

Das Ebenen-Bedienfeld

Die Ebenen werden über das *Ebenen*-Bedienfeld verwaltet. In ihm werden die einzelnen Ebenen aufgelistet, wobei die vorderste Ebene oben in dem Bedienfeld angezeigt wird.

1 Das *Ebenen*-Bedienfeld machen Sie über die Menüfolge *Fenster* / *Ebenen*, durch Anklicken der Schaltfläche *Ebenen* oder durch Drücken der F7-Taste sichtbar.

Ebenen-Bedienfeld

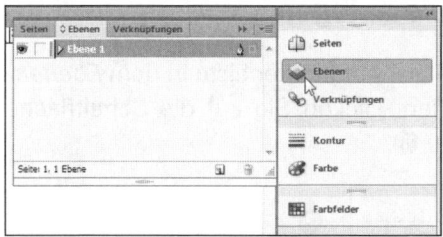

Abb. L10.15: Das *Ebenen*-Bedienfeld

Dieses Bedienfeld ermöglicht Ihnen das Erstellen und Löschen, Ausblenden und Sperren sowie das Reduzieren auf eine Ebene. Es verwaltet die Optionen für die Anzeige und den Druck und ermöglicht Ihnen, die Anordnung der Ebenen zu ändern und Objekte von einer Ebene auf eine andere zu verschieben.

2 Wenn Sie etwas über die jeweilige Ebene erfahren möchten, dann klicken Sie doppelt auf das Symbol *Zeigt aktuelle Zeichenebene*.

Es öffnet sich das folgende Dialogfenster *Ebenenoptionen*.

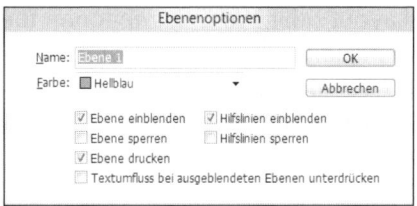

Abb. L10.16: Dialogfenster der aktuellen Zeichenebene

3 Hier können Sie hinter der Bezeichnung *Name* einen Namen für die Ebene eintragen, der griffiger als die Bezeichnung *Ebene 1* ist.

4 Mit der Option *Farbe* bestimmen Sie die Darstellungsweise in dem *Ebenen*-Bedienfeld. Sie finden ein entsprechendes Quadrat vor der Bezeichnung der jeweiligen Ebene.

Neue Standardebene anlegen

1 Um eine neue Ebene am Anfang der Liste in dem *Ebenen*-Bedienfeld zu erstellen, klicken Sie auf die Schaltfläche *Neue Ebene erstellen* **❶**.

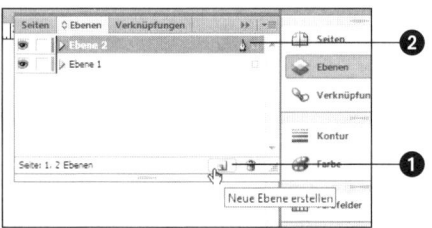

Abb. L10.17: Eine neue Standardebene

Die neue Ebene mit den vordefinierten Standardeinstellungen erscheint daraufhin am Anfang der Liste in dem *Ebenen*-Bedienfeld ❷.

2 Nehmen Sie anschließend die gewünschten Einstellungen vor.

Neue Ebene mit Optionen anlegen

1 Um eine neue Ebene zu erstellen, deren Optionen Sie selbst bestimmen möchten, klicken Sie auf das Bedienfeldmenü.

2 Wählen Sie aus dem Menü den Befehl *Neue Ebene* aus.

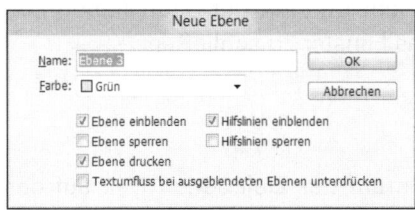

Abb. L10.18: Eine neue Ebene anlegen

3 In diesem Fall können Sie die folgenden Optionen festlegen:

- *Name*: Geben Sie eine Bezeichnung für die Ebene ein.

- *Farbe*: Hier können Sie die Ebenenfarbe auswählen, die die Ebene symbolisieren soll.

- *Ebene einblenden*: Mit dieser Option legen Sie fest, ob eine Ebene sichtbar und druckbar sein soll. Das Aktivieren dieser Option entspricht dem Sichtbarmachen des Augensymbols in dem *Ebenen*-Bedienfeld.

- *Hilfslinien einblenden*: Um die Hilfslinien auf dieser Ebene sichtbar zu machen, müssen Sie diese Option aktivieren.

- *Ebene sperren*: Um Änderungen an allen Objekten auf dieser Ebene zu verhindern, muss diese Option eingeschaltet sein. Das Aktivieren dieser Option entspricht dem Sichtbarmachen des Stiftsymbols in dem *Ebenen*-Bedienfeld.

- *Hilfslinien sperren*: Aktivieren Sie diese Option, um Änderungen an allen Hilfslinien auf dieser Ebene zu verhindern.

- *Textumfluss bei ausgeblendeten Ebenen unterdrücken*: Hiermit können Sie das Anzeigen der Konturen bei Ebenen, die ausgeblendet wurden, verhindern.

4 Nachdem Sie Ihre Entscheidungen getroffen haben, klicken Sie auf *OK*, um das Fenster zu schließen.

Arbeiten mit Ebenen

Alle neuen Objekte werden auf der Zielebene, d. h. auf der Ebene platziert, für die in dem *Ebenen*-Bedienfeld zurzeit das Stiftsymbol angezeigt wird.

Um der Zielebene neue Objekte hinzuzufügen, haben Sie folgende Möglichkeiten:

- Erstellen neuer Objekte mithilfe der Text- oder Zeichenwerkzeuge

- Importieren, Platzieren oder Einfügen von Text oder Grafiken

- Auswählen von Objekten auf anderen Ebenen und Verschieben dieser Objekte auf die neue Ebene

Die beiden ersten Möglichkeiten wurden Ihnen bereits in diesem Buch vorgestellt. Im Folgenden soll deshalb nur auf das Auswählen, Verschieben und Kopieren von Objekten auf Ebenen eingegangen werden.

Auswählen von Objekten auf Ebenen

Um alle Objekte einer Ebene auszuwählen, halten Sie die ⇧-Taste gedrückt, während Sie in dem *Ebenen*-Bedienfeld auf eine Ebene klicken.

Als Zeichen, dass hier eines bzw. alle Objekte markiert sind, wird ein kleiner farbiger Punkt neben dem Füllfedersymbol angezeigt ❶.

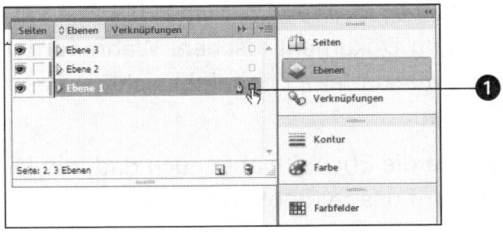

Abb. L10.19: Alle Objekte einer Ebene sind ausgewählt

Verschieben und Kopieren von Objekten auf eine andere Ebene

Wählen Sie zunächst mit dem Werkzeug *Auswahl* [↖] ein oder mehrere Objekte aus. Im letzteren Fall müssen Sie zusätzlich die ⇧-Taste gedrückt halten.

- *Verschieben*: Um die ausgewählten Objekte auf eine andere Ebene zu verschieben, ziehen Sie den farbigen Punkt auf der rechten Seite der Ebenenliste zu der Ebene, auf die Sie die Objekte verschieben möchten. Sollen die ausgewählten Objekte auf eine ausgeblendete oder gesperrte Ebene verschoben werden, müssen Sie zusätzlich die Strg-Taste gedrückt halten, während Sie den farbigen Punkt auf die gewünschte Ebene ziehen.

- *Kopieren*: Möchten Sie die ausgewählten Objekte auf eine andere Ebene kopieren, so halten Sie die Alt-Taste gedrückt, während Sie den farbigen Punkt auf der rechten Seite der Ebenenliste zu der Ebene ziehen, auf die Sie die Objekte kopieren möchten. Falls es sich um eine ausgeblendete oder gesperrte Ebene handelt, müssen Sie hier die Tasten ⌷Strg⌷ + ⌷Alt⌷ gedrückt halten, während Sie den farbigen Punkt auf die gewünschte Ebene ziehen.

Löschen von Ebenen

Ebenen löschen

1 Markieren Sie zunächst die betreffende Ebene.

2 Sie können Ebenen mithilfe der Befehle *Ebene löschen* und *Unbenutzte Ebenen löschen* im Menü des *Ebenen-Bedienfeldes* aus dem Dokument löschen. Während der erste Befehl nur die markierte(n) Ebene(n) löscht, entfernt der zweite alle Ebenen.

3 Alternativ können Sie die Ebene(n) aber auch dadurch löschen, dass Sie sie auf das Symbol *Ausgewählte Ebenen löschen* ziehen.

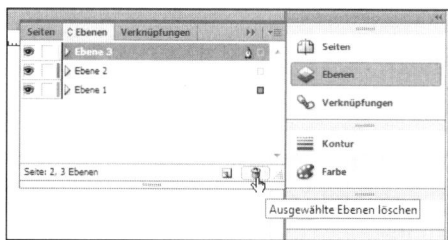

Abb. L10.20: Eine Ebene löschen

Reduzieren von Ebenen

Ebenen reduzieren

Um den Speicherbedarf Ihrer Publikation zu reduzieren, sollten Sie nach Abschluss Ihrer Arbeiten alle Ebenen auf eine einzige reduzieren. Dabei werden lediglich alle Objekte von allen ausgewählten Ebenen auf diese eine verschoben, also nicht gelöscht. Es bleibt somit nur die Zielebene im Dokument übrig, die anderen Ebenen werden gelöscht.

1 Markieren Sie in dem *Ebenen*-Bedienfeld alle Ebenen, die Sie auflösen möchten. Klicken Sie anschließend auf eine der markierten Ebenen, um sie als Zielebene auszuwählen. Dies wird durch das Füllfedersymbol angezeigt.

2 Im Menü des *Ebenen*-Bedienfeldes wählen Sie dann den Befehl *Auf eine Ebene reduzieren* aus.

Objektbibliotheken

Objektbibliotheken können Sie mit einem Ordner oder einem Kästchen vergleichen, in dem alle Dinge, die zu einem bestimmten Projekt gehören, aufbewahrt werden können. Eine Objektbibliothek ist im Prinzip nichts anderes eine benannte Datei auf einem Datenträger.

Objektbibliotheken

Mithilfe von Objektbibliotheken können Sie häufig verwendete Grafiken, Texte und Seiten ordnen. Einer der herausragenden Vorteile von Objektbibliotheken ist, dass sie auf verschiedenen Servern und Plattformen gemeinsam genutzt werden können. Wenn eine solche Bibliothek beispielsweise Textdateien enthält, stellen Sie sicher, dass die Schriftarten der Dateien in allen Systemen, von denen aus auf die Bibliothek zugegriffen wird, verfügbar und aktiviert sind. Weiterhin können Sie innerhalb jeder Objektbibliothek ein Objekt durch Titel, Autor, Datum der Hinzufügung zu der Bibliothek oder beschreibende Wörter (Schlüsselwörter) kennzeichnen und danach suchen.

Eine solche Objektbibliothek wird als Datei gespeichert. Wenn Sie eine Objektbibliothek erstellen, geben Sie an, wo sie gespeichert werden soll. Wenn Sie eine Bibliothek öffnen, wird sie als Bedienfeld angezeigt, das Sie mit beliebigen anderen Bedienfeldern gruppieren können.

Bibliothek erstellen

1 Um eine Objektbibliothek zu erstellen, wählen Sie die Menüreihenfolge *Datei / Neu / Bibliothek*. Es öffnet sich das Dialogfenster *Neue Bibliothek*.

Objektbibliothek erstellen

2 Geben Sie hier eine Position und einen Namen für die Bibliothek ein und klicken Sie auf *Speichern*.

3 Es erscheint das Bedienfeld *Bibliothek*.

Abb. L10.21: Das neue Bedienfeld *Bibliothek*

Arbeiten mit der Bibliothek

Das Arbeiten mit der Bibliothek gestaltet sich recht einfach.

Ein Objekt oder eine Seite hinzufügen

Ein neues Objekt nehmen Sie auf folgende Art und Weise in Ihre neue Bibliothek auf:

1 Markieren Sie das gewünschte Objekt mit dem Werkzeug *Auswahl* und

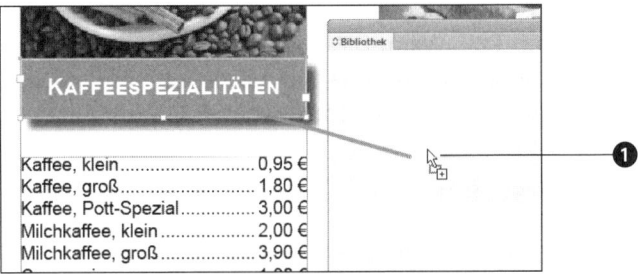

Abb. L10.22: Ein Objekt in die Bibliothek aufnehmen

2 ziehen Sie es aus einem Dokumentfenster in ein aktiviertes *Bibliothek*-Bedienfeld ❶.

3 Alternativ können Sie aber auch ein oder mehrere Objekte in einem Dokumentfenster markieren und dann in dem *Bibliothek*-Bedienfeld auf die Schaltfläche *Neues Bibliotheksobjekt* klicken.

Eigenschaften eines Bibliotheksobjekts verändern

Wenn Sie auf die eben gezeigte Art beispielsweise einen Textrahmen hinzufügen, dann erhält dieser den nicht sehr aussagekräftigen Namen *Unbenannt*.

Um das zu ändern, führen Sie die folgenden Schritte durch:

1 Doppelklicken Sie auf den Bibliothekseintrag. Es öffnet sich das Dialogfenster *Objektinformationen*.

2 Hier können Sie einen aussagekräftigen *Objektnamen* ❶ und unter *Beschreibung* ❷ eine ebensolche eintragen.

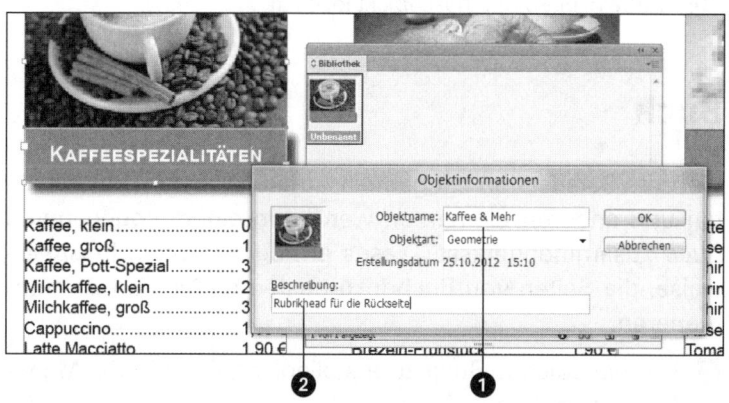

Abb. L10.23: Bibliotheks-Objektinformationen ändern

3 Mit einem Klick auf *OK* beenden Sie Ihre Eingaben.

Das gleiche Fenster erhalten Sie übrigens, wenn Sie im Bedienfeld *Bibliothek* auf die Schaltfläche *Bibliotheks-Informationen* klicken.

Objekt aus der Bibliothek einfügen

Möchten Sie ein Objekt aus einer Bibliothek in Ihr Dokument einfügen, so ziehen Sie es einfach bei gedrückter linker Maustaste an die gewünschte Stelle.

Objekt aus der Bibliothek löschen

Um ein nicht mehr benötigtes Objekt aus der Bibliothek zu löschen, wählen Sie es in dem Bedienfeld aus und klicken einfach auf die Schaltfläche *Bibliotheksobjekt löschen*.

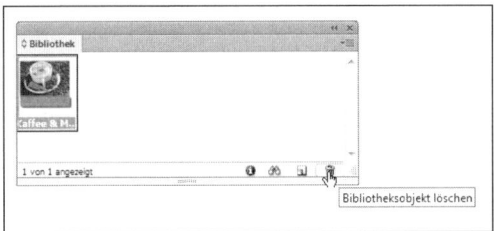

Abb. L10.24: Ein Bibliotheksobjekt löschen

Buch

Mehrere Satzdateien mit gemeinsamen Formaten, Musterseiten und anderen Elementen werden in einem sogenannten *Buch* zusammengefasst. Dieses ermöglicht Ihnen beispielsweise, die Seiten von Buchdokumenten fortlaufend zu nummerieren.

1 Um ein solches Buch zu erstellen, wählen Sie die Menüfolge *Datei / Neu / Buch*.

2 Im folgenden Dialogfenster geben Sie den Namen für das Buch ein, wählen einen Speicherort und klicken auf *Speichern*. Die Buchdatei wird mit der Erweiterung *.indb* gespeichert.

Sie erhalten das Bedienfeld *Buch*.

In diesem müssen Sie nur noch die entsprechenden Dokumente hinzufügen.

3 Klicken Sie auf die Schaltfläche *Dokumente hinzufügen*, markieren Sie im folgenden Dialogfenster das entsprechende Dokument und fügen Sie es mit einem Klick auf *Öffnen* der Liste hinzu.

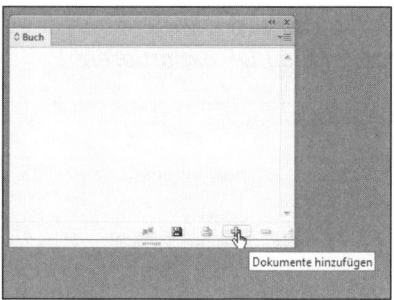

Abb. L10.25: Ein Kapitel hinzufügen

4 Verfahren Sie für alle weiteren Kapitel ebenso.

Anschließend können Sie über die Schaltfläche *Buch drucken* das gesamte Werk ausdrucken.

Einzelne Kapitel bearbeiten Sie, nachdem Sie einen Doppelklick auf den Listeneintrag getätigt haben.

PDF

Dateien im *Portable Document Format* (PDF) spielen eine immer wichtigere Rolle in den Arbeitsabläufen der High-End-Druckvorstufe. PDF-Dateien zeichnen sich vor allem dadurch aus, dass sie klein, in sich geschlossen und portierbar sind.

Portable Document Format

PDF-Dokument erstellen

Ein PDF-Dokument mit den vorgegebenen Standardeinstellungen legen Sie wie folgt an:

1 Wählen Sie über das Menü *Datei* den Befehl *Exportieren* an.

2 In dem erscheinenden Dialogfenster *Exportieren* übernehmen Sie den vorgegebenen Dateityp *Adobe PDF*. Darüber hinaus wählen Sie wie gewöhnlich das gewünschte Verzeichnis für die Datei.

3 Klicken Sie auf *Speichern.*

Es erscheint das Dialogfenster *Adobe PDF exportieren*.

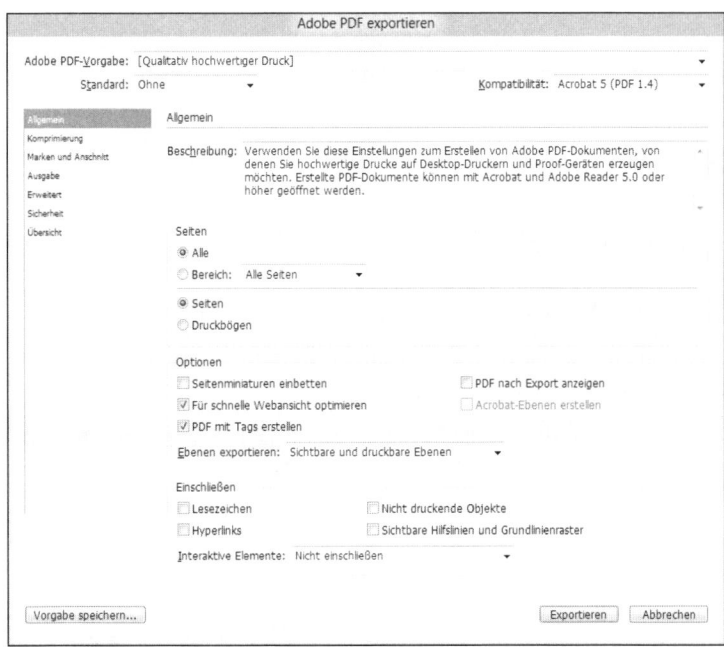

Abb. L10.26: Das Dialogfenster *Adobe PDF exportieren*

Hier können Sie die wichtigsten PDF-Exportoptionen festlegen.

Die wichtigste Einstellung nehmen Sie im Listenfeld *Adobe PDF-Vorgabe* vor.

4 Klicken Sie auf das Listenfeld.

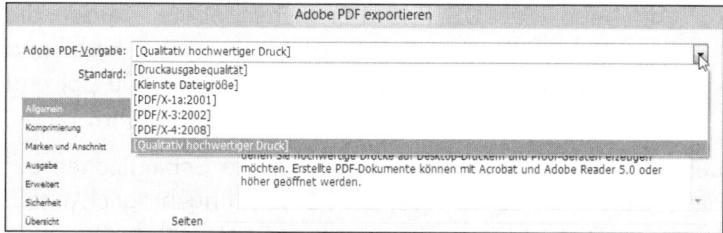

Abb. L10.27: Die Adobe PDF-Vorgaben

Hier können Sie unter folgenden Vorgaben wählen:

■ *[Druckausgabequalität]*: Bei Wahl dieser Option werden PDF-Dateien für die Druckausgabe in hoher Qualität erstellt, die jedoch keine PDF/X-kompatiblen Dateien sind. Die Qualität des Inhalts ist von höchster Priorität und das Ziel ist es, alle Informationen in der PDF-Datei beizubehalten, die eine Druckerei benötigt, um das Dokument korrekt zu drucken.

■ *[Kleinste Dateigröße]*: Bei dieser Option werden PDF-Dateien für die Anzeige im Internet oder in einem Intranet bzw. für die Verteilung über ein E-Mail-System erstellt. Neben einer Komprimierung und Neuberechnung wird eine relativ niedrige Bildauflösung verwendet und Farben werden in sRGB konvertiert.

■ *[PDF/X-1a:2001]*, *[PDF/X-3:2002]* und *[PDF/X-4:2008]*: Der PDF/X-Standard definiert spezielle – nach ISO-Standards genormte – Anforderungen der Druckindustrie. So sind beispielsweise PDF-Inhalte (etwa Multimediadateien oder JavaScript) untersagt. Auf der anderen Seite werden Angaben (etwa der Anschnitt) vorgeschrieben. Da sich zudem die Einhaltung der Anforderungen maschinell überprüfen lässt, wird so die Übermittlung von Druckvorlagen erheblich zuverlässiger gestaltet.

■ *[Qualitativ hochwertiger Druck]*: Diese Option ist die richtige Wahl für hochwertige Drucke auf Desktop-Druckern und Proof-Geräten und verwendet bei Windows PDF 1.4

und beim Mac OS PDF 1.6. Insbesondere werden die Farben in CMYK konvertiert und es wird bei Farb- und Graustufenbildern eine Neuberechnung auf 300 ppi und bei einfarbigen Bildern auf 1.200 ppi durchgeführt.

Je nach Wahl gelangen Sie nun über die Schaltflächen auf der linken Seite zu den weiteren Einstellungsmöglichkeiten. In diesen Dialogfenstern können Sie u. a. folgende Optionen einstellen:

- *Komprimierung*

- *Marken und Anschnitt*

- *Sicherheit*

Achten Sie hier auf die Anweisungen Ihres Druckstudios. Insbesondere im Bereich Komprimierung ergeben sich höhere Angaben als der vorgegebene Standard.

5 Wenn Sie alle Einstellungen vorgenommen haben, klicken Sie abschließend auf *Exportieren*, um den Vorgang zu beenden.

PDF-Dokument lesen

Im PDF-Format veröffentlichte Dokumente behalten das Layout und den Inhalt des Originals bei und können auf nahezu allen Plattformen, beispielsweise mit dem Anzeigeprogramm *Adobe Reader* oder mit einem Webbrowser (z. B. Microsoft Internet Explorer), angezeigt werden.

InDesign vermag PDF-Dateien selbst nicht zu öffnen, sondern kann lediglich Seiten aus einer solchen Datei als Grafiken platzieren. Möchten Sie eine Publikation später mit InDesign weiterbearbeiten, ist es empfehlenswert, diese auch als InDesign-Datei abzuspeichern.

PDF-Format definieren

Sehr oft werden Sie Ihre Dokumente nicht selbst ausdrucken. Nun war es bisher sehr mühsam, alle erforderlichen Druckoptionen auf ein anderes Gerät zu übertragen. InDesign ermöglicht jedoch über sogenannte *Ausgabeformate*, Einstellungen schnell, zuverlässig und konsistent auf Druckaufträge anzuwenden, bei denen für viele Optionen in den Dialogfeldern *Drucken* oder *Adobe PDF exportieren* exakte Einstellungen erforderlich sind. Die von Ihnen vorgenommenen Einstellungen können Sie exportieren und importieren, wodurch sie leicht gesichert oder Belichtungsunternehmen, Kunden oder anderen Mitgliedern Ihrer Arbeitsgruppe zur Verfügung gestellt werden können.

1 Um ein solches Ausgabeformat zu erstellen, klicken Sie auf das Menü *Datei* und dann auf den Eintrag *Adobe PDF-Vorgaben / Definieren*. Es erscheint das folgende Dialogfenster:

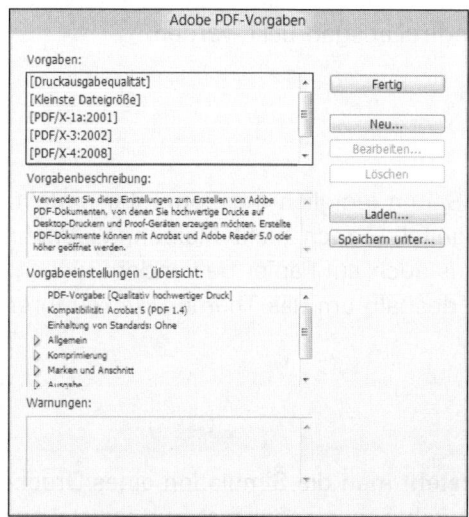

Abb. L10.28: Das Dialogfenster *Adobe PDF-Vorgaben*

2 Klicken Sie auf *Neu* und geben Sie der Formateinstellung einen anderen Namen, beispielsweise `PDF-Exportformat GaLaWü`.

3 Danach nehmen Sie die erforderlichen Einstellungen über die Dialogfenster *Allgemein, Komprimierung, Marken und Anschnitt* sowie *Sicherheit* vor.

4 Beenden Sie diese Arbeiten mit *OK*.

5 Sie finden nun einen neuen Eintrag im Bereich *Formate*. Markieren Sie ihn und klicken Sie dann auf *Exportieren*.

6 In dem gleichnamigen Dialogfenster stellen Sie den Speicherort ein und vergeben einen Namen.

InDesign hängt diesen Dateien die Endung *.pdfs* an.

Möchten Sie die Ausgabeformate auf einem anderen Rechner anwenden, so kopieren Sie die Datei mitsamt der Dokumentdatei auf den anderen Rechner. Dort fügen Sie das Ausgabeformat dann über die Schaltfläche *Importieren* den auf diesem Rechner installierten Formaten hinzu. Danach kann die Dokumentation einwandfrei ausgedruckt werden.

Drucken

Bisher haben Sie die Seiten lediglich am Computer erstellt. Dabei wird es im Regelfall jedoch nicht bleiben. Vielmehr werden Sie Ihr Ergebnis auch auf Papier bewundern wollen. Im Folgenden geht es deshalb um das Thema *Drucken* Ihrer Publikationen.

Proof

Unter einem *Proof* versteht man die Simulation eines Druckergebnisses. Hierbei möchte man möglichst früh feststellen, wie das spätere Druckergebnis aussieht.

Diese Simulation schalten Sie über die Menüfolge *Ansicht /*
Farbproof ein.

Welcher Proof dabei verwendet wird, richtet sich danach,
welcher in dem Dialogfenster *Proof-Bedingungen anpassen*
(Aufruf über Menüfolge *Ansicht / Proof einrichten*) als *Zu si-*
mulierendes Gerät eingestellt wurde.

Die hier zu treffende Wahl hängt von der zu simulierenden
Ausgabebedingung ab.

Druckgestaltung

Die Qualität des Druckers spielt eine entscheidende Rolle. Die
Vorbereitung eines Dokuments erfordert sorgfältige Planung:
Der in Ihrer Publikation eingestellte Drucker hat in InDesign
eine große Bedeutung, da das Programm das aktuelle Dokument an die Eigenheiten des Druckers anpasst.

Wenn Sie besonderen Wert auf typografische Feinheiten legen, sollten Sie unbedingt einen Laserdrucker (mindestens
600 dpi) verwenden. Ist gar geplant, die Satzdatei in einem
Belichtungsstudio oder einer Druckerei weiterverarbeiten zu
lassen, so kommen Sie um einen PostScript-fähigen Drucker
nicht herum.

Druckvorgang

Die folgenden Einstellungen hängen weitestgehend von dem
verwendeten Drucker ab und können demzufolge variieren.

Druckeinrichtung

Grundsätzlich werden alle Publikationen in InDesign zunächst   **Drucken**
mit dem Standarddrucker ausgedruckt. Um einen anderen
Drucker einzustellen, gehen Sie wie folgt vor:

---

1 Öffnen Sie über das Menü *Datei / Drucken* das gleichnamige Dialogfenster.

2 Im oberen Bereich finden Sie das Listenfeld *Drucker*, das alle installierten Drucker des Systems beinhaltet **1**.

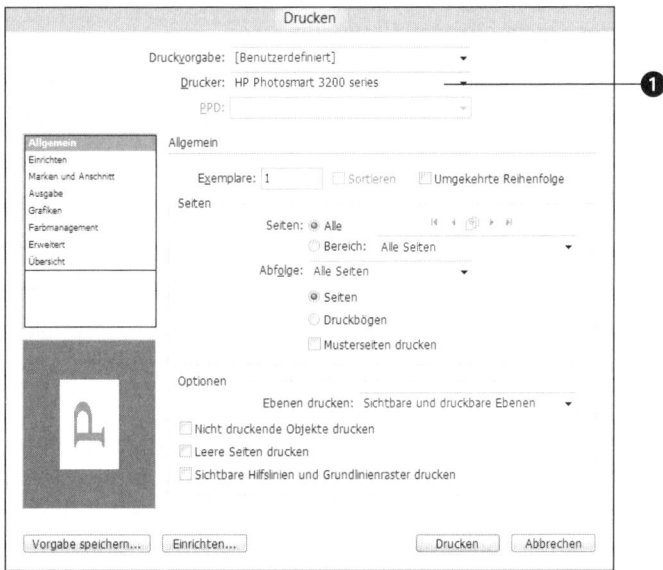

Abb. L10.29: Das Dialogfenster *Drucken*

3 Wählen Sie hier den Drucker aus, mit dem Sie die Publikation ausgeben wollen.

Je nach gewähltem Drucker kann sich dabei das Aussehen des Fensters ändern.

Für alle Drucker besteht die Möglichkeit, die Anzahl der gewünschten Exemplare und die Sortierreihenfolge der Ausgabe einzustellen.

Drucken von Publikationen

Das Starten des Druckvorgangs läuft – unabhängig vom gewählten Drucker – immer dadurch an, dass Sie im Menü *Datei* den Befehl *Drucken* aktivieren oder die Tastenkombination [Strg] + [P] auslösen.

Drucken mit einem nicht PostScript-fähigen Drucker

Das Drucken mit einem nicht PostScript-fähigen Drucker entspricht dem Drucken, das Sie beispielsweise von Ihrer Textverarbeitung her gewohnt sind.

Um die aktuelle Datei auf dem angeschlossenen Drucker auszugeben,

1 wählen Sie zunächst das Menü *Datei / Drucken* an.

2 Im Listenfeld *Drucker* wählen Sie den entsprechenden Drucker aus, sofern er nicht schon der Standarddrucker auf dem System ist.

3 Den Ausdruck starten Sie mit einem Klick auf die Schaltfläche *Drucken*.

Drucken mit einem PostScript-fähigen Drucker

Wenn Sie einen PostScript-fähigen Drucker verwenden, dann gehen Sie entsprechend vor, wobei Sie allerdings zahlreiche Einstellungen vornehmen können.

Beispielsweise bietet Ihnen InDesign eine Anzahl von Funktionen für qualitativ hochwertiges Drucken von Farbdokumenten, die Sie auf der Registerkarte *Ausgabe* einstellen.

Druckerformate definieren

Wenn Sie öfter bestimmte Druckeinstellungen vornehmen, dann können Sie dies problemlos automatisieren, indem Sie sie als sogenannte *Druckerformate* speichern. So lassen sich Einstellungen schnell, zuverlässig und konsistent auf neue Aufträge anwenden, bei denen sonst viele Optionsangaben im Dialogfeld *Drucken* erforderlich wären.

1 Rufen Sie dazu zunächst über das Menü *Datei* / *Druck-vorgaben* / *Definieren* das Dialogfenster *Druckvorgaben* auf.

Abb. L10.30: Neues Druckerformat definieren

2 Rufen Sie über die Schaltfläche *Neu* ❶ das Dialogfenster *Drucken* auf, nehmen Sie die individuellen Einstellungen für diesen Drucker vor und vergeben Sie einen aussage-kräftigen Namen.

3 Verlassen Sie über die Schaltfläche *OK* das Dialogfenster.

Sie finden dann einen neuen Eintrag im Feld *Vorgaben.*

Möchten Sie das Dokument mit einem bestimmten Drucker ausdrucken, gehen Sie folgendermaßen vor:

4 Wählen Sie das gewünschte Druckerformat aus dem Menü *Datei* / *Druckerformate* aus.

5 Es öffnet sich das Dialogfenster *Drucken* und Sie müs-sen lediglich die Druckereinstellungen im angezeigten Dialogfeld bestätigen.

6 Klicken Sie dazu auf *OK*.

Verpacken

Wenn Sie ein bestimmtes Projekt, beispielsweise eine kleine Broschüre, bearbeiten, dann sammeln sich im Laufe der Zeit einige Dateien an. Soll dann der Ausdruck außer Haus bei einem Dienstanbieter erfolgen, dann sollten Sie alle dazugehörigen Dateien auch parat haben. InDesign hilft Ihnen hier mit der *Verpacken*-Funktion.

Sie können Dateien, die Sie verwendet haben, einschließlich Schriftarten und verknüpfter Grafiken, für die einfache Übergabe an einen Dienstanbieter sammeln.

Dateien verpacken

Führen Sie dazu die folgenden Schritte durch:

1 Zunächst wählen Sie über das Menü *Datei* den Befehl *Verpacken* an. Wenn InDesign Sie darauf hinweist, dass die Satzdatei vor dem Fortfahren gespeichert werden muss, folgen Sie der Aufforderung mit einem Klick auf *Speichern*.

2 Es öffnet sich das folgende Dialogfenster *Druckanleitungen*, das Sie entsprechend ausfüllen.

Abb. L10.31: Begleitende Druckanleitung ausfüllen

Der *Dateiname* (standardmäßig wird der Name *Anleitungen. txt* verwendet), den Sie eingeben, ist der Name des Berichts, der alle anderen Verpackungsdateien begleitet. Dieser Bericht, der im Standardformat für Texteditoren gespeichert wird, umfasst die Informationen aus dem Dialogfeld *Anleitungen*, eine Liste aller verwendeten Schriftarten, Verknüpfungen und der

zum Drucken des Dokuments erforderlichen Druckfarben sowie die Druckeinstellungen. Der Bericht wird in demselben
Ordner gespeichert wie die anderen Verpackungsdateien.

3 Klicken Sie auf *Fortfahren*.

4 Als Nächstes geben Sie den Speicherort an und wählen
die entsprechenden Optionen aus:

- *Schriftarten kopieren*: Alle notwendigen Schriftarten-
  dateien werden kopiert.

- *Verknüpfte Grafiken kopieren*: Die mit dem Dokument
  verknüpften Grafikdateien werden kopiert.

- *Grafikverknüpfungen des Pakets aktualisieren*: Da die
  Verknüpfungen auf einen bestimmten Ordner verwei-
  sen, müssen sie aktualisiert werden. Mithilfe dieser
  Option werden die Grafikverknüpfungen (nicht die
  Textverknüpfungen!) so geändert, dass sie auf den
  Standort des Paketordners verweisen.

- *Nur dokumentspezifische Ausnahmen für Silbentrennung verwenden*: Möchten Sie das Einlesen der
  dokumentinternen Liste in das externe Benutzerwörterbuch (auf dem Computer, auf dem die Datei geöffnet ist) ermöglichen und das Setzen des Dokuments
  mit den im externen Benutzerwörterbuch und im aktuellen Dokument gespeicherten Ausnahmelisten zulas-
  sen, müssen Sie diese Option deaktiviert lassen.

- *Schriftarten und Verknüpfungen von ausgeblendeten
  Ebenen einschließen*: Verpackt auch die Objekte, die
  sich in ausgeblendeten Ebenen befinden.

- *Bericht anzeigen*: Öffnet unmittelbar nach dem Verpacken den Druckanleitungsbericht in einem Texteditor, sodass auf diese wichtigen Informationen automatisch hingewiesen wird.

5 Wenn Sie alle Einstellungen vorgenommen haben, klicken
Sie auf *Verpacken*.

InDesign zeigt Ihnen nun noch ein Fenster, in dem Sie darauf hingewiesen werden, dass das Kopieren von Schriftarten rechtlichen Bestimmungen unterliegt.

6 Überprüfen Sie, ob die Voraussetzungen für Ihren Fall gegeben sind, und bestätigen Sie mit *OK*.

Ihre Dateien werden verpackt. Die InDesign-Datei befindet sich in einem eigenen Ordner an dem angegebenen Speicherort. Die Schriftarten sind im Unterordner *Fonts*, die verknüpften Dateien im Unterordner *Links* enthalten.

Preflight

Sie können eine fertige Publikation menügesteuert für die Weitergabe an ein Druck- oder Belichtungsstudio vorbereiten.

1 Rufen Sie das Menü *Datei / Preflight* auf.

2 Nachdem das Dialogfenster geöffnet ist, können Sie die einzelnen Schritte jeweils über die *Weiter*-Schaltfläche erreichen und dort Ihre Eingaben vornehmen.

3 Im Einzelnen können Sie Einstellungen an folgenden Optionen vornehmen:

- *Übersicht*
- *Schriftarten*
- *Verknüpfungen und Bilder*
- *Farben und Druckfarben*
- *Druckeinstellungen*
- *Externe Zusatzmodule*

4 Wählen Sie zusätzlich die Schaltfläche *Bericht*, wird ein Protokoll Ihrer Verpackungsaktion abgespeichert. So sind die Vorgänge auch noch nach einiger Zeit transparent.

Teil II: Üben

Ü1 Übungen zu Kapitel 1

1 Was versteht man unter einem Bedienfeld?

Bei einem Bedienfeld handelt es sich um ein kleines Fenster, das eine mehr oder minder große Anzahl von Symbolen und Einstellungsmöglichkeiten aufweist. Ferner können damit bestimmte Befehle einfach per Mausklick ausgeführt werden.

2 Wie können Sie Bedienfelder schnell minimieren, sodass sie nicht so viel Platz auf der Arbeitsfläche verdecken?

Mit einem Klick auf das entsprechende Symbol wird das jeweilige Bedienfeld ein- und wieder ausgeblendet. Noch rascher können Sie alle Bedienfelder auf einmal (nebst der Werkzeugleiste und der Steuerelementleiste) ausblenden, wenn Sie die ⇄-Taste drücken. Ein erneuter Druck blendet sie wieder ein.

3 Wie kann man am schnellsten den ursprünglichen Aufbau der Arbeitsumgebung wiederherstellen?

Man ruft die Menüreihenfolge *Fenster / Arbeitsbereich* auf und wählt den Eintrag *Grundlagen zurücksetzen*.

4 Stellen Sie sich ein eigenes Bedienfeld mit den von Ihnen am häufigsten verwendeten Bedienfeldern zusammen.

Klicken Sie dazu auf die entsprechende Registerkarte eines Bedienfeldes und ziehen Sie sie bei gedrückter linker Maustaste aus dem Bedienfeld in den Arbeitsbereich hinein. Da Sie ein eigenes Bedienfeld zusammenstellen wollen, lassen Sie die Maustaste über der Arbeitsfläche los. Augenblicklich wird die Registerkarte in einem eigenen, neuen Bedienfeld eingefügt. Die weiteren Bedienfelder ziehen Sie einfach auf das von Ihnen angelegte.

5   **Nachdem Sie die Bedienfelder nach Ihren Vorstellungen angeordnet haben, sollen Sie diese Zusammenstellung für die Zukunft sichern.**

Richten Sie sich Ihre InDesign-Arbeitsumgebung nach Ihren Vorstellungen ein und speichern Sie sie ab, indem Sie *Fenster / Arbeitsbereich* wählen und dort den Menüeintrag *Arbeitsbereich speichern*. In Zukunft können Sie jederzeit über das Menü auf Ihren individuellen Arbeitsplatz zurückkehren.

6   **Wie gelangen Sie am schnellsten in die Hilfefunktion von InDesign?**

Drücken Sie die [F1]-Taste. Alternativ gelangen Sie in das Hilfefenster auch über das Menü *Hilfe / InDesign Hilfe.*

Ü2 Übungen zu Kapitel 2

1 **Was versteht man unter einer Satzdatei?**

Eine Satzdatei ist vergleichbar mit dem Reißbrett eines Grafikers. Sie beinhaltet die Publikation, die man mit InDesign erstellt.

2 **Wo werden die Dateitypen eingestellt?**

Im Listenfeld *Dateityp*, das sich am unteren Rand des Dialogfensters *Datei öffnen* befindet.

3 **Wie lautet die Endung des Standard-Speicherformats von InDesign?**

*.indd

4 **Erläutern Sie die drei Optionen des *Öffnen*-Dialogs.**

Man wählt *Normal*, wenn man die Datei ganz gewöhnlich bearbeiten möchte. Die Option *Original* nehmen Sie, wenn Sie beispielsweise eine PageMaker- oder QuarkXPress-Datei als solche öffnen und nicht konvertieren möchten. Soll dagegen die Originaldatei (gleich welchen Dateityps) nicht mit Ihren Änderungen überschrieben werden, dann ist *Kopie* die richtige Wahl.

5 **Erläutern Sie die drei Möglichkeiten, die Ansicht zu verändern.**

Man kann zum einen mit dem Befehl *Einzoomen* aus dem *Ansicht*-Menü die Ansicht vergrößern. Darüber hinaus steht aber auch die Tastenkombination [Strg] + [+] bzw. [-] zur Verfügung. Und ferner kann man mit dem *Zoomwerkzeug* der Werkzeugleiste die Ansicht verändern.

6 **Worin besteht der Unterschied zwischen der Ansicht** ***Normal*** **und der Ansicht** ***Vorschau*?**

Bei der Ansicht *Normal* werden Grafiken und Objekte in einem normalen Fenster mit allen sichtbaren Raster- und Hilfslinien dargestellt. Bei der Ansicht *Vorschau* sind nicht druckbare Elemente wie Raster oder Hilfslinien nicht sichtbar. Sie entspricht einer Druckvorschau.

7 **Welcher Unterschied besteht zwischen den Menüpunkten** ***Datei / Speichern*** **und** ***Datei / Speichern unter*?**

Wenn bei einer Datei, die noch nicht gespeichert wurde, der Befehl *Datei / Speichern* oder *Speichern unter* betätigt wird, öffnet sich in beiden Fällen das Dialogfenster *Speichern unter*. Hat man bereits einmal die Datei gespeichert, genügt der erste Befehl, wobei die Tastenkombination ⌊Strg⌉ + ⌊S⌉ die schnellere Variante ist.

8 **Speichern Sie eine Datei über die Favoritenleiste ab.**

Zunächst ruft man den Befehl *Speichern* oder *Speichern unter* auf, wodurch sich in beiden Fällen das Dialogfenster *Speichern unter* öffnet. Im Listenfeld *Speichern in* wählt man als Erstes den gewünschten Speicherort aus. Hat man diesen gefunden, legt man ihn wie folgt auf die Favoritenleiste: Zunächst markiert man den gewünschten Ordner und klickt auf das Symbol *Werkzeuge*, das man an dem Aktentaschensymbol erkennt. Dann klickt man auf den Listenpfeil und wählt den Menüpunkt *Zu Favoriten hinzufügen* an. Und schon befindet sich der besagte Ordner in der Favoritenleiste am linken Rand des Dialogfensters. Anschließend gibt man noch in dem Feld *Dateiname* den Namen der Publikation ein und klickt auf die Schaltfläche *Speichern*.

9 **Wie sollte man vorgehen, wenn man zu der letzten gespeicherten Version zurückkehren möchte?**

In diesem Fall ruft man den Menüpunkt *Datei / Zurück zur letzten Version* auf, der alle Änderungen bzw. fehlgeschlagenen Aktionen wieder rückgängig macht.

Ü3 Übungen zu Kapitel 3

1 **Welcher Unterschied besteht zwischen den Menüpunkten**
Datei / Speichern und _Datei / Speichern unter_?

xDie Fläche, die sich innerhalb der Stege befindet, wird als
Satzspiegel bezeichnet. Da ein Blatt Papier im Regelfall nicht
komplett bedruckt werden kann, bleibt links, rechts, oben und
unten ein Rand frei. Diese Ränder werden als Stege bezeichnet.

2 **Welche Bedeutung haben Steghilfslinien?**

Die Steghilfslinien bilden eine optische Barriere für Ihre Gestaltung, werden jedoch nicht mit ausgedruckt.

3 **Nennen Sie zwei Möglichkeiten, um ein neues InDesign-**
Dokument anzulegen.

Um ein neues InDesign-Dokument anzulegen, können Sie
entweder das Menü _Datei / Neu_ aufrufen oder die Tastenkombination Strg + N verwenden.

4 **Erstellen Sie eine Satzdatei**

Zunächst wählt man die Menüfolge _Datei / Neu_ und klickt
dann auf _Dokument_. Alternativ kann man auch die Tastenkombination Strg + N oder den Hyperlink im Startfenster
verwenden. Im erscheinenden Dialogfenster gibt man die
entsprechenden Parameter ein. In das Feld _Seitenanzahl_ trägt
man die Anzahl der geplanten Seiten, also beispielsweise _4_,
ein. Wenn sich die linke und die rechte Seite des Dokuments
gegenüberliegen sollen, ist das Kontrollkästchen _Doppelseite_
zu aktivieren. Im Listenfeld _Seitenformat_ wählt man aus einer
Reihe von vordefinierten Seitenformaten zum Beispiel das
DIN-A4-Format aus.

5 | **Wie erstellt man eine Hilfslinie mit der Maus?**

Um eine Hilfslinie zu erstellen, klicken Sie mit der Maus auf eines der beiden Lineale und ziehen bei gedrückter linker Maustaste den Mauszeiger an die gewünschte Stelle.

6 | **Wie fügt man eine neue Seite in ein InDesign-Dokument ein?**

Eine neue Seite fügen Sie mit einem Klick auf die Schaltfläche *Neue Seite erstellen* ein, die sich am unteren Rand des *Seiten*-Bedienfeldes befindet. Oder man wählt den Weg über das Menü *Layout / Seiten / Seiten hinzufügen*.

7 | **Fügen Sie in Ihrer Übungssatzdatei ein paar weitere Seiten ein.**

Wie das geht, haben Sie in der vorherigen Antwort erfahren!

8 | **Was versteht man unter einer Seitenzahlenmarke und welche Funktion hat sie?**

Bei einer Seitenzahlenmarke handelt es sich um ein Sonderzeichen, mit dessen Hilfe man immer die richtige Seitenzahl in einem Dokument anzeigen kann, selbst wenn Seiten gelöscht werden oder deren Anordnung verändert wird.

9 | **Was versteht man unter einer CS6-Vorlage und welche Endung bekommt eine Mustervorlagendatei zugewiesen?**

Eine Musterseite kann beliebig oft als Muster für neue Publikationen verwendet werden. Sie erhält die Endung *.indt.

10   **Erläutern Sie kurz, welche Funktion Adobe Bridge hat.**

Bei Adobe Bridge handelt es sich im Grunde genommen um eine Dateiverwaltung, die auf dem Prinzip eines Dateibrowsers basiert und zusätzlich als zentrales Programm den Zugriff auf sämtliche Projektdateien, Anwendungen und Einstellungen regelt.

Ü4 Übungen zu Kapitel 4

1 Welche Bedeutung haben die Textrahmen bei InDesign?

Textrahmen haben in InDesign eine zentrale Bedeutung. Egal, ob Sie ein Textelement einbinden, importieren oder manuell eintippen, der Text wird immer in einem eigenen Rahmen angelegt. Diese Textrahmen können verschoben, in der Größe verändert und in eine andere Form gebracht werden.

2 Beschreiben Sie kurz den Vorgang, wie Sie Texte bei InDesign eingeben?

Zunächst muss man einen Textrahmen für den einzugebenden Text erstellen. Einen solchen Textrahmen legt man mit dem Werkzeug *Text* an. Nachdem man das Werkzeug aktiviert hat, bewegt man den Cursor an den gewünschten Anfangspunkt, klickt einmal mit der Maus und zieht bei gedrückter linker Maustaste einen Rahmen in der voraussichtlich erforderlichen Größe auf. Sobald die Maus losgelassen wird, erscheint in dem Rahmen eine Texteinfügemarke und der Text kann über die Tastatur eingegeben werden.

3 Zeigen Sie kurz auf, wie Sie das Sonderzeichen © in ein InDesign-Dokument einfügen.

Gebräuchliche Zeichen, wie lange und einfache Gedankenstriche, das Symbol für eingetragene Warenzeichen, das Copyright-Symbol, Gevierte und Halbgevierte sowie verschiedene Arten von Anführungszeichen, fügt man über das Kontextmenü ein. Aus diesem wählt man den Eintrag *Sonderzeichen einfügen* und dann *Symbole*, in dessen Untermenü es aufgelistet ist.

4 **Wie erstellt man einen Absatz und wie einen Zeilenumbruch?**

Um einen Absatz zu erhalten, muss man die ⌐⌐|-Taste drücken. Will man lediglich eine neue Zeile erhalten, die kein Absatz ist, ist die Tastenkombination ⟨⇧⟩ + ⌐⌐| auszuführen.

5 **Welche Möglichkeiten zum raschen Verschieben von Text gibt es? Nennen Sie die erforderlichen Tastenkombinationen.**

Mithilfe der Zwischenablage kann man Texte durch Verschieben (⟨Strg⟩ + ⟨X⟩) oder Kopieren (⟨Strg⟩ + ⟨C⟩) und anschließendes Einfügen (⟨Strg⟩ + ⟨V⟩) an der gewünschten Stelle rasch umstellen.

6 **Welche Arten der Silbentrennung kennen Sie? Wie werden sie aktiviert?**

Man unterscheidet die automatische und die manuelle Silbentrennung. Die automatische Silbentrennung wird über das *Absatz*-Bedienfeld durch Aktivierung des Kontrollkästchens *Silbentrennung* eingeschaltet. Um eine manuelle Silbentrennung durchzuführen, setzt man zunächst die Einfügemarke an die Stelle, an der der Trennstrich eingefügt werden soll. Betätigt man nun die rechte Maustaste, erscheint das Kontextmenü mit den Optionen *Sonderzeichen einfügen / Bedingter Trennstrich*.

7 **Welche Funktionen sollten Sie zur Überprüfung Ihrer Publikationen einsetzen?**

Idealerweise die *Suchen/Ersetzen*-Funktion, die *Rechtschreibprüfung* und die *Silbentrennung*.

8 Welche Bedeutung haben Wörterbücher bei InDesign?

Wenn man in einem Dokument mit mehreren Sprachen arbeitet, kann man angeben, welches InDesign-Wörterbuch für die Rechtschreibprüfung und Silbentrennung verwendet werden soll.

Ü5 Übungen zu Kapitel 5

1 **Was ist die Voraussetzung, damit Sie in InDesign Text eingeben können?**

Zunächst muss man einen Textrahmen für den einzugebenden Text erstellen. Einen solchen Textrahmen legt man mit dem Werkzeug *Text* an. Dazu bewegt man den Cursor an den gewünschten Anfangspunkt. Dort klickt man einmal mit der Maus und zieht bei gedrückter linker Maustaste einen Rahmen in der voraussichtlich erforderlichen Größe auf. Sobald die Maus losgelassen wird, erscheint in dem Rahmen eine Texteinfügemarke und der Text kann über die Tastatur eingegeben werden

2 **Was ist der Schriftgrad und wie wird er gemessen?**

Der Schriftgrad ist eine im DTP-Bereich übliche Bezeichnung für die Größe einer Schrift. Schriftgrößen werden standardmäßig in der Maßeinheit Punkt (Pt) angegeben.

3 **Was versteht man unter Kerning, was unter Laufweite und was unter dem Grundlinienversatz?**

Das Kerning bezeichnet den Vorgang des Vergrößerns bzw. Reduzierens des Abstands zwischen bestimmten Buchstabenpaaren. Die Laufweite einer Schrift bestimmt im Gegensatz dazu den Abstand zwischen allen Buchstaben und Wörtern. Die Option *Grundlinienversatz* verwendet man, um ein ausgewähltes Zeichen relativ zur Grundlinie des Textes nach oben oder nach unten zu verschieben.

4 **Bei einem Wort soll der Grundlinienversatz durchgeführt werden. Erläutern und beschreiben Sie den Vorgang.**

Einen Grundlinienversatz verwendet man, wenn ein oder mehrere ausgewählte Zeichen relativ zur Grundlinie des Textes nach oben oder nach unten verschoben werden sollen. Dabei bleiben alle anderen Formatierungen, wie etwa Zeilenabstand oder Schriftgrad, unverändert. Die ausgewählten Zeichen werden jedoch im angegebenen Verhältnis über oder unter die Grundlinie verschoben. Um diesen Vorgang durchzuführen, muss man alle Zeichen markieren, deren Grundlinie man anheben will. Dann trägt man in der Steuerelementleiste einen numerischen Wert im Feld *Grundlinienversatz* ein oder betätigt die Listenpfeile des Feldes.

5 **Wie gelangt man an die weiteren Absatzformatierungsoptionen?**

Über das Bedienfeldmenü der Steuerelementleiste.

6 **Wie kann man die Ränder eines Absatzes am schnellsten verändern? Beschreiben Sie kurz den Vorgang.**

Die Ränder der Absätze werden mithilfe des *Tabulatoren-Bedienfeldes* verändert. Man zeigt auf das untere Symbol für den linken bzw. auf das Symbol für den rechten Rand und zieht das Symbol bei gedrückter linker Maustaste auf die neue Position, wo man die Maustaste wieder loslässt.

7 **Was versteht man unter einem Tabulator? Wie heißen die vier Arten?**

Bei Tabulatoren handelt es sich um Markierungen im Zeilenlineal, die sowohl für jeden Absatz vordefiniert sein können als auch von Ihnen individuell eingestellt werden können. Man kann zwischen folgenden Ausrichtungssymbolen wählen: *Linksbündig*, *Zentriert*, *Rechtsbündig* und *Dezimal*.

8 **Sie möchten eine Formatierung auf eine andere Stelle übertragen. Wie gehen Sie vor?**

Mit dem Werkzeug *Pipette*. Dieses kann Formatierungen auf andere Textstellen übertragen. Zunächst markiert man mit dem *Textwerkzeug* den Text, der die Attribute enthält, die kopiert werden sollen. Dann aktiviert man das Werkzeug *Pipette* und klickt auf den markierten Text. Die Pipette erscheint nun umgedreht und gefüllt, um anzuzeigen, dass sie mit den markierten Attributen geladen ist. Anschließend streicht man mit der *Pipette* über den Text, dem die kopierten Attribute zugewiesen werden sollen.

Ü6 Übungen zu Kapitel 6

1 Beschreiben Sie die Schritte zum Anlegen eines Textblocks.

Um einen Textblock anzulegen, aktiviert man zunächst das *Text*-Symbol. Dieses platziert man an eine beliebige Stelle in dem Dokument, klickt auf die linke Maustaste und zieht bei gedrückter Maustaste diagonal einen Rahmen in beliebiger Größe auf.

2 Wie kann man einen Textblock vor Veränderung schützen?

Indem man ihn sperrt. Man markiert das Textobjekt und ruft den Befehl *Position sperren* aus dem Menü *Objekte* auf. Schneller geht es über die Tastenkombination ⎇Strg⎇ + ⎇L⎇.

3 Welche Arten des Textanschlusses gibt ist und worin liegen die Unterschiede?

Man unterscheidet zwischen einem halbautomatischen, einem automatischen und einem manuellen Textanschluss. Der halbautomatische Textanschluss bewirkt, dass beim Platzieren der Texte beim ersten Klicken auf das Dokument der Text bis zum Ende der Spalte bzw. der Seite gesetzt wird. Ist der Text dann noch nicht komplett gesetzt, wird automatisch wieder das entsprechende Symbol aktiviert. Beim automatischen Textanschluss fließt der Text beim ersten Klick automatisch von Spalte zu Spalte bzw. von Seite zu Seite. Falls dabei die von Ihnen angelegte Seitenanzahl nicht ausreicht, fügt InDesign automatisch weitere Seiten hinzu, bis der gesamte Text platziert ist. Beim manuellen Textanschluss müssen Sie an die Stelle wechseln, an der der Text fortlaufen soll. Dort klicken Sie einmal und ziehen bei gedrückter Maustaste einen Rahmen auf. Sobald Sie loslassen, fließt der Text nahtlos von dem ersten in den zweiten Textblock.

4 **Wie werden Textblöcke miteinander verkettet?**

Um Textblöcke miteinander zu verketten, klickt man mit dem *Auswahlwerkzeug* auf den Ein- oder Ausgang eines Rahmens. Es erscheint das Symbol für geladenen Text. Dieses Symbol muss man über dem Textrahmen positionieren, mit dem eine Verbindung hergestellt werden soll. Das Symbol wandelt sich in das Verkettungssymbol. Innerhalb des Rahmens klickt man abermals einmal mit der Maus und die beiden Rahmen werden verkettet.

5 **Wie kann man die Verkettung sichtbar machen?**

Man aktiviert das Menü *Ansicht / Verkettungen einblenden*, um sie sichtbar zu machen. Den umgekehrten Weg beschreitet man dann über das Menü *Ansicht / Verkettungen ausblenden*. Rascher geht der Wechsel zwischen den beiden Modi über die Tastenfolge $\boxed{\text{Strg}}$ + $\boxed{\text{Alt}}$ + $\boxed{\text{Y}}$.

6 **Welche Besonderheiten treten bei der Aktualisierung einer Verknüpfung in InDesign auf?**

Bei einer InDesign-Verknüpfung ist zu beachten, dass alle innerhalb des Programms vorgenommenen Änderungen einschließlich der Formatierungen verloren gehen, wenn Sie eine verknüpfte Textdatei aktualisieren.

7 **Welche drei Arten gibt es, um Text in Ihre InDesign-Publikation zu übernehmen?**

Neben der direkten Eingabe von Text kann man Text auch über die Zwischenablage aus jeder beliebigen Windows-Applikation einfügen. Sehr einfach funktioniert auch die Übernahme von Text per Drag & Drop aus einer anderen Anwendung. Dazu muss lediglich der Text in dieser Anwendung markiert und in das InDesign-Dokument gezogen werden. Und schließlich können Sie den Text über das Menü *Datei* und den Eintrag *Platzieren* in Ihr Dokument einfügen.

Ü7 Übungen zu Kapitel 7

1 Welchen Befehl benötigen Sie für das Einbinden von fertigen Grafiken?

Den Befehl *Platzieren* aus dem Menü *Datei*.

2 Worin liegt der Unterschied zwischen Vektor- und Bitmapgrafiken?

Vektorgrafiken bestehen aus Linien und Kurven, die durch mathematische Objekte, sogenannte Vektoren, definiert werden. Bitmapbilder, auch als Rasterbilder bezeichnet, bestehen aus kleinen Quadraten, sogenannten Pixeln, die auf einem Raster liegen (auch Bitmap genannt).

3 Welche Formen kann man mit den Hilfsmitteln der Werkzeugleiste erstellen?

Mithilfe der Werkzeuge der Werkzeugleiste kann man schnell einfache Objekte wie Linien, Rechtecke, Ellipsen und regelmäßige Polygone zeichnen.

4 Worin liegt der Unterschied zwischen dem Platzieren mit der Maus und dem Platzieren mit der Steuerelementleiste?

Bei Ersterem klickt man dazu die Grafik an, sodass die sechs Markierungsecken um die Grafik erscheinen, und verschiebt die Grafik bei gedrückter Maustaste an einen beliebigen anderen Ort. Möchte man die Grafik auf hundertstel Millimeter genau positionieren, so kann man dies mit der Steuerelementleiste tun. Die Grafik wird markiert und dann trägt man die gewünschten Werte für die X- und die Y-Position ein.

5 **Zählen Sie ein paar Effekte auf, die man auf ein Objekt anwenden kann.**

InDesign bietet im Menü *Objekt* einige interessante Effekte, um Ihre gezeichneten Objekte zu verändern, beispielsweise *Transparenz*, *Schlagschatten*, *Abgeflachte Kante und Relief* oder *Glanz*.

6 **Wie kann man einen Eckeneffekt erzielen?**

Man markiert zunächst mithilfe eines Auswahlwerkzeugs das Objekt und wählt dann über das Menü *Objekt* den Befehl *Eckeneffekte*.

7 **Sie sollen ein Foto in ein InDesign-Dokument einbinden. Beschreiben Sie den Vorgang.**

Das Foto importiert man über den Befehl *Platzieren* aus dem Menü *Datei*. Nachdem man den Befehl aufgerufen hat, erscheint das Dialogfenster *Platzieren*. Hier stellt man in dem Listenfeld hinter der Bezeichnung *Suchen in* den Speicherort der zu importierenden Datei ein und markiert diese dann in dem darunterliegenden Feld. Nachdem man auf die Schaltfläche *Öffnen* geklickt hat, verwandelt sich der Cursor in ein Pinselsymbol und zeigt unterhalb eine kleine Vorschau der geladenen Bilddatei. Diesen Cursor platziert man nun an der Position in dem Dokument, an der die Grafik erscheinen soll, und drückt die linke Maustaste.

8 **Wie kann man ein Foto in einen Rahmen einpassen?**

Man wählt zunächst mithilfe des Werkzeugs *Auswahl* das gewünschte Bild aus und ruft über das Menü *Bearbeiten* den Befehl *Kopieren* auf. Dann markiert man anschließend einen Rahmen, der idealerweise kleiner als das Objekt ist, und wählt über das Menü *Bearbeiten* den Befehl *In die Auswahl einfügen*.

9 **Erläutern Sie, was man unter Konturenführung versteht.**

Beim Einfügen einer Grafik kann diese beispielsweise einen Textrahmen so überdecken, dass der Text nicht mehr lesbar ist. In diesem Fall müssen Sie die Konturenführung verändern. Damit können Sie auch festlegen, wie Text um eine Grafik herumfließen soll.

Ü8 Übungen zu Kapitel 8

1 Was versteht man unter einem Pfad?

Ein Pfad besteht aus einem oder mehreren Segmenten. Anfang und Ende der einzelnen Segmente werden jeweils durch Ankerpunkte markiert, die wie Halterungen für Drähte funktionieren. Um einen Ankerpunkt hinzuzufügen, muss man zunächst das Werkzeug mit dem Plussymbol aktivieren. Dann führt man den Cursor auf den Rand des Objekts und klickt einmal mit der Maus darauf. Es entsteht ein neuer Ankerpunkt, den man unschwer an seiner Markierung erkennt.

2 Welche Bedeutung haben Richtungslinien?

Bei Richtungslinien handelt es sich um eine bzw. zwei Linien, die von einem Ankerpunkt ausgehen. Durch das Verändern der Winkel und der Länge der Richtungslinien kann man die Form und Größe einer Kurve bestimmen.

3 Was unterscheidet einen Glättungspunkt von einem Eckpunkt?

An einem Glättungspunkt werden Pfadsegmente in Form einer durchgehenden Kurve verbunden. Bei einem Eckpunkt wird die Pfadrichtung abrupt geändert.

4 Innerhalb eines Dokuments soll der Text an einem Pfad verlaufen. Wie gehen Sie vor?

Damit man einen Textpfad anlegen kann, muss zunächst ein solcher Pfad gestaltet werden. Dazu verwendet man das Werkzeug *Buntstift*. Ist der Pfad fertig, aktiviert man das Werkzeug *Text auf Pfad* und positioniert den Mauszeiger auf dem Pfad, bis ein kleines Pluszeichen neben dem Zeiger angezeigt wird. Dann klickt man auf den Pfad. Eine Einfügemarke wird am Anfang des Pfades angezeigt. Nun gibt man den Text wie gewohnt über die Tastatur ein. Möchte man noch Einfluss auf die Gestaltung und den Verlauf des Textes nehmen, dann klickt man mit der rechten Maustaste in den Pfad und wählt aus dem Kontextmenü den Befehl *Pfadtext / Optionen*. Im folgenden Dialogfenster *Pfadtextoptionen* können Sie aus einer Reihe an verschiedenen Varianten wählen.

Ü9 Übungen zu Kapitel 9

1 **Welches sind die beiden elementaren Einteilungen, nach denen Farben unterschieden werden?**

Prozess- und Volltonfarben.

2 **Was versteht man unter dem Lab-, CMYK- und RGB-Farbmodell?**

Das Lab-Farbmodell leitet sich aus der Art der Farbzusammensetzung ab. Lab-Farben bestehen aus einer Helligkeitskomponente und zwei chromatischen Komponenten, der a-Komponente und der b-Komponente. Das CMYK-Modell basiert auf der Tatsache, dass auf Papier gedruckte Farbe Licht absorbiert. Es setzt die Farben aus einer Kombination aus Cyan, Magenta und Gelb zusammen. Zusätzlich wird die Farbe Schwarz verwendet, da sich diese Farbe nicht optimal mischen lässt. Beim RGB-Farbmodell entstehen durch Mischung von Rot, Grün und Blau die verschiedenen Farben.

3 **Was ist eine Volltonfarbe?**

Eine Volltonfarbe ist eine spezielle, vorgemischte Farbe, die anstelle von oder zusätzlich zu CMYK-Prozessfarben verwendet wird und für die eine eigene Druckplatte auf einer Druckpresse erforderlich ist.

4 **Was ist ein Farbverlaufsfeld und wie erzeugt man es?**

Ein Farbverlaufsfeld enthält eine abgestufte Überblendung aus zwei oder mehreren Farben oder aus Farbtönen derselben Farbe. Um ein solches Feld anzulegen, wählt man zunächst im Menü des *Farbfelder*-Bedienfeldes den Befehl *Neues Verlaufsfeld* aus, um das entsprechende Dialogfenster zu erhalten.

5 **Welches Objekt befindet sich standardmäßig im Vordergrund und wie kann man diese Anordnung verändern?**

Über das Menü *Objekt / Anordnen* kann man die entsprechenden Aktionen durchführen. Das Objekt, das sich im Vordergrund befindet, ist immer sichtbar und überlagert die Objekte im Hintergrund.

6 **Was versteht man unter Gruppieren?**

Wenn verschiedene Objekte zu einer Gruppe zusammengefasst werden, kann man sie anschließend verschieben oder transformieren, ohne dass sich dies auf die einzelnen Positionen oder Attribute auswirkt.

7 **Was erreicht man mit dem Befehl *Position sperren* im *Objekt*-Menü?**

Mit dem Befehl *Position sperren* kann man Objekte festsetzen, deren Position beispielsweise in dem Dokument nicht unbeabsichtigt verändert werden soll.

8 **Was versteht man in InDesign unter Transformieren?**

Als Transformationen gelten das Verschieben, Skalieren, Drehen, Verbiegen (Schrägstellen) und Spiegeln eines Objekts.

9 **Was müssen Sie machen, damit Sie ein Objekt stufenlos drehen können?**

Um ein Objekt stufenlos mit der Maus zu drehen, markieren Sie es zunächst. Dann wählen Sie das Werkzeug *Drehen* aus und klicken auf eines der acht kleinen Quadrate, die das Objekt begrenzen. Jetzt müssen Sie nur noch bei gedrückter Maustaste diesen Punkt in die gewünschte Richtung drehen.

Ü10 Übungen zu Kapitel 10

1 Was sind die Vorteile von Formatvorlagen?

Mithilfe von Formatvorlagen kann man Zeit sparen, wenn man bestimmte Formatierungen immer wieder vornehmen muss oder Texte stets gleichartig gestaltet sein sollen.

2 Was versteht man unter einem Layer?

Layer ist ein anderer Ausdruck für Ebene. Solche Ebenen kann man sich wie Overhead-Folien vorstellen, die jeweils übereinandergelegt werden. Auf jeder Ebene können nun verschiedene Objekte enthalten sein, die Sie separat voneinander bearbeiten können, ohne dass sich das auf andere Bereiche oder Inhaltsarten auswirkt.

3 Mit welchem Bedienfeld werden Ebenen verwaltet und wie ruft man es auf?

Die Ebenen werden über das *Ebenen*-Bedienfeld verwaltet. In ihm werden die einzelnen Ebenen aufgelistet, wobei die vorderste Ebene oben in dem Bedienfeld angezeigt wird. Das *Ebenen*-Bedienfeld macht man über das Menü *Fenster / Ebenen* oder durch Drücken der [F7]-Taste sichtbar.

4 Woran kann man erkennen, auf welcher Ebene das gerade erstellte Objekt platziert ist?

Alle neuen Objekte werden auf der Zielebene, d. h. auf der Ebene platziert, für die in dem *Ebenen*-Bedienfeld zurzeit das Stiftsymbol angezeigt wird.

5 **Was ist beim Arbeiten mit Ebenen im Hinblick auf den Speicherbedarf zu beachten?**

Um den Speicherbedarf einer Publikation zu reduzieren, sollte man nach Abschluss der Arbeiten alle Ebenen auf eine einzige reduzieren. Dabei werden lediglich alle Objekte von allen ausgewählten Ebenen auf diese eine verschoben, also nicht gelöscht. Es bleibt somit nur die Zielebene im Dokument übrig, die anderen Ebenen werden gelöscht.

6 **Was ist eine PDF-Datei und wie legt man sie in InDesign an?**

Bei PDF-Dateien handelt es sich um kompakte Dateien, die alle Informationen zu Schriftarten, Grafiken und Druck mit hoher Auflösung enthalten, die für das Anzeigen und Ausdrucken des Dokuments erforderlich sind. Um eine solche Datei mit InDesign zu erstellen, wählt man über das Menü *Datei* den Befehl *Exportieren* an. In dem erscheinenden Dialogfenster *Exportieren* stellt man als *Dateityp* das Format *Adobe PDF ein*. Dann wählt man wie gewöhnlich das gewünschte Verzeichnis für die Datei und klickt auf *Speichern. In dem anschließend erscheinenden* Dialogfenster legt man abschließend noch die wichtigsten PDF-Exportoptionen fest und klickt auf *OK*.

7 **Zwischen welchen grundlegenden Druckertypen wird unterschieden?**

Man unterscheidet zwischen PostScript-fähigen und nicht PostScript-fähigen Druckern.

Teil III: Anwenden

A1 Anwenden

In diesem Teil soll das im ersten Teil erworbene Wissen anhand eines kleineren, komplexen, durchgängigen Praxisbeispiels angewendet und umgesetzt werden. Sie werden einen Standardflyer entwerfen und gestalten und dabei den einen oder anderen Schritt repetieren. Viel Spaß und Erfolg!

1 Wählen Sie die Menüreihenfolge *Datei / Neu* und anschließend *Dokument*, um eine neue Satzdatei zu erstellen. Schneller geht es übrigens mit der Tastenkombination Strg + N.

Dann mal los!

Es erscheint das zentrale Dialogfenster *Neues Dokument*, welches das grundlegende Aussehen Ihrer Publikation festlegt.

Neues Dokument anlegen

2 Belassen Sie im Feld *Zielmedium* die Vorgabe *Druck*, denn der Flyer soll später zu Papier gebracht werden.

3 Im Feld *Seitenanzahl* tragen Sie eine 2 ein, denn der Flyer besteht aus einer Vor- und einer Rückseite.

4 Da der Flyer auf einer DIN-A4-Seite quer ausgedruckt werden soll, legen Sie die *Ausrichtung* des Papiers auf Querformat an.

5 Im Rahmen *Spalten* können Sie schließlich die Anzahl der gewünschten Spalten, hier 3, angeben.

6 Den Wert des Feldes *Spaltenabstand,* also den Wert für die Breite des Bereichs zwischen den Spalten, legen Sie auf 20 mm fest.

7 Im Rahmen *Ränder* legen Sie die Größe des Satzspiegels mit jeweils 10 mm Rand fest.

Haben Sie alle benötigten Einstellungen vorgenommen, dann klicken Sie abschließend auf *OK*.

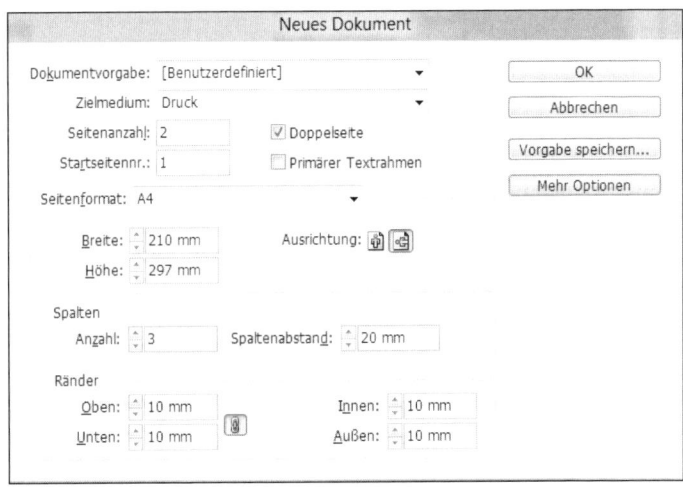

Abb. A1.1: Die Vorgaben der neuen Satzdatei

InDesign erstellt nun die leere Satzdatei nach Ihren Vorgaben.

Abb. A1.2: Die neue – abgespeicherte – Satzdatei

8 Speichern Sie die neue Satzdatei mit einer Bezeichnung wie etwa `Flyer Hot Pott` in Ihren Projektordner ab.

9 Blenden Sie das Lineal über *Ansicht / Lineale einblenden* oder schneller mit Strg und R ein.

10 Legen Sie abschließend – sofern das nicht bereits der Fall ist – den Nullpunkt auf die obere linke Ecke fest.

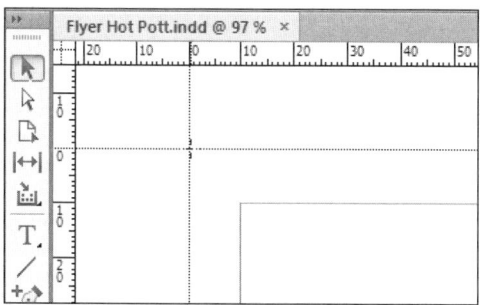

Abb. A1.3: Den Nullpunkt festlegen

Jetzt kann es ans Gestalten gehen.

Zunächst werden die Stilmittel der ersten Seite erstellt.

Erste Spalte

11 Aktivieren Sie zunächst das *Rechteck-Werkzeug* .

12 Ziehen Sie nun bei gedrückter Maustaste ein Rechteck an der linken Seite auf. Die Breite soll 6,5 mm und die Höhe 170 mm betragen, was Sie bequem über die Steuerelementleiste eingeben können (siehe Abbildung A1.4).

Das Rechteck soll gleich gefärbt werden.

1 Blenden Sie sich zunächst das *Farbfelder*-Bedienfeld ein, wenn es nicht sichtbar sein sollte.

2 Aktivieren Sie das Bedienfeldmenü und wählen Sie den Menüeintrag *Neues Farbfeld* (siehe Abbildung A1.5).

Abb. A1.4: Das erste Schmuckelement basiert auf einem Rechteck

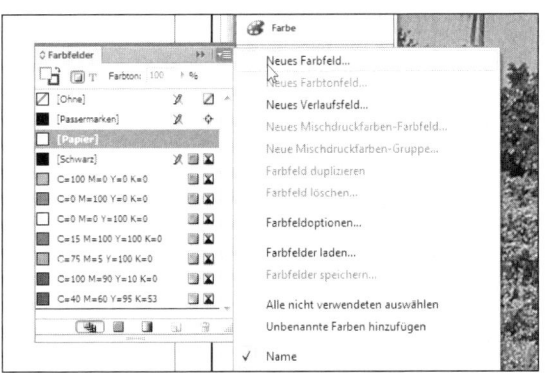

Abb. A1.5: Ein neues Farbfeld anlegen

3 Im folgenden gleichnamigen Dialogfenster nehmen Sie die gewünschten Einstellungen für das neue Farbfeld vor.

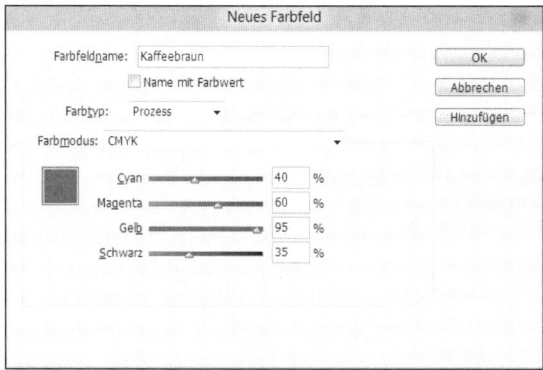

Abb. A1.6: Die Einstellungen für das erste Farbfeld

Wenn Sie alle erforderlichen Angaben gemacht haben, bestätigen Sie mit *OK*.

Das Farbfeld wird an die Liste angehängt und steht nun zur Verfügung. Die Farbe wird noch in einer zweiten Variante benötigt, die Sie ebenfalls gleich erstellten.

4 Markieren Sie das neue Farbfeld und klicken Sie auf die Schaltfläche *Neues Farbfeld* ❶.

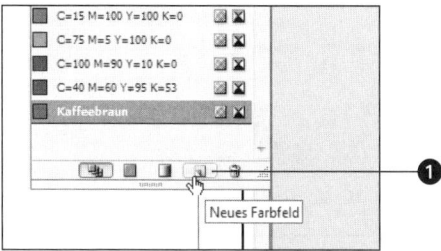

Abb. A1.7: Ein abweichendes Farbfeld erstellen

Die in der Werkzeugleiste im Symbol *Fläche* eingestellte Farbe wird übernommen und an unterster Stelle eingefügt.

5 Doppelklicken Sie darauf.

6 Im folgenden gleichnamigen Dialogfenster nehmen Sie die gewünschten Einstellungen für das neue Farbfeld vor.

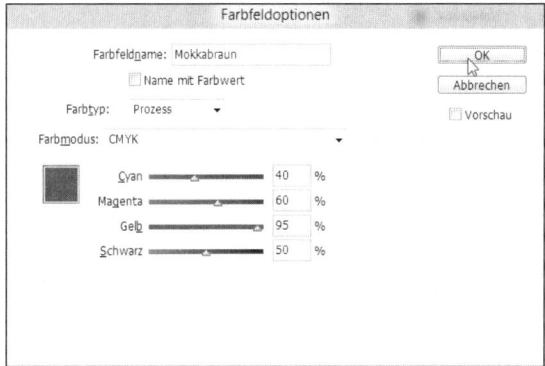

Abb. A1.8: Das zweite Farbfeld

Jetzt kann es ans Färben gehen.

7 Weisen Sie anschließend dem Rechteck mit einem Klick auf die *Farbfelder*-Palette die gewünschte Farbe zu.

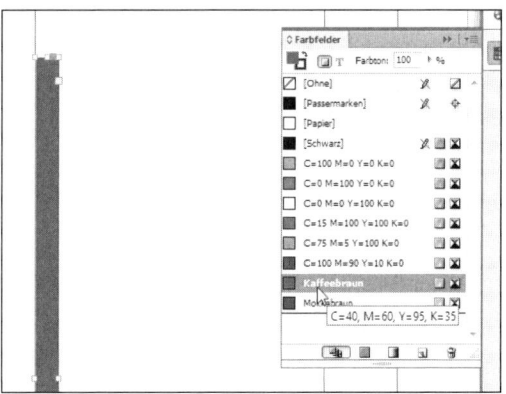

Abb. A1.9: Den Farbton zuweisen

 **TIPP** Wenn Sie möchten, können Sie den Balken auch mit einem Farbverlauf versehen.

Um den Balken plastischer erscheinen zu lassen, soll er einen Schlagschatten bekommen.

1 Rufen Sie die Befehlsfolge *Objekt / Effekte / Schlagschatten* auf (oder betätigen Sie gleich ⌥Alt + ⌃Strg + Ⓜ), um an das entsprechende Dialogfenster zu gelangen.

2 Hier aktivieren Sie zunächst das Kontrollkästchen *Vorschau*, worauf der Schatten sofort sichtbar wird (siehe Abbildung A1.10).

3 Anschließend können Sie noch ein wenig mit den verschiedenen Optionen herumexperimentieren, bevor Sie das Dialogfenster mit *OK* verlassen.

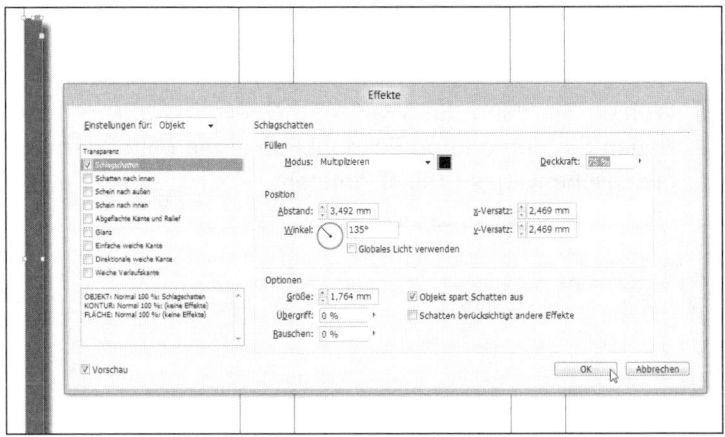

Abb. A1.10: Einen Schlagschatten erstellen

Als Nächstes werden Sie ein Dreieck erstellen, das Sie als Gestaltungselement einsetzen werden.

1 Erstellen Sie mithilfe des *Rechteck-Werkzeugs* 🔲 ein Quadrat mit einer Breite und Höhe von *22 mm*.

Wenn Sie beim Aufziehen die ⇧-Taste halten, gelingt Ihnen mühelos ein Quadrat.

2 Aktivieren Sie das Werkzeug *Ankerpunkt löschen* und zeigen Sie auf den unteren rechten Eckpunkt.

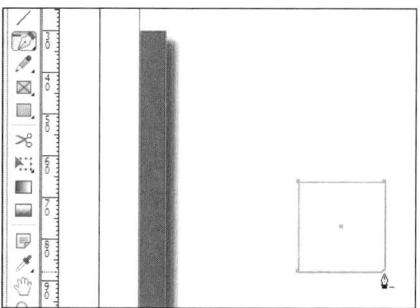

Abb. A1.11: Einen Eckpunkt löschen

3 Mit einem Klick wird aus dem Quadrat ein Dreieck.

4 Wählen Sie dann das Werkzeug *Direktauswahl* und ziehen Sie den oberen Eckpunkt so in die Mitte, dass ein gleichschenkliges Dreieck entsteht.

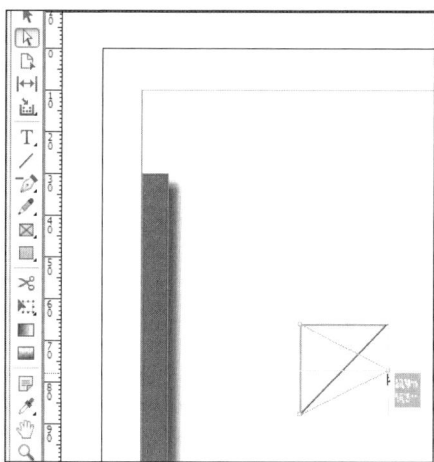

Abb. A1.12: Ein gleichschenkliges Dreieck anlegen

5 Füllen Sie anschließend das Dreieck mit der zweiten neu angelegten Füllfarbe.

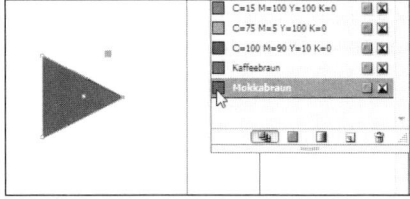

Abb. A1.13: Das neue Dreieck mit einer Füllfarbe versehen

6 Abschließend weisen ihm einen Schlagschatten mit den gleichen Parametern wie beim Rechteck zu.

Da die Werte noch von der vorherigen Aktion in den Feldern eingetragen sind, müssen Sie an dieser Stelle lediglich auf *OK* klicken.

7 Positionieren Sie das Dreieck danach so auf den zuvor erstellten Balken, dass die linken Seiten der beiden Objekte exakt übereinanderliegen. Für die Position geben Sie in das *Y*-Feld den Wert 172 mm ein.

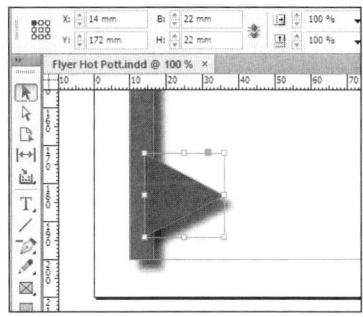

Abb. A1.14: Das positionierte Dreieck

Im Folgenden werden Sie gleich noch zwei Kopien erstellen.

1 Belassen Sie das Dreieck markiert und rufen Sie über das Menü *Bearbeiten / Dupliziert und versetzt einfügen* das gleichnamige Dialogfenster auf.

2 Im Dialogfenster tragen Sie im Feld *Wiederholen* eine 2 ein und setzen den Wert in *Versatz Vertikal* auf -30 mm.

---

3 Wenn Sie das Kontrollkästchen *Vorschau* aktivieren, können Sie gleich sehen, ob diese Einstellungen passen).

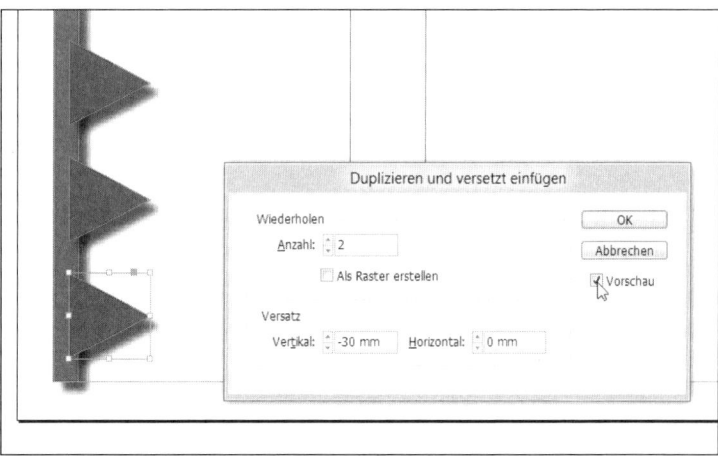

Abb. A1.15: Das Objekt duplizieren und versetzt einfügen

4 Bestätigen Sie mit *OK*.

Textobjekt anlegen

5 Zeigen Sie nun auf das obere Lineal und ziehen Sie eine horizontale Hilfslinie auf die *Y*-Position *30 mm*.

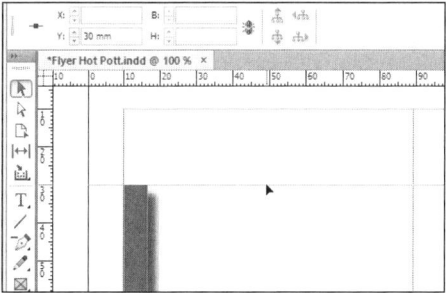

Abb. A1.16: Die Hilfslinie anlegen

1 Aktivieren Sie das *Textwerkzeug* ⎣T⎦ und ziehen Sie oberhalb der Hilfslinie einen Textrahmen auf die gesamte Breite auf.

2 Stellen Sie in der Steuerelementleiste die Schriftart *Arial* in der Schriftgröße *18 pt* und mit dem Schriftschnitt *Bold* ein, aktivieren Sie die Schaltfläche *Kapitälchen* und klicken Sie abschließend auf die Schaltfläche *Zentrieren*.

3 Geben Sie dann den Text Neuheit des Jahres ein.

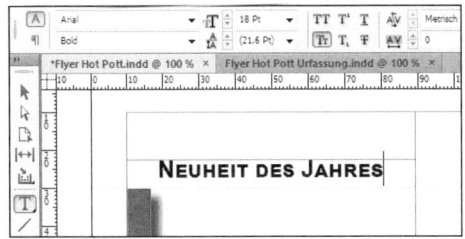

Abb. A1.17: Das neu erstellte Textobjekt

Darunter soll nun ein Bild der Neuheit platziert werden. Dabei handelt es sich um ein Foto, das mit dem Schwesterprogramm Photoshop bearbeitet wurde.

1 Wechseln Sie zum Werkzeug *Auswahl* [▶] und wählen Sie dann die Menüfolge *Datei / Platzieren* oder drücken Sie [Strg] + [D].

Bilder platzieren

2 Im folgenden Dialogfenster wählen Sie die entsprechende Grafikdatei aus und bestätigen mit *Öffnen*.

3 Mit dem veränderten Cursor ziehen Sie dann an der gewünschten Stelle einen entsprechenden Rahmen auf.

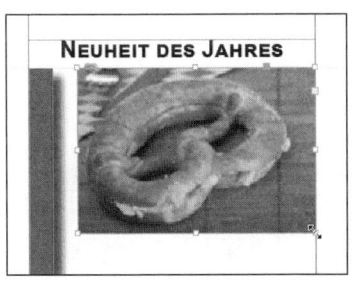

Abb. A1.18: Ein Bild platzieren

Unterhalb des Bildes soll noch ein erklärender Text platziert werden.

1 Erstellen Sie eine weitere vertikale Hilfslinie bei *100 mm*.

2 Aktivieren Sie das *Textwerkzeug* ⌊T⌋ und ziehen Sie damit einen Rahmen unterhalb der Grafik auf.

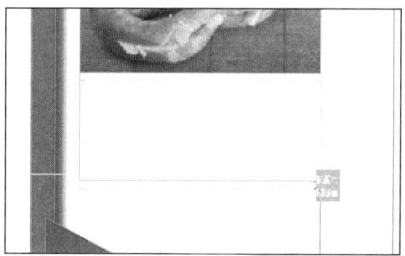

Abb. L1.19:
Einen Mengentext platzieren

3 Klicken Sie in den Text und betätigen Sie einmal die ⌊↵⌋-Taste.

4 Geben Sie dann den Text `Die Sommer-Butterbrezel` ein.

Da Sie noch über keinen Text verfügen, setzen Sie zunächst Blindtext ein.

5 Klicken Sie mit der rechten Maustaste in den Textbereich und wählen Sie das Kontextmenü *Mit Platzhaltertext füllen* aus.

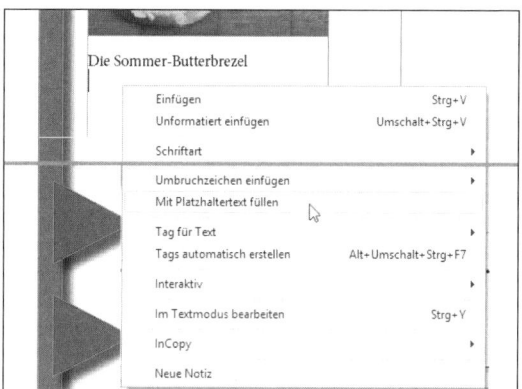

Abb. A1.20: Den Textbereich mit Blindtext auffüllen

Abschließend wird der Text noch formatiert.

1 Betätigen Sie ⌈Strg⌉ + ⌈A⌉, um den gesamten Text zu markieren.

2 Wählen Sie dann die Schriftart *Arial* in der Schriftgröße *10 pt*.

3 Markieren Sie dann den einleitenden Text, zeichnen Sie ihn mit *Bold* aus und weisen Sie ihm eine Schriftgröße von *12 pt* zu.

Abb. A1.21: Den einleitenden Text hervorheben

4 Abschließend füllen Sie den Mengentext noch mit Blindtext auf.

Im Weiteren werden Sie auf bereits erstellte Objekte zurückgreifen und diese immer wieder einsetzen. So sparen Sie zum einen Zeit und wahren zum anderen auch das gleichmäßige Aussehen der Publikation.

Textobjekt vervielfältigen

1 Markieren Sie das Textobjekt *Neuheit des Jahres* und fügen Sie es mit ⌊Strg⌋ + ⌊C⌋ in die Zwischenablage ein.

2 Fügen Sie die Kopie mithilfe von ⌊Strg⌋ + ⌊V⌋ ein und platzieren Sie sie mit dem Werkzeug *Auswahl* ⌊🡅⌋ auf einer horizontalen Position von *105 mm*.

3 Klicken Sie doppelt in das Objekt und überschreiben Sie die so erstellte Markierung des gesamten Textes mit dem Wort Filialen.

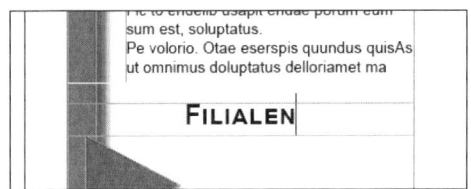

Abb. A1.22: Das nächste Textobjekt

Textplatzhalter Im Folgenden werden die Textobjekte des Bereichs *Filialen* gestaltet.

1 Legen Sie zunächst eine vertikale Hilfslinie auf Position *38 mm*.

2 Ziehen Sie dann mit dem *Textwerkzeug* ⌊T⌋ einen Textrahmen dergestalt auf, dass die obere Kante mit der Spitze des Pfeils auf einer Linie liegt.

3 Wählen Sie die Schriftart *Arial*, geben Sie den Text Cafe am Weiher ein und versehen Sie ihn mit der Auszeichnung *Bold*.

4 Betätigen Sie einmal die ⌊↵⌋-Taste.

5 Im folgenden Absatz stellen Sie den Schriftschnitt auf *Regular* und die Schriftgröße auf *10 pt* ein (siehe Abbildung A1.23).

6 Kopieren Sie anschließend das so erstellte Textobjekt zweimal, positionieren Sie es vor die restlichen Pfeile und tauschen Sie abschließend den Text aus (siehe Abbildung A1.24).

Abb. A1.23: Das erste Event steht

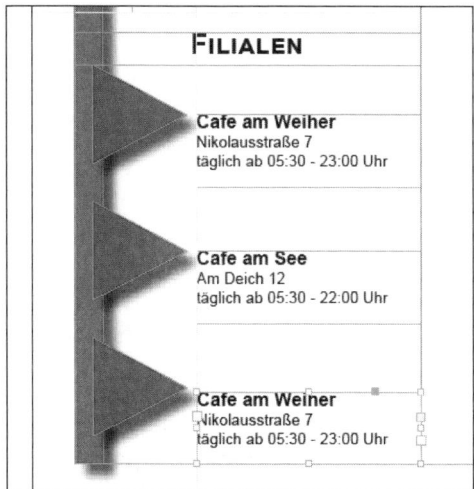

Abb. A1.24: Hier muss noch der Text getauscht werden

Damit ist die erste Spalte fast fertig und Sie können sich der zweiten widmen. Diese besteht im Wesentlichen aus Elementen der ersten, sodass auch hier wieder kräftig die Zwischenablage zum Einsatz kommt.

1 Kopieren Sie das Textobjekt mit der Überschrift, platzieren Sie es an die entsprechende Stelle und überschreiben Sie den Text mit Aktion August.

Zweite Spalte

2 Verwenden Sie eine Kopie des vertikalen Balkens sowie zwei Kopien des Dreiecks und platzieren Sie diese wie in folgender Abbildung ersichtlich.

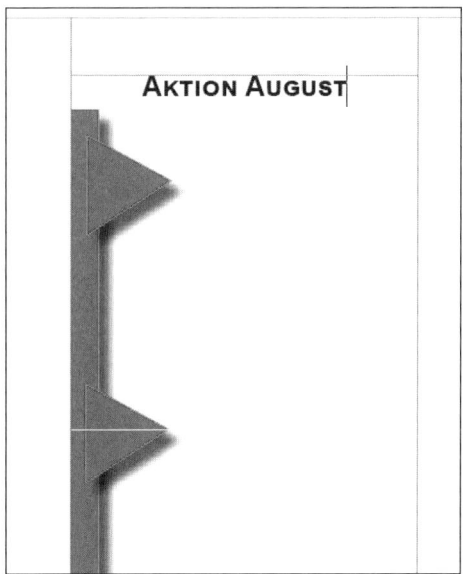

Abb. A1.25: Die ersten Schritte auf der mittleren Spalte

Verfahren Sie nun wie oben beschrieben mit dem Textobjekt für die Beschreibung des ersten Vortrags.

3 Da diese Beschreibung etwas länger ist, müssen Sie mit dem *Auswahlwerkzeug* das Textobjekt anpassen und anschließend mit neuem Platzhaltertext versehen.

Abb. A1.26: Die zweite Spalte wächst

4 Kopieren Sie den fertigen Text und fügen Sie die Kopie gleich wieder ein.

5 Platzieren Sie diese hinter dem zweiten Pfeil und tauschen Sie die Texte aus.

Unter dem Text soll noch ein entsprechendes Foto platziert werden.

1 Rufen Sie die Menüfolge *Datei / Platzieren* auf.

2 Markieren Sie im folgenden Dialogfenster das gewünschte Bild und bestätigen Sie mit *Öffnen*.

3 Ziehen Sie mit dem verändern Cursor das Bild in der erforderlichen Größe an der gewünschten Stelle auf.

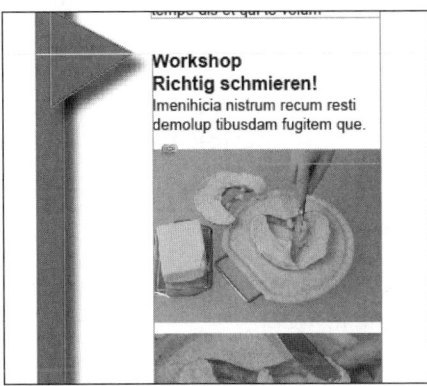

Abb. A1.27: Der zweite Vortrag

Über den beiden Spalten soll sich ein Balken erstrecken. Auch dieser ist wieder ein Recyclingobjekt. **Kopfbalken**

1 Markieren Sie eines der vertikalen Rechtecke, kopieren Sie es und fügen Sie die Kopie ein.

2 Da dieser Balken gedreht werden muss, klicken Sie in der Steuerelementleiste auf die Schaltfläche *Um 90° drehen (gegen Uhrzeigersinn)*.

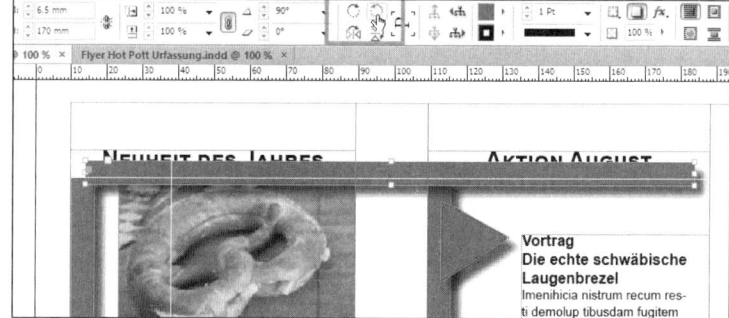

Abb. A1.28: Der Abschluss der ersten beiden Spalten

3 Verbreitern Sie abschließend den Balken noch so weit, dass er sich genau über die beiden Spalten erstreckt.

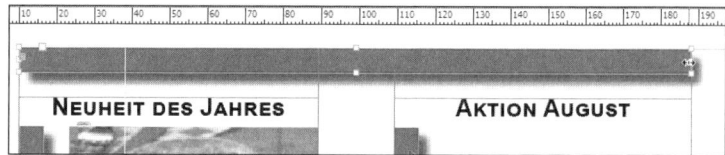

Abb. A1.29: Den Balken anpassen

Dritte Spalte

Damit können Sie sich schon der dritten Spalte widmen, die das Deckblatt des Flyers darstellt.

1 Ziehen Sie mit dem *Textwerkzeug* im oberen Bereich ein Rechteck mit einer Höhe von *112 mm* auf.

2 Als Schriftart wählen Sie *Arial*, als Schriftgröße *40 pt* und die Schriftfarbe *Weiß*.

3 Geben Sie den Text Hot Pott News ein.

4 Wechseln Sie zum Werkzeug *Auswahl* und weisen Sie dann dem Objekt eine Hintergrundfarbe und einen Schlagschatten zu.

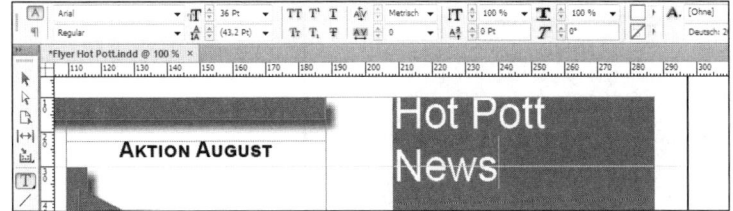

Abb. A1.30: Das erste Textobjekt der dritten Spalte

5 Richten Sie den Text mit einem Klick auf die Schaltfläche *Zentrieren* mittig aus.

6 Stellen Sie den Cursor vor das erste Wort und betätigen Sie einmal die ⏎-Taste.

7 Erhöhen Sie anschließend den *Abstand davor* um 20 mm.

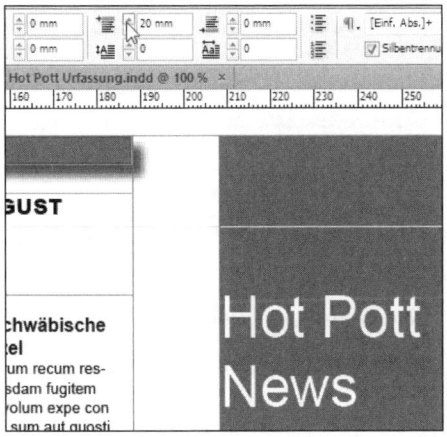

Abb. A1.31: Den Text ausrichten

Der Textrahmen soll noch mit einem besonderen Effekt versehen werden.

1 Markieren Sie ihn mit dem Werkzeug *Auswahl* .

2 Rufen Sie die Befehlsfolge *Objekt / Eckenoptionen* auf, wählen Sie im Dialogfenster den Effekt *Ornament* und stellen Sie noch dessen *Größe* ein.

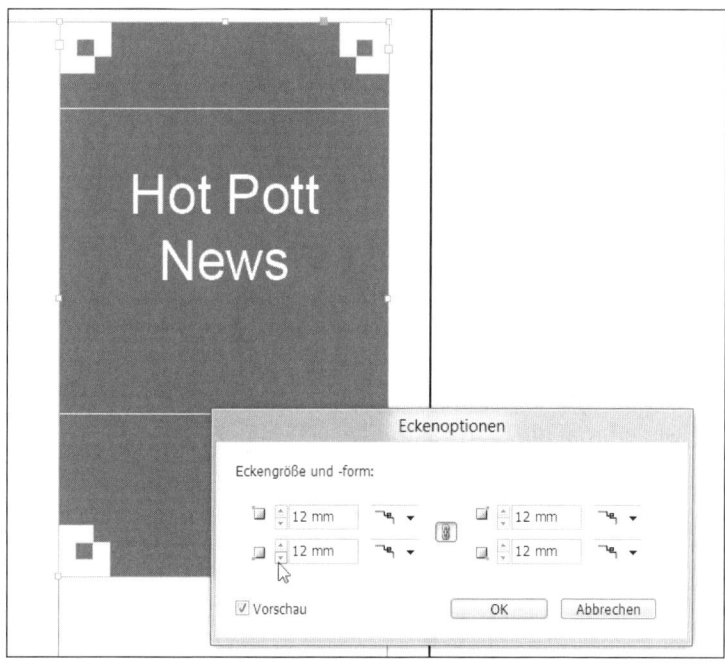

Abb. A1.32: Ein Eckeneffekt für das Textobjekt

Formate übernehmen

▌1▐ Fügen Sie im unteren Bereich nun ein Rechteck mit einer Höhe von *35 mm* ein.

Dieses soll den gleichen Eckeneffekt aufweisen.

▌2▐ Markieren Sie das obere Rechteck mit dem Werkzeug *Auswahl* 🔲.

▌3▐ Aktivieren Sie das *Pipette-Werkzeug* 🖋 und klicken Sie damit auf das obere Rechteck.

▌4▐ Mit dem veränderten *Pipette-Werkzeug* klicken Sie anschließend auf das untere Rechteck (siehe Abbildung A1.33).

Dieses erhält die gleichen Eigenschaften wie das obere.

▌5▐ Betätigen Sie einmal die ⏎-Taste und schreiben Sie anschließend die Beschriftung August.

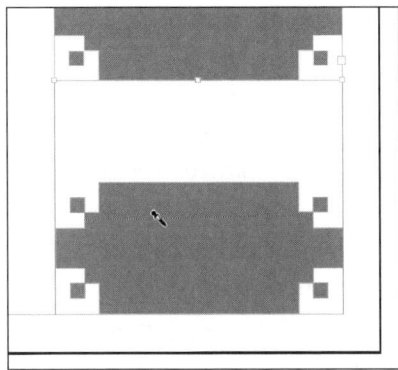

Abb. A1.33: Mit der Pipette das Format übertragen

Um diese zu formatieren, werden Sie wieder das Format übertragen.

6 Verfahren Sie zum Übertrag des Formats der Schrift wie zuvor bei der Übergabe der sonstigen Eigenschaften. Die einzige Änderung, die Sie vornehmen müssen, ist, dass Sie mit dem veränderten Cursor über die Textpassage, die das Format erhalten soll, streichen müssen.

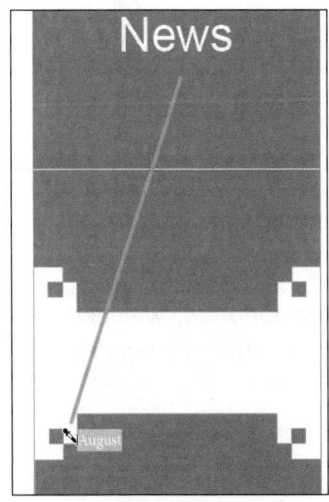

Abb. A1.34: Auch bei der Schrift wird das Format übertragen

Das Logo

7 Abschließend erhöhen Sie beim ersten Absatz den Schriftgrad auf *24 pt*.

Im Folgenden werden Sie den stilisierten Kaffee-Pott des kleinen Schnellcafés erstellen. Dieser besteht im Prinzip aus fünf Standardobjekten, die sie mithilfe der Pfadwerkzeuge anpassen.

Die Untertasse Zunächst erstellen Sie die Untertasse. Diese besteht aus einem Kreis, den Sie entsprechend anpassen.

Bevor es damit losgeht, sollten Sie zunächst die Füllfarbe anlegen. Da es sich dabei um einen Verlauf handelt, müssen Sie zunächst diese Option einstellen.

1 Aktivieren Sie über das Symbol *Farbfelder* das gleichnamige Bedienfeld.

2 Klicken Sie dort auf das Bedienfeldmenü und wählen Sie den Menüpunkt *Neues Verlaufsfeld* an.

Abb. A1.35: Den Farbverlauf einstellen

Es erscheint das Bedienfeld *Verlaufsoptionen*, welches eine Reihe an Einstellungsmöglichkeiten für einen Farbverlauf enthält.

3 Erstellen Sie einen radialen goldfarbenen Verlauf.

Bei der Gestaltung können Sie sich von der nachfolgenden Abbildung inspirieren lassen.

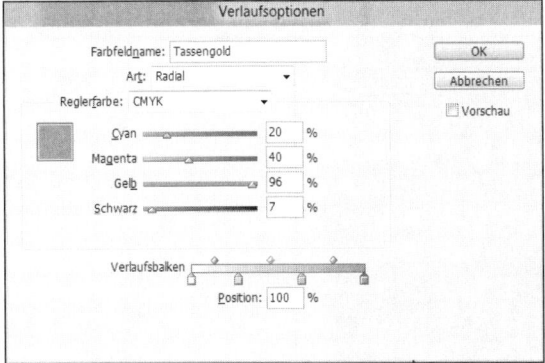

Abb. A1.36: Den Farbverlauf zuweisen

4 Schließen Sie die Arbeiten mit *OK* ab.

Der neue Farbverlauf befindet sich nun in der Liste des Bedienfeldes *Farbfelder* an letzter Stelle.

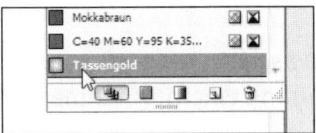

Abb. A1.37: Der neue Farbverlauf

Klicken Sie darauf, damit er ausgewählt ist. Wie Sie sehen, wird Ihnen jetzt im Bedienfeld *Steuerung* dieser Verlauf als Flächenfarbe angezeigt.

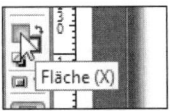

Abb. A1.38: Achten Sie auf die Füllfarbe

Die stilisierte Tasse sollen Sie zunächst auf dem Arbeitsplatz erstellen und erst dann auf dem Flyer platzieren.

1 Bewegen Sie also mithilfe des *Hand-Werkzeugs* 🖐 den Flyer ein wenig nach links.

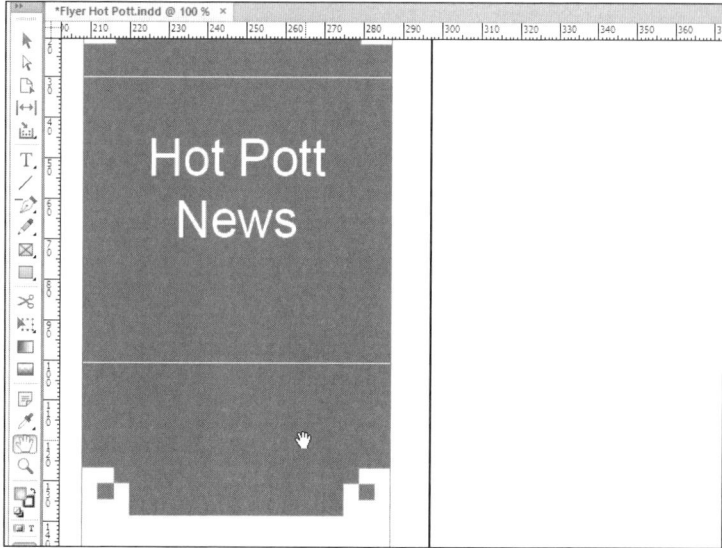

Abb. A1.39: Etwas Platz schaffen

2 Erstellen Sie dann mit dem *Ellipse-Werkzeug* ⬭ einen Kreis (⇧-Taste gedrückt halten!) mit einem Durchmesser von *42 mm*.

3 Aktivieren Sie das *Direktauswahl-Werkzeug* ⬚ und zeigen Sie auf den oberen Ankerpunkt.

4 Ziehen Sie diesen mit gedrückter Maustaste nach unten.

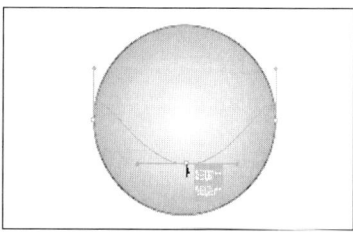

Abb. A1.40: Die Untertasse entsteht

5 Zeigen Sie danach auf den linken Ankerpunkt und passen Sie die Kurve mithilfe der Griffe an.

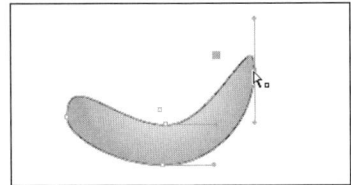

Abb. A1.41: Den Kurvenverlauf mit den Griffen anpassen

6 Verfahren Sie mit dem rechten Ankerpunkt ebenso.

7 Passen Sie alle Kurven mithilfe der Griffe an, bis Sie ein Objekt ähnlich dem in folgender Abbildung haben.

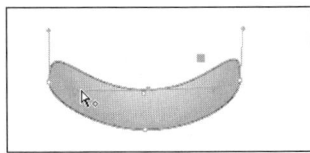

Abb. A1.42: Die Untertasse ist fast fertig

Der Pott selbst besteht ebenfalls aus einem angepassten **Der Pott**
Kreis.

8 Erstellen Sie mit dem *Ellipse-Werkzeug* ⬭ einen Kreis (⬆-Taste gedrückt halten!) mit einem Durchmesser von *34 mm* und platzieren Sie diesen mithilfe des *Auswahl-werkzeugs* ⬆ oberhalb der Untertasse.

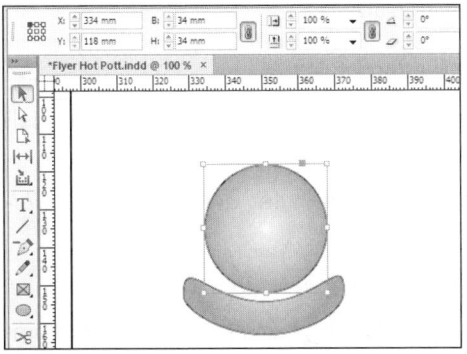

Abb. A1.43: Der erste Schritt zum Pott

9 Nehmen Sie wieder das *Direktauswahl-Werkzeug* und gestalten Sie den Pott wie in folgender Abbildung ersichtlich.

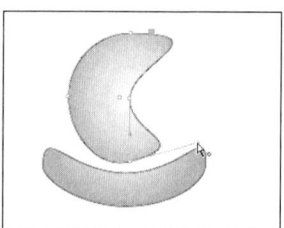

Abb. A1.44: Den Pott gestalten

Der Henkel

Auch der Henkel – Sie ahnen es schon – besteht aus einem abgewandelten Kreis.

10 Erstellen Sie diesen und platzieren Sie ihn wie in der folgenden Abbildung ersichtlich.

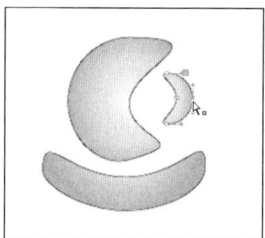

Abb. A1.45: Der Henkel wird platziert

Der Kaffeedampf

Bleibt nur noch der Kaffeedampf übrig.

11 Nehmen Sie wieder das *Ellipse-Werkzeug* und erstellen Sie eine Ellipse.

12 Auch diese wird wieder mithilfe des *Direktauswahl-Werkzeugs* angepasst.

13 Kopieren Sie das Objekt mit Strg + C.

14 Anschließend betätigen Sie Strg + V, um die Kopie einzufügen.

15 Diese verkleinern und platzieren Sie mithilfe des *Auswahl-werkzeugs* 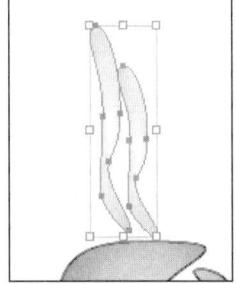 wie in folgender Abbildung ersichtlich.

Abb. L1.46:
Die letzten Feinarbeiten

Zum Schluss sollten Sie noch ein einheitliches Objekt erstellen.

Ziehen Sie mit dem *Auswahlwerkzeug* 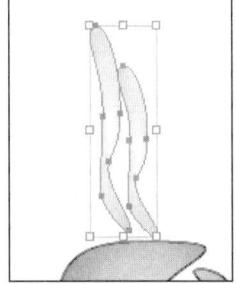 einen Auswahlrahmen um alle Objekte und betätigen Sie `Strg` + `G`, um diese zu gruppieren.

16 Abschließend verschieben Sie das gruppierte Objekt unterhalb des Schriftzuges.

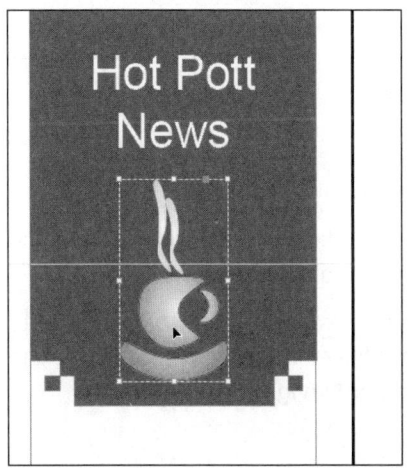

Abb. A1.47: Den Pott platzieren ... und schon ist die dritte Spalte fertig

Damit ist die erste Seite fertig und Sie sollten das Ergebnis einmal zwischenspeichern, sofern Sie das bislang nicht gemacht haben.

Führen Sie einen Doppelklick auf das Symbol im Bedienfeld *Seiten* aus, um die Seite komplett zu betrachten.

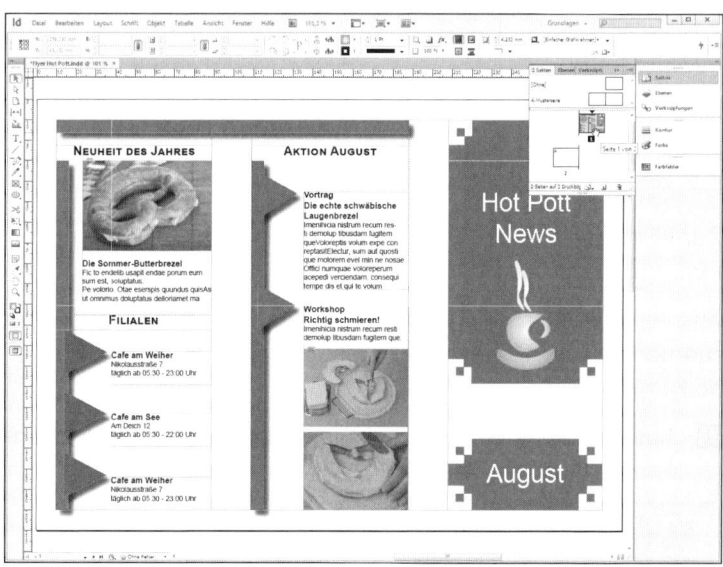

Abb. A1.48: Die fertige erste Seite

Zweite Seite Auch die zweite Seite des Flyers verwendet bereits vorhandene Stilmittel, die Sie gleich mitnehmen sollten.

1 Markieren Sie einen der vertikalen Balken und fügen Sie ihn ⌨Strg + ⌨C in die Zwischenablage ein.

2 Um mit der eigentlichen Gestaltung der zweiten Seite des Flyers zu beginnen, klicken Sie auf die Schaltfläche *Nächster Druckbogen* in der Navigationssteuerung.

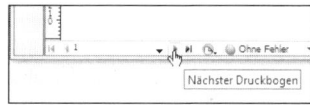

Abb. A1.49: Auf geht's in die nächste Runde

3 Fügen Sie hier zunächst den Inhalt der Zwischenablage ein.

4 Drehen Sie das Rechteck einmal mithilfe der Schaltfläche *Um 90° drehen (gegen Uhrzeigersinn)*.

5 Verschieben Sie es an den oberen Rand der Seite.

6 Markieren Sie das Rechteck und ändern Sie die auf Breite *276 mm* und die Höhe auf *20 mm* ab. **Die Überschrift**

7 Färben Sie es mit der Farbe *Kaffeebraun*.

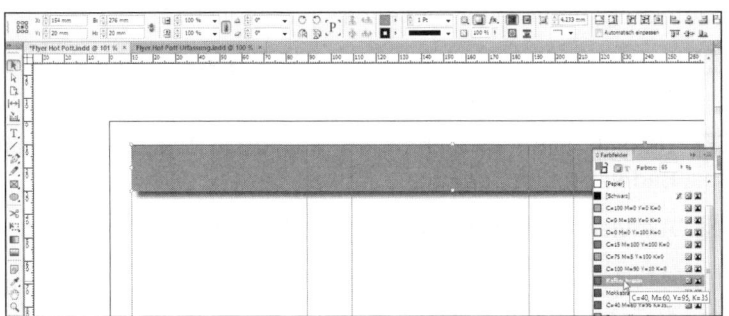

Abb. A1.50: Das veränderte Dreieck

8 Aktivieren Sie das *Textwerkzeug* [T], betätigen Sie einmal die [⏎]-Taste und geben Sie Kaffee & Mehr ein.

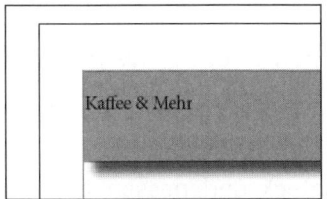

Abb. A1.51: Die Beschriftung anlegen

9 Formatieren Sie diesen Text mit der Schriftart *Arial*, der Schriftgröße *28 pt* und dem Schriftschnitt *Bold*, richten Sie den Absatz mittig aus (*Zentrieren*) und versehen Sie ihn mit weißer Schriftfarbe.

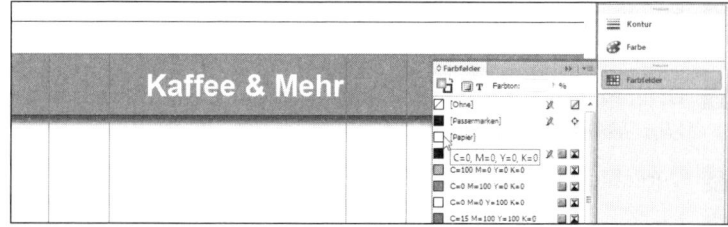

Abb. A1.52: Der formatierte Text

Für die nächsten Schritte nehmen Sie zunächst wieder eine Einteilung mit einer Hilfslinie vor.

1 Zeigen Sie aufs Lineal und ziehen Sie eine horizontale Hilfslinie auf *40 mm*.

2 Danach kann es schon an das erste Platzieren eines Bildplatzhalters gehen.

3 Aktivieren Sie das Werkzeug *Rechteckrahmen* ⊠.

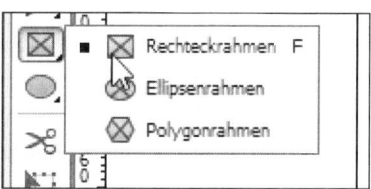

Abb. A1.53: Das Werkzeug aktivieren

4 Ziehen Sie damit vom Schnittpunkt des Lineals mit dem linken Rand ein Rechteck in einer Höhe von *54 mm* auf.

Darunter soll wieder ein Rechteck platziert werden.

1 Kopieren Sie das obere Rechteck und passen Sie die Kopie mithilfe des *Auswahlwerkzeugs* entsprechend an (siehe Abbildung A1.54).

2 Aktivieren Sie das *Textwerkzeug* 🅣, betätigen Sie einmal die ⏎-Taste und geben Sie Kaffeespezialitäten ein.

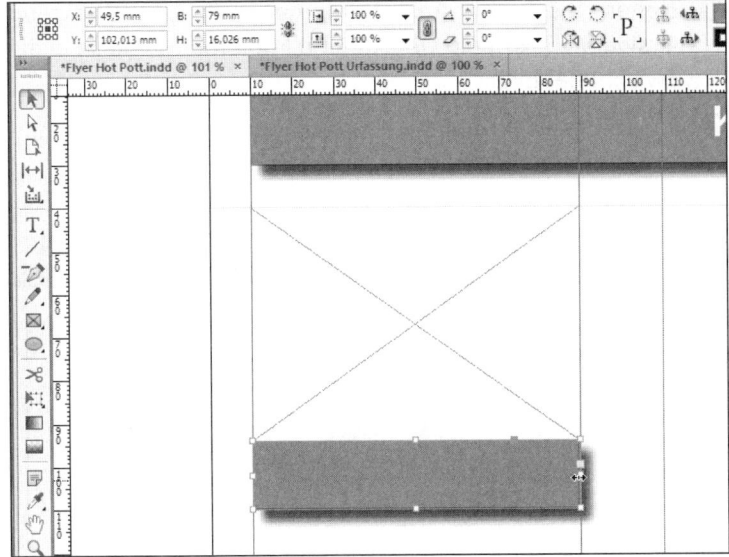

Abb. A1.54: Das Rechteck unterhalb des Platzhalters

3 Formatieren Sie den Schriftzug mit der Schrift *Arial*, der Schriftgröße *18 pt*, dem Schriftschnitt *Bold* und *Kapitälchen* und zentrieren Sie ihn.

4 Abschließend verringern Sie die Schriftgröße des ersten Absatzes um gut die Hälfte der gegenwärtigen Schriftgröße.

Abb. A1.55: Der fertige Balken

Dieses Stilelement wird auch auf der mittleren und rechten Spalte benötigt.

5 Ziehen Sie einen Auswahlrahmen mit dem Werkzeug *Auswahl* um die Objekte und kopieren Sie diese in die Zwischenablage.

6 Fügen Sie zwei Kopien ein und ziehen Sie eine in die mittlere und die andere in die rechte Spalte.

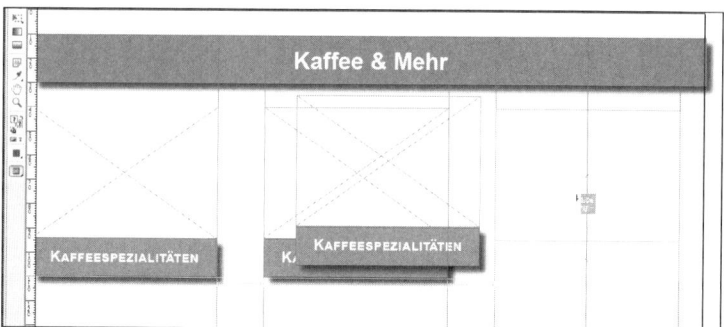

Abb. A1.56: Die Stilelemente verteilen

7 Überschreiben Sie den Text in der mittleren Spalte mit Frühstück und in der rechten Spalte mit Snacks.

Die Platzhalter sollen nun durch die Fotos ersetzt werden.

1 Rufen Sie das Dialogfenster *Platzieren* über die Menüfolge *Datei / Platzieren* auf.

2 Wählen Sie die Datei aus und achten Sie darauf, dass das Kontrollkästchen *Ausgewähltes Objekt ersetzen* aktiviert ist (siehe Abbildung A1.57).

3 Klicken Sie auf *Öffnen*.

Das Bild sollte nun die Stelle des Platzhalters eingenommen haben. Damit Sie die Einzelheiten besser erkennen, können Sie nach einem Rechtsklick auf das Bild über die Menüfolge *Anzeigeleistung / Anzeige mit hoher Qualität* diese verbessern (siehe Abbildung A1.58).

4 Tauschen Sie jetzt die beiden anderen Platzhalter durch die vorgesehenen Bilder aus.

Abb. A1.57: Ein Bild ersetzt einen Platzhalter

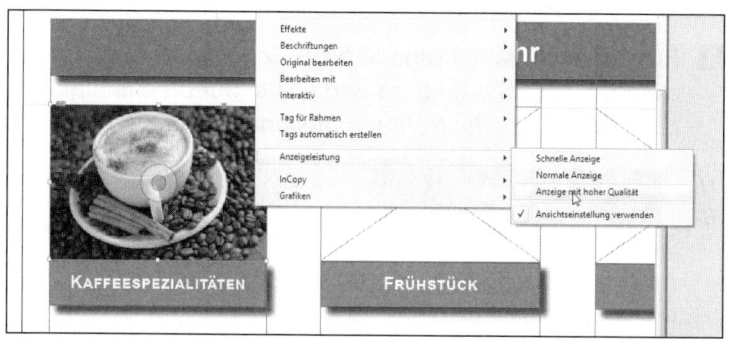

Abb. A1.58: Die Ansicht verbessern

Zum Schluss kommen noch die Texte, die die Einzelheiten **Die Texte** der Rubriken enthalten. Diese sind immer gleich aufgebaut, sodass Sie zunächst wieder die linke Spalte erstellen können und anschließend nur die entsprechenden Kopien ändern müssen.

1 Legen Sie eine horizontale Hilfslinie bei *120 mm* an.

2 Aktivieren Sie das *Textwerkzeug* ⓣ und ziehen Sie einen Rahmen auf.

Abb. A1.59: Den Textrahmen anlegen

Der Text wird mithilfe von Tabulatoren ausgerichtet.

3 Rufen Sie die Menüfolge *Schrift / Tabulatoren* auf und klicken Sie anschließend im Bedienfeld auf die Schaltfläche *Bedienfeld über Textrahmen positionieren*.

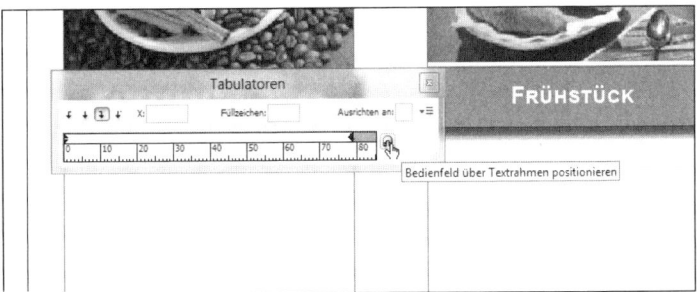

Abb. A1.60: Das Bedienfeld richtig positionieren

4 Klicken Sie in den Textrahmen und stellen Sie die Schrift *Arial* in der Schriftgröße *14 pt* ein.

5 Schreiben Sie Kaffee, klein und betätigen Sie einmal die ⭾-Taste.

Jetzt muss der Tabulator gesetzt werden.

6 Wählen Sie den Tabulator *Rechtsbündiger Tabulator* aus und ziehen Sie ihn auf das Symbol *Rechter Rand*.

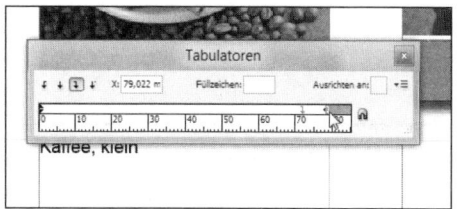

Abb. A1.61: Den Tabulator auf dem rechten Rand platzieren

Vermutlich werden Sie ihn nicht genau platzieren können. Doch das wird mit dem nächsten Schritt gleich behoben, da noch ein Füllzeichen verwendet werden soll.

7 Klicken Sie zunächst in das Feld *X* und überschreiben Sie den Vorgabewert mit 79 mm.

8 Klicken Sie in das Feld *Füllzeichen*, geben Sie einen Punkt (.) ein und betätigen Sie ⏎.

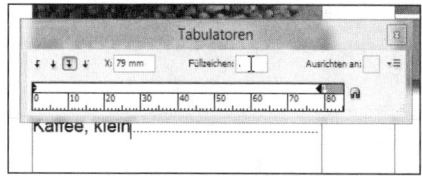

Abb. A1.62: Den Tabulator genau platzieren und mit einem Füllzeichen versehen

9 Abschließend geben noch den Preis ein.

Nun müssen Sie am Ende jeweils die ⏎-Taste betätigen und können die restlichen Daten eingeben.

Am Schluss sollte es in etwa wie folgt aussehen:

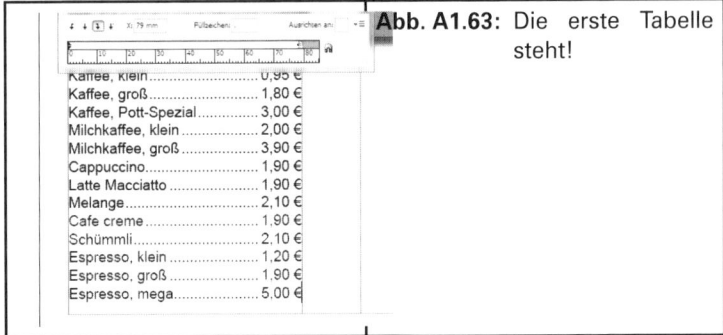

Abb. A1.63: Die erste Tabelle steht!

Die beiden Tabellen für die mittlere und rechte Spalte erstellen Sie wieder mithilfe der Zwischenablage und ändern die Texte.

Der Flyer ist damit fast fertig. So müssen beispielsweise noch die Blindtexte ersetzt und formatiert (Schriftart, Ausrichtung usw.) werden. Danach kann es an den Ausdruck gehen.

Um an dieser Stelle schon einmal einen Vorgeschmack auf den Ausdruck zu bekommen, sollten Sie über *Ansicht / Überdruckenvorschau* in diese wechseln.

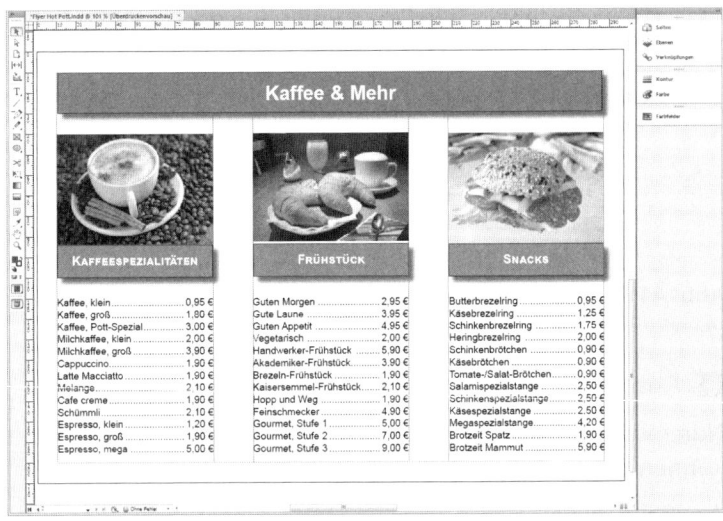

Abb. A1.64: Die fertige zweite Seite

Glossar

Textabschnitt, der einen zusammenhängenden Gedanken be- **Absatz**
schreibt, bzw. der Textabschnitt bis zum nächsten manuellen
Zeilenwechsel. In DTP-Programmen können Absätzen Absatzformate zugeteilt werden.

Im Absatzformat sind alle notwendigen Informationen für das **Absatzformat**
Aussehen eines Absatzes zusammengefasst. Dazu gehören
Schriftart (Fonts), Zeichen-, Wort- und Zeilenabstände, Tabu-
latoren oder Einzüge.

Ein Pfad besteht aus einem oder mehreren Segmenten. An- **Ankerpunkt**
fang und Ende der einzelnen Segmente werden jeweils durch
Ankerpunkte markiert, die wie Halterungen für Drähte funktionieren.

(Sinn-)Lose aufeinanderfolgende Wortmenge, die in der Pha- **Blindtext**
se des Layoutentwurfs den endgültigen Text ersetzt.

Im Blocksatz werden die Zeilen eines Absatzes so angeordnet, **Blocksatz**
dass sie sowohl links- als auch rechtsbündig abschließen. Der
Absatz ähnelt dadurch einem kompakten Block.

Innerer Rand einer Buchseite, der zum Heften oder Kleben **Bundsteg**
verwendet wird und daher nicht bedruckt werden darf. Wird
seit InDesign CS5 auch als Spaltenabstand bezeichnet.

Diese Abkürzung steht für die Farben *Cyan*, *Magenta*, *Yellow* **CMYK**
(Gelb) und *Black* (Schwarz). CMYK ist ein subtraktives Farb-
modell, welches die technische Grundlage für den modernen
Vierfarbdruck bildet. Der Wertebereich jeder einzelnen Farbe
geht von 0 % bis 100 %, wobei 0 % einer unbedruckten und
100 % einer Volltonfläche entsprechen. Durch Mischen der
drei Grundfarben lassen sich (theoretisch) alle Farbtöne er-

zeugen. Um Fotos kontrastreicher wiedergeben zu können, wird in der Druckerei oder bei Farbdruckern zusätzlich die Volltonfarbe Schwarz verwendet.

DIN A4 Deutsches Standard-Papierformat, dessen Größe vom Deutschen Institut für Normung in der Norm DIN 476 festgelegt wurde: 210 x 297 mm.

DIN A5 Die Größe dieses deutschen Standard-Papierformats entspricht 148 x 210 mm.

Dokument-vorlage Eine Vorlage dient in der Datenverarbeitung zur Erstellung von Dokumenten oder Dokumentteilen. Sie stellt eine Art Gerüst dar, das einen Teil des Inhalts oder der Gestaltung des Dokuments vorgibt. Durch Einsetzen der fehlenden Bestandteile wird die Vorlage zu einem vollständigen Dokument ergänzt. Eine Dokumentvorlage selbst bleibt unberührt, wenn sie aufgerufen oder angewendet wird. In InDesign werden Dokumentvorlagen im Dateiformat *.indt abgelegt und sind vor unbeabsichtigtem Verändern geschützt.

Drucker-schriften Druckerschriften haben – im Gegensatz zu den TrueType-Schriften – eine feste vorgegebene Größe und sind von dem jeweiligen Drucker abhängig. Diese Schriften können somit nur auf dem Drucker ohne Probleme ausgedruckt werden, der diese Schriftart zur Verfügung stellt.

DTP Die Abkürzung steht für *Desktop Publishing* und bedeutet das rechnerunterstützte Setzen hochwertiger Texte und Bilder für Broschüren, Bücher, Flyer und vieles andere mehr.

Einzug Einrücken des Zeilenanfangs zur optischen Strukturierung von Texten.

Flattersatz Der Text ist linksbündig angeordnet. Der rechte Rand richtet sich dagegen nach dem eingegebenen Text, sodass die rechten Ränder der Zeilen nicht auf einer Höhe stehen und deswegen „flattern".

Er ist der Haupttext eines Dokuments und wird ohne Unterbrechung durch Absätze, Überschriften, Abbildungen, Aufzählungen und Fußnoten oder Ähnliches fortgeschrieben.

Fließtext

Das Grundlinienraster hilft bei der horizontalen Ausrichtung von Texten.

Grundlinienraster

Objekte werden zu einer Gruppe zusammengefasst, um die relative Lage untereinander zu sichern.

Gruppieren

Darunter versteht man eine einzelne Textzeile eines Absatzes, die am Anfang einer Seite steht.

Hurenkind

Eine Initiale ist der vergrößerte Anfangsbuchstabe eines Absatzes.

Initiale

Die Abstände zwischen den Buchstaben werden minimiert, wodurch unschöne Leerräume eliminiert werden und die Lesbarkeit erhöht wird. Die deutsche Bezeichnung für Kerning lautet Unterschneiden.

Kerning

Aus dem Englischen für *lay out*, auf Deutsch in etwa Anordnen, Aufmachung, Entwurf. Ein Layout ist die notwendige Vorstufe zu einem fertigen Produkt. Hierbei legt ein Anordnungsentwurf, auch Scribble genannt, fest, wo und wie Bilder und Texte positioniert werden sollen.

Layout

Die Höhe der Kleinbuchstaben (Gemeine) einer Schrift. Da nicht alle Gemeine die gleiche Höhe besitzen, wird als Referenz die Höhe des Buchstabens „m" gemessen. Dadurch bezeichnet man die Mittelhöhe oft auch als m-Höhe.

Mittelhöhe

Der Teil des Buchstabens, der über die Mittellänge hinausragt.

Oberlänge

Pantone	Pantone ist ein von dem gleichnamigen Unternehmen erweitertes Farbsystem, welches Gebrauchsfarben eine einheitliche Nummerierung bzw. Bezeichnung und eine Farbmischbeschreibung zuordnet.
PDF	Die Abkürzung des plattformübergreifenden Dateiformats PDF steht für *Portable Document Format*. Es wurde von Adobe Systems entwickelt. PDF-Dateien beschreiben das von einem Programm, etwa InDesign, erstellte Layout in einer vom Drucker und von Voreinstellungen unabhängigen Form weitgehend originalgetreu. Zur Erleichterung des Datenaustauschs sind bestimmte Arbeitsweisen beim Umgang mit PDFs in der Druckvorstufe (als PDF/X) und zur Langzeitarchivierung von PDF-Dateien (als PDF/A) genormt worden.
PostScript	Standardisierte Sprache zur Steuerung von Ausgabegeräten wie Druckern oder Belichtern. Eine geräteunabhängige Seitendarstellung wird dadurch ermöglicht.
Proportional-schrift	Die Zeichen in einer Proportionalschrift werden in einem unterschiedlich breiten Raum gesetzt. Die Breite des Raums hängt dabei von der Breite des Zeichens ab. So nimmt ein „I" erheblich weniger Platz für sich in Anspruch als ein „w". Das Schriftbild einer Proportionalschrift ist im Vergleich zu einer Schreibmaschinenschrift, bei der jedes Zeichen den gleichen Raum besetzt, harmonischer, verlangt von Hard- und Software allerdings auch mehr Rechenarbeit.
Raster	Als Raster bezeichnet man im Allgemeinen die gleichmäßige bzw. gezielte, an Bedingungen geknüpfte Unterteilung einer Fläche. Der Begriff wird in zwei unterschiedlichen Zusammenhängen verwendet: Beim Druck-Raster stellt er die Zwischentöne durch unterschiedlich große Punkte der jeweiligen Grundfarbe dar. Beim Layout-Raster handelt es sich um eine optische oder technische Positionierhilfe zum Anordnen der Bilder und Textblöcke auf einer Seite.

Eine Satzdatei ist ein InDesign-Dokument, das über das Dialogfeld *Neues Dokument* angelegt wird. Der Begriff kommt von Satz oder Satzspiegel, d. h. der Fläche, die durch das Seitenformat, die Ränder und die Seitenspalten definiert wird.

Satzdatei

Die Fläche einer Seite, die bedruckt werden darf. Ausgenommen vom Satzspiegel sind Marginalien und Paginierung, Kolumnentitel, Grafiken im Anschnitt etc.

Satzspiegel

Schriftfamilie ist ein Begriff aus der Typografie und bezeichnet eine Gruppe zusammengehörender Schriftschnitte bzw. Schriftstile mit unterschiedlichen Breiten (Schmal, Breit usw.), Strichstärken (z. B. Regular, Bold) und Zeichenlagen (Italic), die von einem Hersteller stammen und gemeinsame Formmerkmale aufweisen.

Schriftfamilie

Als Schriftgrad bezeichnet man ein Maßsystem in der Typografie, mit dem bei Druckerzeugnissen Schriftgrößen, Zeilenabstände und Ähnliches gemessen werden. Die Angabe erfolgt in Pt (point) oder Millimeter der Versalgröße (tatsächliche Buchstabengröße), bei Computerschriften gemessen zwischen Oberlängen und Unterlängen.

Schriftgrad

Der Schriftschnitt ist eine Variante innerhalb einer Schriftfamilie, z. B. Italic (kursiv), Regular (normal) oder Bold (fett).

Schriftschnitt

Ein Schusterjunge ist die Zeile eines Absatzes, die einsam und verlassen am unteren Rand einer neuen Seite steht.

Schusterjunge

Proportionales Vergrößern oder Verkleinern von Texten, Bildern oder grafischen Elementen.

Skalieren

sRGB oder standard RGB (Rot – Grün – Blau) ist ein RGB-Farbraum, der durch eine Kooperation von Hewlett-Packard und Microsoft Corporation geschaffen wurde.

sRGB

Großbuchstaben einer Schrift.

Versalien

Wichtig: Strg + Y => denn sieht
man den
übersetz

Index

398